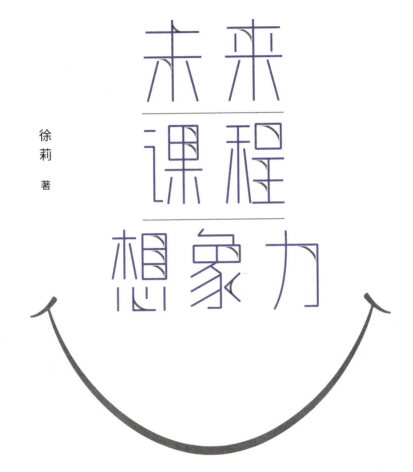

未来课程想象力

徐莉 著

大夏书系·教育观察

华东师范大学出版社
全国百佳图书出版单位

献 给

我的妈妈胡群燕女士和
我的女儿小意

目录

序　我只遇见很少的"我们"　　　　　　　　　　001

上编　寻找未来课程的暗示

01　超越以遵纪为基础的教与学
——内地教育实践的检讨　　　　　　　003

过度依赖惩罚摧毁学生的独立判断与决策能力　　003
"如果你对人有着占有心，就不应该当老师"　　006
采取强制手段推进基于合作、追求自由的教育　　009
等待结果的树　　　　　　　　　　　　　　　　012
什么时候开始都不晚？　　　　　　　　　　　　014
减少对学习者身心的控制　　　　　　　　　　　018

02　对未来课程的想象力
——内地课程创新案例评点　　　　　　021

不是白痴就是魔鬼？　　　　　　　　　　　　　021
如果钱不是问题　　　　　　　　　　　　　　　026
做"教育家"？做"教育+"！　　　　　　　　　028
自我粉碎以创造无限可能　　　　　　　　　　　032
站在孩子这一边　　　　　　　　　　　　　　　035
"往下看"和"往上看"　　　　　　　　　　　　042
谁有资格做教育　　　　　　　　　　　　　　　052
全球化，机遇和挑战　　　　　　　　　　　　　055

03 地平线上的最高点
——北欧教育实践的启示 　　　　　　　　　　**057**

不教什么，整天玩？　　　　　　　　　　057
孩子的天堂　　　　　　　　　　　　　　061
持份者多方互动　　　　　　　　　　　　063
国家建构、法制、民主之间的平衡　　　　065

04 并不自由的自由
——香港教育实践的启示　　　　　　　　　**069**

学校意识不到教育局的存在　　　　　　　069
学业水平测试是专业的事还是政治的事？　073
图书馆中的学校还是学校中的图书馆？　　075
过于注重秩序，创新怎么办？　　　　　　078

05 一个人总要有点不可思议
——课程改革的关键：给予教师更大的课程自主权 **082**

争取课程自主权　　　　　　　　　　　　082
走走停停，寻找好的教育　　　　　　　　084
向谁学习？　　　　　　　　　　　　　　086
后　来　　　　　　　　　　　　　　　　088

中编 探索 教师执业新的可能

06 至少得知道不要什么
——课程建设的几个关键问题　　093

全球一起"核心素养"的时代，课程变革何为？　　093
考究课程目标的确定及其哲学基础　　099
权威界定与社会选择，重申校本课程的内涵　　102
不试图在历史和现实中确定自己的身份，挑战来自教师晋升制度？　　108
从哪里开始？学校课程设计与实施的实用性探究范式　　112
你们不知道，自己有多么好　　117
丁　方　　123

07 在其外与在其中
——以语文为例谈谈国家课程的校本化实施　　133

更多更快更难　　133
不拘于一城一地的得失　　139
精细与复杂　　145
为什么而教　　163

08 几种合理性的碰撞
—— 内地课程发展热点评析　　　　　　　　　　**178**

小组合作学习的关键是合作和学习发生了吗？　　179
PBL 是最好的教学方式吗？　　187
从教学设计到课程设计什么变了？什么不变？　　191
因为分科所以统整？　　194
多了！　　199

下编 一个人的合唱

09 慢慢知道我可以是谁
——我的课程观　　　　　　　　　　205

作出变化以回应变化　　　　　　　　205
我们所有人一起创造了这部机器　　　207
以他的眼光审视他　　　　　　　　　210
追问为何会走到这里　　　　　　　　213

10 在明亮的房间里点燃烛光
——我的课程实践　　　　　　　　214

你是谁？　　　　　　　　　　　　　220
我者和他者　　　　　　　　　　　　222
提供可选择的课程　　　　　　　　　224
一周上完一本书　　　　　　　　　　224
班级课程定制　　　　　　　　　　　225
儿童社会化发展项目之自由自主阅读项目（FVR）　　228
书法课不只是教写字　　　　　　　　229
从看电影到讲故事　　　　　　　　　231
当道德不再作为纯粹的知识　　　　　233
把语文教没了　　　　　　　　　　　234
合　唱　　　　　　　　　　　　　　235

11 教师提高课程设计能力的两条进路
——教育观察技术举隅　238

以观察（评估）为基础的决断　238
将无意识转为有意识　241
区分学习问题和社交问题　246
教育中最艰难的功课是理解儿童　248

12 我的专业是课程设计与实施　258

完美课程不可得　258
教学组织的复合模式　260
肩负自由的疲惫　264

参考文献　267
后记　再见，小兔子！　269

序

我只遇见很少的"我们"

乔治·R·R·马丁（George Raymond Richard Martin）的名字真长，长得足以让人一眼就可记住这位奇幻大师。阿黛拉真冷，她长得跟母亲一模一样，让她的父亲永远忘不了妻子是因生她而去世的。父亲说："我爱她，可她从来没有回报。她不关心我们中的任何人，她只是个冷冰冰的小女孩。"

直到阿黛拉遇到冰龙，这个永远冷冰冰的女孩才第一次有了牵挂和依恋，有了"我们"。冰龙是她的一部分，她保守这个"我们"，就是保守那个最初的自己，不合群的自己。冷冰冰的小女孩，冷冰冰的冰龙，冷冰冰的"我们"中却有深情。只是这世上无人知晓，连阿黛拉自己也不知道。

战争来了，摧毁消灭了一切，在意的和不在意的，喜欢的和不喜欢的。战争也让人在面临丧失时明白，什么是倾尽所有也要去维护的，什么是比生命、比"我"更重要的。

对哈尔叔叔而言,作为战士要守护国土和家人。对父亲而言,作为子孙和父亲要守护家园。阿黛拉只想保护冰龙,保守那个冷冰冰的"我们"。可当她目睹并不喜欢的哈尔叔叔为了保护家人而丧命,看到一直隔阂疏离的家人即将被毁灭,从不流泪的她泪流满面。她和冰龙选择回到家人身边,选择守护,选择战斗。直到此时,父亲和兄姐才发现,阿黛拉是爱他们的。阿黛拉才发现,自己心底早已接受了家人的爱,接受了一份责任。

冰龙死去了,冰龙消失了,阿黛拉失去了一部分自己,丧失的过程总是令人难过的,但她拥有了另一个"我们"。父亲对阿黛拉说:"哈尔去了,我的地也没了,我很难过。万幸的是,我的女儿终于回来了。"这样的阿黛拉,会哭会笑的阿黛拉,能让家人感受到爱的阿黛拉,才真正回到了"我们"之中。

是借着爱,"我"与他人、与这世界产生联结,成为"我们"。很多时候,这并不理所当然,孤独、孤僻的阿黛拉们舍掉部分或全部的自己并不容易。整个故事中,战争,国家倾覆,无数人身残命丧、流离失所,似乎只是为了让这个冷冰冰的孤僻女孩发现并接受自己的爱与责任。《冰龙》告诉我们,爱一直在那里,需要发现,需要认识,也需要表达。

在阿黛拉身上我看到自己。少年和青年时的我,刻意疏远家人,疏远世界,迷上只我一个人的感觉,迷上冷冷的酷酷的,迷上无所挂碍的洒脱。不愿意也不认为自己能被家人、世界了解。他们的担忧、指点,让我感到烦乱和窒息,让我更加想逃离。

当家人都主张我去读高中的时候,我自己私拿户口本去师范报名,拒绝陪伴独自一个人去面试,坚持住校,坚持兼职,减少回家次数,找无数借口独自一个人背包旅行,不论工作生活,所有的决定自己作出再自己承担……

出于对这一渴望的了然,2017年春节前,我为不到14岁的女儿订了往返机票,让她独自飞过半个中国,来香港和我一起过年。虽然因此承受无数的担心,但是我以为这种煎熬是值得的。这种"我一个人也可以"的相信,是一种积极的内在力量,它让我在做自己认为有价值的事情时,有份安然坚定。但愿女儿也是。

很多人一生都没有机会发现并接受自己对家人、对这世界的爱与责任。幸运的是,没有毁灭和丧失,我也终于能够发现它,并因此与自己的童年和解,与家人及这个世界和解,笨拙地向家人、向伙伴、向这个未完成的世界表达自己的关切。我期望,即便在失能的晚年,也尽力保持经济上、情感上的独立,不要求家人和社会的扶助回馈。时时刻刻收拾好自己,在他们需要的时候甘愿付出,是我对家人、对这世界的好意。

爱与责任让人甘愿舍己,而不是牺牲,因为对方的喜乐会让付出的和失去的成为令我们更加欣悦的获得。我的母亲就是这样的人,我希望成为这样的人,愿我的女儿也是幸运的,即便没有倾国倾城,也能在我们的爱中发现并接受彼此的爱。

上编

寻找未来课程的暗示

我们希望享有的自由，
不是一个我们独立于
我们的政治经验预先策划的"理想"，
它是已经在那经验中暗示的东西。
——欧克肖特

我们渴望能够预知未来，又在无数失败的预测中得到教训，明白未来不可预测。

　　因为美好新世界不是由精英们按照预先策划的完美蓝图建造而成，它端在于我们今天的判断选择，什么是更有价值的，什么值得我们期许追寻，并为之付诸努力。

　　不论是在中国内地、丹麦还是在香港做教育观察，我都试着以普通大众的视角去感受，社会对教育的支持、持份者多方互动以及社会风尚对教育的影响。作为一般性概述难免忽略个体差别，难免挂一漏万。而十多年来对国内外主流与非主流案例的跟踪、访问，令我感受到那些人群中的少数，如何让自己的理想经由践行改变着这个世界，影响带动更多的人作出改变。

　　这些发生的和经验的，被人拣选出并予以强调的、传播的、推进的，暗示着我们的未来。

01

超越以遵纪为基础的教与学
—— 内地教育实践的检讨

过度依赖惩罚摧毁学生的独立判断与决策能力

雷夫·艾斯奎斯的《第56号教室的奇迹》多年前曾登上教育类书籍销售排行榜第一名，附录D是"一天生活纪事"，看着这张一日时间表，想象日复一日每天近12小时的学习和工作，师生的勇气、毅力和热情令人心生敬佩。这种令人难以置信的努力我们并不陌生，在我们的中学师生中更为普遍，只是没有莎士比亚戏剧、没有长途旅行、没有乐队、没有棒球……只有几个考试科目的老师各自为政的车轮大战和题海战术。

有两个不到26岁的美国年轻人迈克尔·芬博格和大卫·莱文，他们抓住美国教育政策改革的契机，创立了"知识就是力量工程"（KIPP，全称 knowledge Is Power

Program）。截至 2011 年 8 月，KIPP 在美国 20 个州及哥伦比亚特区创办了 109 所学校，服务学生 3.2 万名。这个针对贫民区的教育项目，以更多的教学日（每周 6 天）、更长的教学时间（每天超过 9 小时）、校长有权辞退成绩不佳的教师、经常性的家访等"莱文－芬博格"式的特别举措，帮助低收入家庭的孩子取得了显著的进步，成为促进教育公平的教育创新典范。

KIPP 是美国特许学校中发展最快、最成功的佼佼者。KIPP 学校的学生学习成绩提高幅度远远高于学区其他学校，学生超过 85% 最终进入大学——而这些学生居住的社区，只有不到 25% 的人能够上大学。莱文和芬博格师从雷夫·艾斯奎斯，但他们两个显然走得更远，把雷夫基于个人的"我愿意，我坚持"，变成一个不断扩大的团队的工作方式和学习方式。

雷夫的学生是"爱学习的天使"，KIPP 的学生"每个孩子都爱学"，他们在美国标准化考试中的表现令人瞩目。如果把学习放在第一位，付出时间、力气就能争取更多的生活选择，如果更多的教学日、更长的教学时间、更加繁重的课业、更加严苛的行为改善计划就能改变命运，你会不会感叹——当下我国许多中学生甚至小学生不正在"享受"这种教育？只是，"每个孩子都爱学"并不符合我们的日常经验。

改变，当然没有那么容易。KIPP 首届 38 名毕业生的平均成绩在整个纽约市排名第五，90% 进入著名高中，大多数获得了全额奖学金，但高中毕业 6 年后，仅有 21% 的人顺利完成 4 年大学学业——拿到大学毕业证的只有 8 人。没有顺利完成大学学业的万斯认为，KIPP 的确在学习成绩方面让他为高中学习作好了准备，但却没有让他在心理或情感上作好准备，离开 KIPP 的大熔炉，他就逐渐失去了学习的内在动力，无法保持在 KIPP 时的专注和投入。毕业生居高不下的大学辍学率成为 KIPP 必须面临的挑战。

布伦泽尔，这位 KIPP 早期的全面否定者后来加入 KIPP 成为教务长，致力于改变"以遵纪为基础"的教学体制，他认为"造就一种依赖惩罚的氛围，它最终必然会摧毁学生的独立判断与决策能力"。他发现，"以遵纪为基础"的教学体制毫无例外地导致学生不估计自己的行为会带来怎样的结果，而且常常当面一套背后一套，在老师面前表现出无比夸张的顺从，一旦离开老师的视线他们就会想方设法地为所欲为。面对批评，KIPP作出改变：学校对学生实行的惩罚不再像以前那么严厉，处罚期限也不像以前那么长。学生与教导人员的违纪约谈尽管频率不减，但通常不再公开进行，更强调倾听学生心声，尊重学生等等。

但更为有趣的是，布伦泽尔在KIPP工作数年之后，并不像最初那样对KIPP的管理手段声色俱厉，他开始逐渐接受过分集权甚至独裁的行为约束体系。因为"无时无刻不引导孩子们掌握这些最基本的行为规范"，确实能够迅速提高学生的学业水平。

雷夫的优秀、专注造就了第56号教室的奇迹，就目前的报道来看，他的学生都非常优秀。当他那些可以被表述、学习的经验出现在更多的教室里，甚至变成一个团队的努力，譬如KIPP学校，许多的问题被放大。

有人拿被推到风口浪尖的衡水中学与KIPP学校作比较。但两者最大的不同是：KIPP学校是针对美国贫民区的教育项目，旨在促进教育公平，虽然KIPP学校在美国饱受争议，但它毕竟只是小众、非主流的特许学校，KIPP学校的出现和发展为美国低收入家庭增加了一种选择。

我们需要一面批评衡水中学的过度管控一面思考，我们的教育为不同的家庭和学子提供了哪些选择？不同的家庭和学子是否有选择的可能？我们既然不认可衡水中学的教育模式，实践中我们怎么能任由它成为主流教育的主流方式而不寻求改变？

放眼望去，其实中国内地的学校早已习惯了以遵纪为基础的教与学，大多是各种各样的衡水中学。我们不知道，或者是忘了，秩序与规则既是学习的内容，也是为了能促进持续有意义的学习，且后者更为重要。

在一次采访中，一位知名县中的优秀学生谈及自己的学习体验，说一切都很好，希望自己能够做得更好。这个每天课表上有十节正课，将七八成时间力气都用在静默听讲和刷题的女孩从未意识到，学习和生活还能有不同的样式和选项。

透过她，我理解了为什么教师将善与恶直接与是否能充分体谅中考和高考这类高利害的评估对于学子及其家庭的重要性，是否百般努力提供指向明确的帮助画等号。

"如果你对人有着占有心，就不应该当老师"

近年来，另一所备受瞩目的超级中学当属北京十一中学，这所学校一直力争打破现有的教育组织模式，采取选课走班制，给予学生更多的选择权。学校致力于构建一个推动学生选择的多样化课程体系，进而形成每一位学生不同的课程方案，最终体现教育的本质——让学生能够发现自己、唤醒自己、成为自己，使他们具备社会责任感、创新精神和实践能力。李希贵校长曾分享，北京十一学校借鉴了美国帕克赫斯特女士的道尔顿计划。基于合作和自由的原则，诞生成形于美国进步主义教育运动时期的道尔顿制，代表着西方精英教育的主流。

纽约道尔顿学校作为目前美国最负盛名的学校，其毕业生具有高度的创造力、想象力和意志力，创造了连续20多年其毕业生全部被哈佛、耶鲁等名校录取的奇迹，历经百年的道尔顿制对改革班级授课制影响深远，是美国进步教育运动的典范。

帕克赫斯特女士在《道尔顿计划》一书中，介绍了道尔顿实验室计划的源起，非常精彩，阅读时你会不断感叹"就是这样的！"，认同"班级授课制已经被挤压到了其作用的极限"。帕克赫斯特女士的做法非常彻底，"废除年级和班级教学，学生在教师指导下各自根据拟定的学习计划，以不同的教材，不同的速度和时间进行学习，用以适应其能力、兴趣和需要，从而发展其个性"，她相信"教育中的自由原则就证明了其自身的合理性"。这与同时代的蒙台梭利方法、文纳特卡制有许多共通之处，也充分体现了进步主义的教育信条，它们都是对教与学中教育者和被教育者之间的能动性和责任心进行了一次大胆的重新分配。

这项教育方案试图改变过去课程对孩子干涉、阻挠、管制太多的状况，致力于尊重孩子的个体差异，充分考虑学生的需要和兴趣，通过学校生活的彻底重组，为学生提供足够的空间与可能，让学生以自己的方式，按照自己的进度达成学习目标，在这个过程中提高学生组织自己的时间学习的能力。

同样拒绝对孩子予以生理上强制和心理上、情感上操控的还有尼尔，这位心理学背景的教育家走得更远，创办夏山学校，坚持"不应该让学生来适应学校，而应该由学校去适应学生"，坚持不对儿童使用压制和权力的教育方式。他相信儿童的本性是善良的，只有自由才能让儿童本性中的"善"得到充分的发展，没有自由的孩子才会表现出过度的侵略性，由此来表达对控制他们的人的恨意。他把学生的自由发展作为终极理想，认为"如果你对人有着占有心，就不应该当老师"。在夏山的学校自治会上，无论是校长尼尔还是年幼的学生汤姆，都只享有一票的权利，如果少数人想要得到他们的权利，就必须反复争取，老师也不例外。在夏山，只要没有侵害到他人，每个人都可以为自己作出决定。

在夏山，课程表仅是为老师准备的，学生可以自由选择上课或不上课。汤姆从5岁起就来到夏山，离开时已经17岁了。这期间汤姆没有上过一节课，他几乎将所有的时间都用在了手工房里。在汤姆工作后，他的老板告诉尼尔，汤姆是最棒的员工。

在夏山，比书本更重要的是工具、泥巴、运动、戏剧、绘画和自由。在被批评者称为"放纵学校"的夏山，学生们同样能够学到很多东西，如果说在写字、拼音、四则混合运算上，夏山12岁的学生很难与其他学校的学生相比的话，尼尔认为，在创造能力上，夏山的学生肯定要强很多。

道尔顿制和夏山是"每个孩子都爱学"的另一个样式，夏山在给予学生自主权方面走得更远，与KIPP分属于两个极端。多么奇妙，同样是坚信"每个孩子都爱学"，实践中居然千差万别甚至天壤之别。这也是我们在讨论教育问题时需要特别注意的，以观念理想对照观念理想，以实践操作对照实践操作，而不是惯常的以自己的理想批评别人的现实，觉得自己特别先进。

如果说造就一种依赖惩罚的氛围，最终必然会摧毁学生的独立判断与决策能力，那么坚持绝对的自然就是拒绝教育。儿童的天性如其所是，既不是善的也不是恶的，无须也无法为是否生来就好学作出保证，教育实践因人性的丰富复杂而丰富复杂，假定他们生来个个好学在实践者看来并不符合经验。

无论是北京十一学校，还是作为进步主义教育运动代表的道尔顿学校和夏山学校，他们的教育哲学观都是努力让学生拥有尽可能多的自主空间，让学生在教师的帮助下相对自由地支配学习实践、选择学习内容、选择适合他们个人的学习进度等等。面对"放任自流"会导致"效率低下"的质疑，我们不要忘了超级中学们的崛起之路，在如何高效地提高学生知识和技能水平方面，他们其实一直是顶尖高手。北京十一学校们希望通过改革，从过于追求效率、效果，过度控制学生，向给予学生选择的权利，给予学生更多自主空间的方向偏转。其兑现的程度和对改变所产生的问题的解决能力，才是最有价值的部分。

北京十一学校是继杜郎口中学之后广受业内关注的教育创新案例，来自各方的质疑包括：用高薪招来各地各领域的专家加盟，破坏教育生态；复制美国精英教育模式，谈不上创新；等等。如果只从为教育从业者和受教育者增加一种选择的角度，如果这真的能成为更多教师、家庭和学子们的选择的话——问题恰恰在于这些学校太少，不能成为大多数人的一个选项——它的作用是积极的。

采取强制手段推进基于合作、追求自由的教育

再说几所超级中学。

从曾经大热的"洋思经验"到"杜郎口经验",从"先学后教,当堂训练"到"三三六自主学习模式",也不过是将教与学中教育者与被教育者之间的能动性和责任心进行了一次重新分配。

"每节课几乎都是讨论确定学习目标—分配学习任务—小组自主学习—展示交流这样一个过程。"在这样的课堂上,"模式"并不是最重要的,重要的是教师在调动学生学习的积极性和主动性上所付出的诸多努力,包括对最初的混乱与低效的承担。

看到他们的经验介绍,最初眼前一亮是有的,但我并不震惊,因为我知道,唤醒被教育者的能动性和责任心,远不止这一条道路。每涌现出成为媒体新宠、被教育从业者争相效仿的超级中学,令我感叹的是在多数之外有这样的少数,他们有打破现状的胆识,用自己的智慧和坚忍获得了由这个时代界定的"成功"。

相较而言,这样的报道才真正让我感到震惊:"X城市已经决定全市学校学习杜郎口模式,如果校长抵制,'不换思想就换人'。"这样的描述让我感到沉重:学校采取了强制手段推行新模式,"我们提出了一谈二警三停课的措施,老师一次上课不达标,要找他谈话,挖缺点,指方向,找措施。接下来是警告,再不行就停课"。"学校甚至采取了'株连制',发现一名教师违规教学,班主任、年级主任、学科组都要受考核减分的处罚。"

我们最习惯这样,用管理者手中的权力强制推进基于合作和自由的教育,这怎么看都让人感到不可理喻。我由此想到帕克赫斯特女士的话:"对于那些我们立志要教育的人来说,从一开始,教育中的自由原则就证明了其自身的合理性。"以遵纪为基础的教与学之上,是强大的"自上而下"的动员力和强制力。

多年研究和实践，令我对所谓的创新多了些警惕，对某些狂躁症和幻想症报以理解的一笑。我知道，所谓的"新做法"不过是在特定的情境中对现有问题某种程度的解决，解决问题的同时必然又生出不少新问题，然后继续这个回圈。喜欢帕克赫斯特女士所说的话："我一直谨防着这种诱惑，即把我的计划变成适合任何地方任何学校的陈词老套的不可变通的东西。"这是一位教育家的大智慧，她因此伟大。

2000年10月，美国道尔顿学校的理查德·布卢姆索校长应北大附中赵钰琳校长之邀，参加了由北大附中主办的"世界著名中学校长论坛"，他的主题报告中最引起我关注的部分是关于原有计划的改变，他解释这种发展虽然看似一种退化，似乎推翻了帕克赫斯特的原则，但实际上激活道尔顿教育计划的原则一直被保留了下来，可以看到，多年来他们付出了巨大的努力，希望学校与真实世界更为接近。我感到，"变通"中积累的大量应对实践问题的"经验"与那些恒常不变的原则一样，具有非凡的价值。计划的实施出了什么问题？是什么原因？如何改进？改进之后的效果如何？诊断—改进—再诊断—再改进，不止不休，就是一个实验计划的生机。

道尔顿教育计划历经百年，被实践不断丰富的同时并未改变其基本原则，纽约道尔顿学校作为目前美国最负盛名的学校，以它的"经验"告诉我们，找到正确的教育原则并坚持下来，然后在实践中不断改变具体的做法，以应对真实世界的需求，是一条被验证过的道路。我也非常看重一项教育实验计划曾经过长时间的酝酿，以及参与这项实验的诸方的"自觉""自愿"。

还有一则热点消息是关于芬兰的，说芬兰将全面告别分科教学进行学科整合。（参见文章《芬兰将颠覆学校教育，成为世界第一个摆脱学校科目的国家》）

北欧模式本就是以学科整合闻名，并非如我们想象和渴望的，用"废除"来"颠覆"，用"全面告别"来追寻理想教育。很担心，这样"抓眼球"的标题和信息，在以课程整合大热为背景的当下，让某些教育管理者和专家断章取义，擅自动用手中的权力和权威，直奔废除学科、强制整合而去。我们可真没少这么干。

回顾2001年以来世界各国的课程改革，可以预见，北欧地区的同行会继续"放羊"，香港地区的同行会继续考虑如何通过评估检讨优化、细化落实再进行新一轮的评估。我们则是在骂骂咧咧和极度亢奋中忙忙碌碌，却又不确定变革是否真正发生过。学校是否拥有办学自主权，成为中外教育问题讨论时，一项最重要的语境差别。

将整天无所事事，自由自主活动看作儿童天性和需要的全部，忽略否定了低龄儿童天性中还有服从权威以获得秩序感和安全感的需要，探索未知、求知求智的需要。当我们说到儿童本位和儿童中心主义时，其实是在说，在价值格序中，将儿童的需要放在首位，永远优先考虑。这里当然包括儿童对安全感、归属感的需要，对获得新知的需要，在学业中获得掌控感和成就感的需要等等。所谓高福利国家和地区的困境是，教师、父母和儿童普遍感到没有和少有压力，不进取少作为。这是教育的消极状态，不能简单等同于儿童中心主义或者儿童本位。这当中还有该做的应做的却没有做，的确有探索更好可能的空间与必要。而香港地区的实践则让我看到教育实践追求实用、高效的样貌，他们甚少停下来思考：教育在遭受新管理主义的侵袭之后，发生了什么变化？作为持份者，我们得到了什么又失去了什么？

在以世界各国教育实践为参照时，缺乏自主权的我们，暴戾和怨气尤为触目惊心，也导致我最终选择理解、平衡、融合的变革取向，并主张应不断争取学校的办学自主权和教师的课程自主权。

这世上从未有哪个国家和地区提供了一个完美教育的范本，我们只能在对照中检讨自己的得失，然后寻找自己的道路。我完全不能接受教育从业者在观察和理解上的懒惰。

等待结果的树

阅读对这个时代教育变革者的报道，你会发现一个有趣的共同点——通过一个孩子或者几个孩子的发展状况，以及他们在世俗意义上获得的成功和成就来呈现这种变革的合理性和价值。

实际上，多数变革只是资源的重新分配，意味着解决一些旧问题的同时制造了新的问题，萨托利说"零和政治"，是之谓也。没有一份清醒诚实，只挑拣合乎自己要求的案例来自我证明，这样的变革者与他们所反对的并没有太大的不同。

常有人提议专门调研衡水中学学生在后续发展中存在的困难，寻找这种教育的弊端作为批评的证据支撑，这事在 KIPP 学校的案例中是学校自己专门成立一个穿越学院，由专人管理跟踪 KIPP 的毕业生，持续提供帮助，解决 KIPP 毕业生大学高辍学率的问题。

KIPP 学校通过关注学生在校状况及未来学业、生活中遇到的困难，建立教育行为和学生终身发展之间的关联，并致力于提供切实的支持和作出改变。KIPP 意识到，更高强度的学习、更高标准的行为改善计划确实能够迅速提高低收入家庭学生的学业水平，但是这些孩子还需要比富裕家庭的孩子拥有更多的勇气、更多的情绪智力和更多的自控力。重视培养孩子的勇气、情绪智力、自控力、社交能力，提供支持，帮助孩子作出正确的人生决策，拥有快乐、有意义、创造性的人生，这些正是 KIPP 需要努力和正在努力的地方，这种努力的成效也在逐步显现。

处在争议中的衡水中学也在寻求改变，对学校活动的报道确实比以前多了，譬如投入近 50 万元筹建模拟飞行训练室、航模社团为一条河道的改造工程进行了航拍、在全国中学生模联大会上获得佳绩……洋思中学和杜郎口中学渐渐从公众视线里淡出，已经不再成为媒体关注的焦点，从零星的报道来看，他们也从未放弃通过改变以应对变化，但它们更需要一个自己的穿越学院，致力于关注学生后续发展的困难，检视并改进自己当下的实践，持续地为学生提供力所能及的关注、支持和帮助，而不仅是将一个、几个或几十个学生的发展状况、成就作为普遍性的结果来证明自己的正确和成功。就像衡中的拥护者申辩的那样，批评者不应仅仅将一个、几个或几十个学生的发展困难、失败作为普遍性的结果来证明衡中模式的错误和失败，反之亦然。

更具有专业精神的做法是：在变革之初，行动方案中除了目标远景，许诺各种好，还必须就目标达成情况订立相应的评估指标和办法，在过程中不断自我监控，不以目标的正确取代过程中的检讨调整，不以目标的正确无视过程中的偏离悖谬。

在辨析"民主"这个大命题时，萨托利指出，混乱大多来自用自己的理想批评别人的现实，教育变革领域也是。一个致力于教育变革的朋友批评当下教育落后时，配图为高中教室的照片，桌上成堆的书本题集，桌后一个个埋头的学子。我问在座的中学校长和教师，"这是事实吗？""当然是。""你们印制学校宣传画册的时候会用这张照片吗？""当然不会。""你们很清楚社会喜欢看什么，家长想要什么，但我们致力于将之作为一个整体来优化改善了吗？""没有。我们选择在不同的场合说着不同的话，以设法满足各方不同的需求。"

我转头问朋友："你知道他们引以为傲的除了高考成绩，还有STEM、编程、陶艺、骑马、射箭等海量的选修课和社团吗？你知道他们和学生一起承受升学压力同样煎熬无奈，同样渴望改变吗？你知道他们在课程设计和实施过程中有许多宝贵经验和教训吗？""不知道。""因为你将教育变革的意义与价值，根植于对他们的全盘否定，根植于定见甚至想象。"

请拿自己的现实对比别人的现实，用自己的理想对比别人的理想，只有这样才能意识到，彼此并不是敌人。

迪卡米洛的《傻狗温迪克》，温柔甜蜜又带点儿忧伤的滋味仿佛故事中叫

"里德莫斯·洛丹"的糖果。故事里，格洛丽亚替欧宝选了一棵树，让她种在院子里，当欧宝问格洛丽亚那是棵什么树的时候，格洛丽亚回答："它是一棵等待结果的树，意思是说你必须等它长大后，才知道它是一棵什么样的树。"其实，每个人都是一棵等待结果的树，我们的未来也是一棵等待结果的树。

由此联想到，教育的价值需要在受教育者之后的生活中被反复检验，当受教育者多年后回顾并梳理自己的受教育经历，他们的故事是对曾经的教育最好的诠释——所有的一厢情愿都会被个体经验重新检视效果，我们因而得以接近教育的真相。而对于热衷教育创新的中国内地教育从业者，放下急躁去了解、理解才是当务之急，不要懒惰地全盘否定，总是在"宣称自己前无古人"之后，从零开始。

什么时候开始都不晚？

作为教师有两种痛苦。一种痛苦是被迫陪着学生一起苦读苦熬，从早到晚耗尽心思气力，落得学生憎恶憎恨，落得整个社会的敌视谩骂。一个在超级中学执教的朋友曾叹息：学生苦我们也苦啊，他们熬3年，最多6年就解脱了，我们是无边无际的30年。学校平均每年要疯掉一个老师，一个同事突然从学校走出去就没了下落……我们就像被按在大磨子里没完没了地搓磨，指不定哪天就灰飞烟灭。

作为教师的另一种痛苦是生在一个躁动不安的时代，投身在一个变革狂、创新狂的麾下，整日里忙于兑现他人的梦想和思想，一举一动由不得自己独立思考，作出决断，进而选择。

没有自由选择权的教师却要给学生自由，去实现让人得自由的教育，别美其名曰"戴着镣铐跳舞"，因为这压根就是扭曲，就是残忍。

作为父母和学子最痛苦的莫过于毫无选择地苦读,自古华山一条路,适不适合都得熬完三年六年。同事的女儿成绩平平,她总说孩子尽力了,付出那么多可还是看不到成效,孩子情绪非常烦躁,家里氛围也难平和温馨。她能做的就是每天一声不吭地陪着孩子做作业,孩子不睡她也不睡,一句安慰的话都不敢说。我总结说"一人读书,全家不得安宁",她立即泪如雨下。而我随着女儿中考的临近,也日渐陷入焦虑,我时刻警惕努力,不让自己日益接近那些高考日上马路拦车、在家里哆哆嗦嗦小心伺候着的半疯的父母的心境。

其实,即便是富裕家庭的学子也没有太多选择,不得不被裹挟加入惨烈竞争的大军。当初口口声声都是将来把孩子送出去,但凡对出国留学了解多一些就会知道那也是极为艰难的道路。我甚至了解,对于极少数有选择的人而言,他们中的相当一部分也拉着孩子主动加入到苦读的大军,因为他们认为这是最有价值的道路。

当一部分国人摆脱了物质生活的贫困,是否还追寻生命的意义和尊严?是否在自己追寻的同时,把孩子看作和我们一样有价值追求和有尊严的独立个体?说说总是容易的,做起来还是千差万别。

对活得普遍没有安全感和尊严感的国人而言,通过苦读获得更多的生活选择,通过苦读获得一种更有安全感和尊严感的生活虽然也很虚幻,但绝对是可以理解的在富裕者中非常普遍存在的贫困者心态。他们并不相信人可以自由选择不同的道路,不相信每种人生都可以有安全感、有尊严。

我们意识到自己内心的恐惧、精神的贫困并致力于减少恐惧、改变这种贫困了吗?作为教育从业者,我们致力于为不同家庭和学子提供更多选择了吗?

朋友追问:富裕家庭指的是中产家庭吗?那些真正大富大贵的人不在其中吧,只有他们才有肆意妄为的资本,我等不过升斗小民,连个中产都算不上,哪有什么选择可言。其实,我所说的富裕,指的是站在得胜桥菜场里,能天天想吃什么就买什么。

在香港中文大学旁听时，我最难忘的一次观影讨论，是围绕台湾《天下》杂志做的教育改革十年专访《海阔天空的一代》展开的。同桌的女同学看到十年后的 D 说"责任在我"时，开始抹眼泪，后来我每与人分享这段感受，也会抹眼泪。

那天交流时，我没有选择说 A 和 E，因为教育之于他们，影响比较弱。A，斯坦福女孩，学霸君。这种天分、努力都足够的孩子，无论身在主流教育还是非主流教育中，都能实现世俗标准的成功，一贯用来证明某某教育实践的正确和高妙。事实上，这种家庭能提供各种支持，自我要求极高，能力超常，学业表现非常好的孩子，在学习中获得乐趣及成就，很多并不是教育之功。他们是人群中的极少数，无论教育怎么改革，社会发生什么样的变化，都不会妨碍他们表现优秀，他们永远比多数人有更多机会和选择。片子中，她知道老师的不认同，但是家庭、学校乃至社会仍然给她提供了做自己喜欢的事情的机会。

E，棒球男孩。追星似乎是很多青少年成长的必由之路，他希望自己能够成为体育明星属于人之常情。但作为职业棒球运动，它只是属于极少数人的，学校体育教育能提供给你学习和实践的机会，但是不能保证你能实现这一梦想。没有人引领他有意识地思考，如果自己所喜欢的不能成为终生的志业，为自己赢得尊重和荣耀时，该怎么办。所以他继续无意识地重复一个乡村学业成就普通的男孩的轨迹，读完书工作，早早结婚生子。从他身上，我看到教育至少有两种缺乏：帮助他拥有超出现有生活的意愿和能力，让他从无意识地重复转向有意识地规划和选择。

B、C、D 的人生轨迹，真正因教育发生改变。他们学业普通，是大多数，得到与失去，都深受政策际遇的影响，让人生出命运之感。搁置就业问题，B、C 是变革的受益者，他们因为"多元入学"政策获得了继续学习的机会。看到他们为此感到惊喜，感到人生有了更多机遇、更多可能，我们感受到了教育之于人的意义，教育变革之于学生的意义。

D，世俗标准下的失败者，抹眼泪的同学说"很惨"的女孩。她在高中参加了两年的教育改革项目，第三年时在家长们的质疑声中退出了。之后她没有得到合适的升学机会，十年后辛苦地工作。她说那两年很好，责任在自己，她在努力寻找机会，会继续努力。

我在她身上看到台湾教育实践的好。你看这五个孩子，十年后，无论身处世俗眼中的成功还是失败，他们都努力而尽责。平凡普通的 E 说好好工作，好好养家。努力改变境况的 D 说当年的失败责任在自己，会继续努力。他们能认识到自己的处境，赋予自己所经历的以积极意义，清晰地表达自己，这些都是社会和教育的教化之功。

2017 伊始，有一则不大起眼的新闻。大年初一凌晨，云南镇雄 17 岁少年小龙，毫无征兆地用一瓶农药自杀了。之前和之后，几乎没有人了解这个孩子内心经历了怎样的挣扎和痛苦。真希望内地乡村的孩子，通过教育，除了能拥有超出现有生活的意愿和能力，还能认同自己的生活和际遇，总是试图改变，总是勇于担责。

社会乃至教育不能惩罚 D 这样的人，让他们觉得人生只能这样了，让他们感到"改变命运太难了"。社会和教育应该永远为想学习的人、想努力的人提供各种机会和道路，让他们感到什么时候开始都不晚，这个世界为想向上的人准备了无数的惊喜。

十来分钟的短片呈现这么宏大的主题，容易导致危险的结论，失败的教育改革导致了 D 艰辛的人生，让畏惧变革的人坚信不改才是正确的选择。当然，这可以看作是对社会变革者和教育变革者的警示，但是可能的"不好的影响"并不表示当下教育不需要变革。正如尹老师所说，再坚持一下呢？多提供一点支持呢？教育应当聚焦改革如何持续、深化，而不是原地踏步地争论要不要改。

教育变革的伦理问题，我一直非常担忧。"自上而下"变革，强制力太强，动员能力太大，纠错太慢也太费劲，变革者常常因一己之好开始结束，甚至将自身能获得的变革的巨大利益放在儿童的利益之前，这种缺德的毛病，导致许多教育变革实践与台湾地区的课程变革一样，重表象轻质量，缺乏连续性，不深入不持久不周全。虽然病状类似，但病因迥异。

减少对学习者身心的控制

丹麦基础教育的自然主义倾向，中国香港地区基础教育的实用主义倾向和中国内地基础教育的行为主义倾向，在我看来都有改善优化的空间和必要。

以中国内地基础教育为例，主持教师专业发展活动的时候，我让今天的教师回忆自己曾经的小学生活，"你的老师们曾以什么方式肯定他认为好的行为，是当众表扬，发小红花、小奖品，还是评选优秀学生？他们如何纠正不当行为，是训斥、罚站、罚抄写，还是请家长，甚至打手心？"我提醒同行们，研究表明：从教师曾经受到的管束方法，就可以预测他们将选择什么样的教育策略。我们必须努力超越行为主义，否则就会一味在试图控制学生上过度用力。

在教师和父母"一手胡萝卜一手大棒子"式的教育中成长起来的我们，最容易陷入"教师能否惩戒学生？""如何惩戒才不违规？""学生做得好了难道不表扬不奖励？学生做得不好难道不应该指正、惩治？"之类的问题中，整天为如果这些不被提倡甚至不被允许"我们还能怎么办"发愁。甚至忘了，我们为什么想让学生安静下来——是为了持续的有意义的学习活动。

这首先是某些知识技能和经验的缺乏。教育实践中教师们不相信，或者有意无意地忽略了，奖励和惩罚并不是教育的唯一手段。

孩子年龄越小，父母和教师在身体力量和心智上的优势就越明显，不论是奖励还是惩罚，通过外部刺激（强化物）塑造儿童行为在低龄儿童教育中收效显著，而这种立竿见影所带来的副作用又并未引起父母和教师的足够重视和警惕，这导致实践中普遍存在过度使用奖励和惩罚，过度依赖外部刺激塑造儿童的问题。

缺乏理解的服从需要外力来保障。而我们所追求的是，外在的刺激递减，让孩子随着年龄的增长越来越自律，而不是一直依赖他律和外部刺激。用奖励和惩罚塑造儿童是最顺手的策略，这不仅不利于孩子良好自我意识的形成、道德的发展，还破坏了彼此的关系，提供了利益交换、强力、暴力解决问题的不良示范。我时常提醒父母和教师，在孩子力量、心智较弱的时候，便要想到将来有一天他们会和你一样，甚至比你更为强大，想到他们有一天会思考行为的价值和意义，想到有一天他们会离开你的视线，独自上路。

规则和限制最终都必须转化为孩子内在的自觉和自制才能使孩子终身受益。也就是说，在父母和教师能通过奖励和惩罚控制儿童的时候不满足于此，而是试图帮助孩子基于经验和归因自我学习，向他们解释为什么应该按照特定的方式行动，培养孩子讲道理的能力。同时，父母和教师要注重给孩子提供情感支持，鼓励孩子独立，鼓励孩子尝试，使孩子在未来的自主选择、自主判断成为可能。这样随着年龄增长，孩子才会对尝试过后的选择表现出日益明显的偏好，相应的，父母和教师也要为他们提供更多自主判断和选择的机会。

每一位学校管理者和父母都应该意识到，过大的班额会使教师在特定时空内的控制感减弱，此时，教师必然会用更依赖过度的外部刺激——奖励和惩罚加强控制；学科知识学习的任务过重让教师优先执行既定的教育教学计划——无视或者漠视学生的问题行为；严格琐碎的学校过程管理造成教师害怕暴露问题、急于消灭问题行为，不愿深究其原因——只求立竿见影，不愿追求长效；在心智和体力上处于较弱一方的儿童无力阻止、约束教师的不当行为；社会和学校并未向特殊学生及其家庭提供必要的支持或合理的专门安排……这些都让幼儿园、小学教室里普遍存在教师过度依赖奖励和惩罚的问题。

斯金纳式的自信，"只要找到引发并使行为维持的强化物我将得到所有希望的行为"的激进行为主义在实践中大行其道,看多了,痛心疾首。比照丹麦的每班15人,香港地区的每班30人以下,我们对于七八十人、百人以上大班额的容忍,就是对教师强力、暴力控制学生的默许。

是否超越以遵纪为基础的教与学,致力于减少对学习者身心的控制,追求持续而有意义的学习,重视并努力赢得持份者的合作——而不是单向度地让他们做我们认为重要的事情,在我看来是本土语境中评价教育创新的重要指标。

02

对未来课程的想象力
——内地课程创新案例评点

不是白痴就是魔鬼？

2016年年末，我从香港返回武汉。当天夜里，参加了武汉一土学校筹备团队线下交流活动。

商界强人、国企管理者、地产HR、大学教师、公务员、培训机构负责人……这些现在的和未来的学生家长、教育从业者为了一土学校在武汉落地而集结，将自己的专长和个人经验代入其中，围绕办学资质、办学场地、资金、生源和师资展开讨论，撰写报告，反复修订。他们第二天即将奔赴北京，希望在一土社区嘉年华上，通过面试，得到全国首批一土分校的办校机会，收获北京一土团队从课程到学校运营，全方位的支持和资源分享。

隔日，我在湖北大学教育学院与课程方向的研究生们交流。当堂作了两个小调查，请同学们回顾自己受教育的经历，衡量所得与所失之后，看总体能给个正分、负分或者得失相抵给个零分，或者只是给当下的中国内地教育作个整体评价，比较受教育者的所得与所失，看总体能给个正分、负分或者得失相抵给个零分。

迟疑半晌，同学们鲜少给正分的，我笑问：是不好意思给吗？因为天天听到看到的消息、报道都是试图"颠覆""重建""改造""变革"当下中国内地的教育实践。

同样的调查在香港中文大学教育学院必修课"课程与变革"的课堂上也进行过，结果完全不同，内地学生都给予自己曾经受过的教育积极正向的评价。除了可能的内地教育"成功者"的成功者心态，在香港学生和国际学生面前的自我形象维护等，我觉得像中国内地这样，全社会对教育都颇有微词，是很特别的样态。

当下中国内地教育饱受质疑和批评，从相关从业者的素养操守，到学习内容的落后无趣、学习方式的呆板单一，每年不断增长的留学潮乃至低龄留学潮是用脚投下的否决票和不信任票。问题多多同时意味着机遇多多，当下中国教育变革的意愿之强烈，各方推动教育作出改变的热情之高涨，都是前所未有的。一时间，真有全民投身教育，全民课程开发的势头。有人称之为制造焦虑以拉动家庭对教育的新追求，从而提高家庭对孩子教育的投入，我将之看作课程创新的压力和动力——只是并非压力越大、动力越强劲越好。

说说一土学校，北京十一学校之后教育创新领域的新热点，当大家随着美国 High Tech High 学校热带来的项目制学习（PBL）热，关心一土学校的课程创新时，当大家因为一诺金灿灿的履历和不凡的见识而惊叹追随的时候，我对一土学校的信息提取还涉及——

其一，办学方式创新。华章团队负责技术部分，搭建、管理、优化社区平台。一诺团队分享价值观念，并与各种资源进行联络、对接。小月校长负责学校运营和教师培训。这样的办学结构本身就是创新，有利于形成一个容易达成共识、具有弹性、信息传递高效、更新迅速的圈层，对各种资源的理解、整合能力非常强，令学校一开始就拥有一批价值观相似或相同的志同道合者。

芬兰教育给我最大的启示是：教育技术上的追求——关注课程设置、问责制度、领导力、教师、学校的问题，社会文化视角——关注历史与传统、学校状态、价值系统、社会资源的问题，以及政治视角——关注政策协调、权力分散、社会组织的问题，相互链接、驱动、影响，形成彼此开放、互动合作的结构。一土学校的办学模式，接近这一模型。

反观目前中国内地的政府办学，以及他们的代理人校长们，往往会将所有的因素放到一所学校的系统内部去设计运营，把所有的好想法作为教育技术问题来运作，美其名曰教育改变社会、教育改变未来，一切力量都通过进校园、进课程、进课堂来实现教育创新。狭义的学校概念承担不起这份社会变革的责任，此时的创新，既无行业内外共享观点，无心无力接受批评与相互批评，必然缺乏社会文化和政治支持，虚浮、笨拙、难以持久。结果就是：教育圈里天天捷报频传，社会对教育的评价却江河日下。

其二，坚持合法办学。在中国内地，Home Schooling（在家上学）并未合法化，加之合法办学的门槛高，大量个人、社会团体的办学实践都处于灰色地带，与政府的关系，要么是你低调点我视若不见，要么就是懒得搭理真的看不见。民不告官不究并不正常，作为一个重视积累传承的行业，随时都有被取缔的危险，很难有好的心态、生态去发展。一土学校从一开始就努力寻求合法办学的途径，并在发展中反复强调、落实这一原则。一所致力于教育创新的学校，保持不担心随时被关闭的从容坦荡，非常重要。

其三，以开放的心态处理与公立教育的关系。许多坚定的在家上学实践者，许多个体、社会团体办学者，立足点是对公立教育的全盘否定，尽一切努力切割干净，声称从理论基础到实践的各种不一样，一土学校没有。一土对于学校的日常运营和教师队伍建设有足够的实践经验。一土学校在语文和数学这两个关涉学生升学的高利害学科的实践中，使用国家课程教材，课时总量和学业水平要求只多不少，只高不低，英语全由外籍教师执教，比一般公立学校学得更多，学习形式更为丰富，在其他课程的设计和实施上比公立学校更加灵活。这样，未来学生回归公立学校或者就读国际学校都行，这不仅令担心孩子们很难回到主流学校就读的父母可以安下心来，也真正表现出教学内容和方式并不由教科书来决定的自信。一土的实践，对因语文、政治、历史三科重新回到"一标（课程标准）一本（教科书）"深感忧虑失望的群体，既有启示又是榜样。

2018年7月我访问一土学校，在校观察之后，和小月校长交流时我试着总结道："一土是优化升级后的公立学校？"小月校长觉得并不准确。一土兑现了办学初所许诺的：创建安全、亲密、平等、安静的校园文化，重视保护和激发学生学习的内趋力，重视师生、生生、家校的人际互动、相互协作，让有效的学习真实发生。和我们通常看到的，过度偏重知识技能的学校相比，校园氛围很不一样。

而在办学目标兑现的过程中，一土并不拒斥公立学校被证实行之有效的教师专业发展路径和方法，不拒斥使用现有公立系统课程及教学资源，但会基于自己的价值判断主动拣选、重构，这反而让一土的价值追求在这一过程中反复被重申和确认，减少大量不必要的低质低效探索。

一土的语文和数学两科，是国家课程的学习内容＋国际课程的学习方式，其他学科则充分校本化地进行了内容和学习方式的全面优化和升级，作为学校办学特色的项目制学习，每天1～2小时，并不是大家普遍猜测的覆盖全部的学习时空。期末没有纸笔考试，而是用"学期学习成果发布＋教与学说明会＋全员参与性嘉年华活动"的形式进行展示总结。重视家长对课程实践的感知理解、重视学生表现和感受基于纸笔测查和所谓的标准评测。

一土在课程实践上的折中，延迟了家长在公立学校和国际学校之间作出选择的时间点，而随着孩子年龄的增长，他们必然在学习中表现出日益明显和稳定的偏好，学生将有能力更多地参与到学业规划和人生规划中，从这一点来看，不排斥公立教育的心态和做法显出积极意义。

很多颇具影响力的教育体系选择走 K-12 或者 K-13 的办学道路，就是为了避免各种被迫的对接，避免为了对接委曲求全地打折，如果一土有必须坚持的价值，未来做全 K-12 才有可能在自身追求和为学生提供更多更好的发展机会之间获得双赢。

以我所见，不论是个人还是团体，不论是学校还是政府、社会机构、企业，他们各自带着自己的情怀、智慧、资源进入这一领域，为之注入活力，从而带来更多改变的可能。而与政府人士、教育研究者、各种有意愿参与教育的机构和企业合作，设计实施更高质量、更丰富的课程，为儿童和青少年提供更多选择，是一种趋势，一种必然。

问题在于，教育是关乎人的，对人的认识理解有一个缓慢积累、发展变化的过程，教育因此是非常注重积累和传承的行业。一如卡西尔在《启蒙哲学》中对启蒙的批判，启蒙者依附所批判的对象而存在。恨不得将一切颠覆重新来过的人是当下教育的一部分，往往同样践行着自己所反对的而不自知。即便他们的实践一如他们的主张，作为反对者他们因为受制于反对者的立场，依附被反对者而存在，并不自由。很多时候，他们的创新只是不知道和装作不知道之前的探索以及对类似探索的反思检讨。

体制内外之别并不天然是区分正确和谬误的界线，体制内并非不是白痴，就是魔鬼。

精英阶层的自救和突围，产生两种精英学校，一种是资本试图通过资源优势在教育中获得更大回报所创办的精英学校。他们为了利益而垄断，没有动力共享成功的经验，因为这是他们的竞争力所在。另一种则声称追求教育公平，但后者的共享也是有条件的，这可以看作他们对质量和风险的控制，但"相同的价值观"就是一道不低的门槛。

精英创办精英学校实现自救和服务精英阶层，无论他们的教育创新多么成功，也只是那些本身就拥有丰富教育资源和开明教育观念的人群的成功，在成功分享和推广方面仍然需要付诸巨大的努力才能有所作为，才能实现教育创新惠及普通人和普通的家庭。因为"昂贵"本身也是大众难以跨越的门槛。

如果钱不是问题

还是 2016 年，我在郑州的华德福课程大纲培训中遇到了加贝村村长贺隽恒。黑色 T 袖上的明黄"加贝村行动"明快跳脱，这个 80 后的小伙子说，正用互联网思维做教育、做课程、做一场教育实验，他毫不讳言深受罗振宇的启发。

创校阶段的加贝村只有七八个不同年龄的学生，是他走遍 16 个城市，召开 13 场见面会，用故事（想法）陆续招（骗）来的。搜索"加贝村"，可以看到这场课程实验的系列记录短片，并在持续更新中，俨然教育界的《爸爸去哪儿》——从项目发起，摄影摄像团队全程跟拍，网上发布。

这所创新学校最初没有固定的校园和教室，贺村长说他只做半年的课程计划，就连半年的课程计划也可能会发生变化，反正课程设计得再好还是得改！改！改！

来自全国各地，主要是北上广深及沿海城市的孩子，每月集中于一地学习 21 天，将每月的几个周末集中起来休息，回到父母身边度过。主题学习的方式，移动变化的学习环境，充满了不确定的课程安排。

个性鲜明的贺村长负责规划课程，全职的一专多能的老师陪伴孩子们生活和学习，负责短期课程的专家提供该领域顶级的知识、技能、资源，教育实验家们在这里探索实验，这就是贺村长说的最为重要的教师队伍，那些课程梦想的兑现者。

当公立学校探索翻转课堂的时候，他们已经开始翻墙使用免费的可汗学院的线上数学课，通过学生自学＋教师辅导，自然而然地翻转了。相比较而言，公立学校的课程变革，总是透着没有必要的笨拙和让人不安不适的轰轰烈烈。

贺村长在分享的最后谈到他的课程目标：培养孩子的美学素养、商业精神、探险精神、学术能力、实践能力和协作能力。我在他身上看到对教育、对课程的想象力，以及课程资源获取和整合的大手笔。

2018年是加贝村教育实验的第三年，20人左右的混龄学生团体，高师生比，跳桥、滑翔伞、探洞、攀岩、环洱海骑行、帆船……21万一年的学费，支撑着全世界范围高消耗的课程实践和学习体验。跟踪加贝村行动，我有时会问自己：如果钱不是问题，想教什么就教什么，想怎么教就怎么教，我将如何设计运营课程？为什么？

而问题往往在于，钱就是很大的问题。

2017年11月，Alt School宣布关闭两所分校，其他学校更名为Lab School，并将战略方向转为自主学习软件的销售，引起教育圈的广泛关注。虽然Alt School说不差钱，但很多人仍然认为，实验学校太烧钱是主要原因。按照负责人巴布的说法，把平台推向广大的公办学校是实现Alt School使命的核心，"我们起初是在小微学校里做，而最终我们会把教育公平带给所有教师。我们要为所有的教育工作者提供他们喜爱的工具，帮助他们去实现整全的儿童教育"。

把教育公平带给所有教师，从而惠及所有的学生，这样的目标定位，远比办几所创新学校有更为高大上的追求与关怀，能够容纳更有价值的教育创变。当运营几所精英学校，与惠及每一位教师、学生的目标冲突时，选择关闭部分实验学校，这样的决策在我看来是可以理解甚至令人感佩的调整。即便失败又如何呢？我尊敬这样的目标定位和尝试。

有人说，低成本创新更容易让更多需要帮助的人受益，这也是世界教育创新领域特别关注的维度。

在低成本创新方面，我比较看重的创新案例是安猪发起的"一公斤盒子"项目和歌路营发起的"一千零一夜"项目。

前者以一公斤为限，通过提供课程资源包的形式，帮助缺乏教育经验的乡村教师和支教教师更好完成教学任务，从而帮助更多的有需要的学校和学生。同时也为缺乏专业师资的乡村学校，提供实用且好用的低成本课程支援。

后者通过睡前15分钟故事播放，帮助乡村寄宿学校的孩子入睡，故事带来温暖、愉悦，以及对孩子心灵的治疗修复。据歌路营2017年9月的报告，"项目实施显著降低了寄宿留守儿童的抑郁风险，显著降低了寄宿留守儿童校园霸凌的比例"。成本核算，平均每校6882元，除了设备、故事资源包、音乐资源包，还包含对教师的培训。

而在WISE教育创新奖历年发布的入围项目中，鼓励面向弱势群体的低成本创新的倾向，十分明显。

"以他的眼光审视他"，才能从大众的熟视无睹、习以为常中看到需求并尝试去满足，或者发现问题，再从问题中找到解决问题的办法。最后才是，谁来为此买单？

做"教育家"？做"教育+"！

2015年10月，应21世纪教育研究院之邀，我到四川省广元市利州区做农村小规模学校联盟的科学教师培训，培训地点在该区小微学校联盟盟主张平原校长的学校——石龙小学。

虽然只是一个区的教师培训，很多教师仍然路途遥远。我因此担心校际联盟的交流互助因时间成本太高难有其实，或者在解决一些问题的同时制造其他的问题。

半年后，张盟主在朋友圈里和我分享他们与教育公益联盟、沪江网合作的新项目——微校联盟的网络课程。项目从乡村教育最薄弱的艺术教育入手，18 所联盟学校统一艺术课时间，沪江聘请优秀的艺术教师在网上直播艺术课，展示 6 课时，各校学生在他们的带领下开展艺术活动。其余 15 课时由联盟的优秀教师来上，一人上课，18 校共享，将优质教育资源共享与教师培训结合在一起，提高乡村艺术课程的质量。

近年来，政府对农村学校的投入越来越大，在基础设施和设备上，农村学校基本都实现了"班班通"和"校校通"，路铺设好了，平台上分享什么？沪江这类的互联网企业，愿意在教育方式创新、教育资源的重组上投入人力物力，促成需求、技术和平台的联合，实现课程的创新。

到 2017 年年末，沪江的"互+美丽乡村小学网络公益课程"项目已经发展到有十大主题系列课程任选，试图帮助解决大部分乡村学校因为师资匮乏，难以开齐开足科学、音乐、美术等国家课程的问题。

提供这些公益课程的，有公立学校的教师、教育机构、公益组织。"线上支教"对于城乡教育平权，重新定义学校与学习，重新理解课程的设计与实施，农村教师的专业培训与支援等，都带来新机遇。

回想 2006 年，作为教育部"中小学教师新课程国家级远程培训"的项目指导教师，我先经历了几天的导师培训，然后带领一个区域，在专家网络视频授课之后就学员的课后作业跟踪指导、在线交流，并就每日学习活动情况提交简报。

十年前的这个教师培训项目涵盖了十年后最时新热闹的在线教育的许多重要元素——导师培训（Mentor Training）、网络视频授课（MOOCs）、基于互联网的分享互动、资源（Resources）、资料搜集（Data Collection）和指导 [e-Mentoring(eMSS)]、小组合作学习和参与式、体验式研修等。而完成这些元素及对其价值的接纳、认识，并将之转化为更为广泛的实践，用了将近十年。

其实，早在参与项目试点的 2005 年，我就已经发现并意识到，大规模的在线教育，虽然在参与人数，即规模上较之线下集中培训有巨大增长，但参与度和完成度却并不理想。可惜，互联网教育的十年发展，仍是一味追求并满足于信息越来越多，更新越来越快，品牌越来越强大，互联网技术过于急切地试图改变教育，却是并不理想的改变。互联网技术有意无意地忽略了，首先要考量教育品质的提升，然后才是做流量、做品牌。

从 2017 到 2018，时隔一年，再次遇见常州北郊小学的校长徐青，他已经从一个不断在互联网上寻找在线课程资源，推送给学校教师、学生和家长的课程"海淘人"和"推广人"，转为运用微信小程序督促反馈学习状况以提高学生对线上课程的参与度和完成度，考虑到学生的实际状况订立诸如"每位学生每学期只能选修三门线上课程"之类的规则，想开设书法课就在全国范围内寻找合意的书法老师并说服他线上执教等的课程开发者和运营者，在课程规划与实施方面表现出更强的专业倾向。

这是新技术与新观念相互作用越来越剧烈的十年，从 QQ、博客、微博、微信朋友圈到高质量的微信订阅号，从新浪公开课、网易公开课、超新星、TED、一席到在行、跟谁学、猿辅导，互联网＋带来的是更注重交流分享，是开放、多元的文化氛围，是专家、精英与大众等各种边界的模糊。互联网让时空弯曲折叠，让不能遇见的人"相遇"，知识观念的传递不再依赖传统的学校、学校里的任课老师，不再被各种社会晋升渠道隔离开，而是让学校变形甚至消失，让教师自由执业变得可期，让城市和农村信息同步共享成为现实。但更多更快更强并没有带来事实上的知识面前人人平等，受教育者筛选获得更有价值信息能力差异造成的不平等成为新的问题和挑战。

我特别关注无处不在的科学技术及线上产品加速的教育变革、微小创新。比如，在行奖励了那些想亲近大师，渴望获得第一手研究心得和资讯的人；分答的机制鼓励了那些善于代大众提出大众关心的问题的人；在线公开课满足了愿意终身学习的人，大大降低了专业学习的门槛，令专业课程走向普罗大众；TED 和一席鼓励人们从自己所喜欢的事业中寻找价值和乐趣；游戏教育学的蓬勃发展正改变大众对游戏的定见……

按照多尔的后现代课程观——任何知识都可以以合适的方式教授给任何年龄的孩子。当扎克伯格给刚出生的女儿读量子力学时，整个世界都在激动地模仿。在线课程面向所有人，包括面向低幼儿童开发出的哲学、艺术史、科技史、天文学、文字学……琳琅满目。当大师们发现自己的专业知识和专业技能居然可以让一家老小成为同学，一齐追随，不知道惊喜是不是多于意外，他们是否意识到大学专业课程低幼化、平民化是一股潮流，也容易成为对低龄孩子的新的压迫？低龄的孩童可以接受理解甚至喜欢，并不表示真的需要和适合。

实际上，经典文学名著和经典科普读物的版权所有机构，早就通过编撰幼儿版、青少版，把强大的需求转变为实实在在的产品和收益，活跃繁荣的图画书市场则宣称适合 0—99 岁的所有人。当所有行业都试图把那些看起来最有学习意愿，还没有被题海淹没的低龄儿童（当然由他们的父母买单），看作主要服务对象的时候，当各行各业纷纷加入教育创业大潮，将教育看作商机无限的投资领域的时候，"教育 +" 心态表示教育行业愿意与各个领域开放互动，愿意合作共赢，愿意主动求取对接外部支持，愿意主动将自己碎片化，以被其他行业纳入其中。当是时，教育从业者既有优势，也肩负责任。

"互联网 +" 是技术渴望在一切中发挥作用，不再以让一切为我所用的心态参与社会变革。那么"教育 +"准备好了吗？或者说，教育是否不惜将自己碎片化以方便参与各项社会变革，是否有意愿有能力主动连接各种社会资源，不再一心做一个将一切吞没的大怪物，无所不包，无所不至，无所不能？

自我粉碎以创造无限可能

作为主流的公立学校，办学的及格线是开齐开足国家课程，提高各学科教学质量，应对区域性的质量检测，赢得上级主管各位领导的信任和良好的社会评价。但是，观察研究那些优秀学校的案例，他们无不提供更丰富的可选择的课程。现如今，如果一所学校没有社团、没有选修课程，别说高中校长、初中校长会觉得不好意思，连小学校长和幼儿园园长都要不好意思了。

从兴趣班到学生社团、选修课程，有意识地建设由外聘专家、学校学科领袖组成的选修课程教师团队，这背后是观念的改变。我们并不因为儿童和青少年身心发展的不成熟，就断定他们不应获得为自己作出选择的机会。

从低幼开始，从学校学习的起点——幼儿园，给予儿童、青少年对课程的选择权，帮助他们通过选择、体验认识自己，认识世界，遵从自己内心的感觉，调整和改变自己。"没有什么是非学不可的"，这对习惯了在固定的时间、给固定的学生、教授固定内容的老师和学校来说，是非常难以改变的。我们的底色是"一切好的都不容错过""一定有比其他知识更重要的知识"，因此，变革中任何的减法都会带来恐惧焦虑，招致无尽的上纲上线的批评，于是课程领域成了各方一厢情愿的重要性竞争的战场，"进教材、进学校、进课堂"这种体现重要性的"三进主义"，导致学生学习内容一加再加还加，学生和教师的负担越来越重。

开设选修课程，让低龄学生为兴趣和需要而学习，对于保护低龄孩子学习的热情非常重要。这表示学生可以在同一时间、不同地点，学习不同内容。这些学习内容确实都很重要、有趣，但如今的"我"还是那么小，体会不出那么多的好。所幸人生很长，总有机会与美好相遇。

除了选课走班兴起，这是学生端的增加选项，张良一直有不一样的解决思路，他致力于教师端的增加选项，虽然这种增加早期看起来好像只是减轻了教师备课的负担。

2016年我和朋友兆凡一起访问泉源高中广州校区时，张良办公室的黑板上是他的"中央厨房"全景图。前后数年，他都在耐心细致地按照自己的设想、计划做知识"切片"工作，从办实体高中开展教育实验，到搭建"爱卡的米"平台与学校深度合作。

先是单个学科知识体系的可视化过程，通过一张巨幅思维导图，呈现单一学科知识全景图，三年后，我在某知名一对一辅导机构的墙壁上见到类似的图纸。让教师和学习者都清楚地知道本学科本学段需要掌握的所有知识点，以及各知识点之间的关联，建立知识的整体图景。然后才是针对每一个知识点的各种教学设计和教学资源的搜集整理，"切片"归置，实现同一个教学主题，勾选碎片就能够组合成多种不同学习方式的不同教学流程。最后，提供同一知识点难度不同的练习题库，由教师依据学生的学习情况设定必做和选做，巩固和评估学习成效。

每一次遇见张良，他的工作都呈稳步推进状态，浮华时代的坚定让人敬佩。他令我想到设计界的典范——乐高颗粒（Lego Bricks）。玩家可以按照套装说明书的步骤，一步步展现设计师的经典设计。还可以完全按照自己的喜好，创造性地完成自己的设计。张良的"中央厨房"让作为决策者的教师，拥有丰富多样的教与学"颗粒"，通过选择完成设计，"轻松地"组合成适合自己学生的教与学方案，并即时提供反馈，及时依据学生学情调整方案。从自主学习的角度，学生甚至可以成为自己的老师，按照自己的特点偏好，设计完成适合自己的学程。

2015年，泉源高中和张良是主流教育媒体的宠儿，2017年，他的合作学校凉水井中学再次成为媒体焦点。泉源与Alt School、可汗学院、Summit都在做着相似又不同的探索，无处不在的科技被充分重视，用来给予教与学更多支援帮助，提供更多的可能性，从教与学方式的变革，到师生关系的重建等。

2017年年底，我在杭州遇见台湾中山女高教师张辉诚，他正致力于"学思达"教学模式的推广。令我印象最深的是，张老师说知识不能垄断，这是一个权力的问题，教师必须在教与学的起点，补充完善学习材料，才能实现教与学过程中的师生平等对话。深以为然。而张老师以及团队所有的教师，正通过将自己设计的学习材料共享，实现互助合作，实现教与学越来越轻松、越来越高效。无所不在的科技，也在助力加速张老师们的探索，让不在同一时空的同行成为伙伴，让不在同一时空的彼此成为对方的资源和助力。

FT中文网发文点评乐高公司的堕落，套装类产品销量比重呈压倒性优势，并持续高增长，有悖追求自由拆卸、自主设计创造的产品文化定位。从市场反应来看，大众偏好各种精美完善的"现成的"，而试图给予大众更多自由、更多自主创造机会的理想，常常只能落在文字和宣讲会上。什么样的颗粒才能激发人自由创造的愿望？人都有惰性，偏爱各种现成的"完美"设计，那么退而求其次，先给一个任务，再在他不得不做某事的时候，帮助性地提供自由创造的机会和好用的颗粒。理想的兑现并不容易。

与出版机构合作做儿童科普类阅读推广，我极力主张项目落地企业升级原有的固定活动，改变一成不变的"暖场活动——读故事——发奖品"。因为这只适合故事类的儿童读物，大部分科普类儿童读物，本就不是为了朗读而设计，必须专门设计参与性强、体验充分的活动。

在儿童阅读中，科普类阅读这一说法应升级为博物类阅读的观念——不只是为了被知道和知道更多，而是像专业研究者一样，好奇而专注地在，一直在，立于天地之间与万物共生相连，绝对不是知识的搜集者。这类儿童读物的推广活动，应提供给儿童实际探索和工作的机会，让他们体会和专业研究者一样的发现的乐趣，专注工作的乐趣。虽然图书发行和推广活动都不在学校教育实践的范畴，但我认为参与这样的改变有价值有意义。此时的我就是一粒乐高砖，在非学校教育的体系中，触发一点我认为重要的变革。

有人评说，我们生活在一个无所不能的政府设计的无所不包的体系之中，在其中的学校教育复制了这一思路和构造，一面解决自身技术问题，一面与政策、文化相互影响，预设的立场就是如何将外部资源加工成合适的乐高砖，纳入自己的系统之中，当这块砖头实在太大，完全无法纳入自己系统的时候，就觉得非我族类，不堪己用。

这种无所不能、无所不包、无所不至的理想，与社会其他主体无所不能、无所不包、无所不至的理想一起，共同组成当代社会图景——各行其是，深度合作因此很难发生。教育从业者愿意将自己的专业知识技能化整为零，融入、提升、成全其他的社会系统，在共生、共赢中扩宽教育创新的格局吗？就像看来十分标准化的乐高砖，造出了乐高公园里各种神奇的世界。

站在孩子这一边

多年来，我持续关注着中国内地的许多非主流学校，比如成都的先锋学校、好奇学校，佛山的悦读学习社区，他们都曾表示深受夏山学校的影响。当下，各种各样的夏山学校都有不少坚定的支持者，但是否能像尼尔那样做到极致，不惜"放纵"，在实践中还是存在很大差别。好奇学校校长池晓后来否认，认为好奇学校不是夏山，我因此给予好奇学校更多期待。

更早引入中国内地的是蒙台梭利教育，奇怪的是一直停留在低幼阶段。作为当下教育创新领域热点的自主学习、操作性学习、探究性学习，包括在儿童观察（评估）方面，他们的经验和成果都不容忽视。所以我一直很期待蒙台梭利教育在中国内地的办学实践能从低幼阶段扩展到小学和中学阶段，为我们提供更好的本地化实施的观察和研究样本。

华德福教育在中国内地发展壮大的十多年，哪怕你并不认可人智学，也不认为华德福教育对儿童的理解都符合儿童发展的实际状况，他们始终理解的姿态，和基于理解开展的教育实践方面，足可供主流教育检讨反省所谓的儿童立场，究竟有多少，又实际做到了几分。

华德福教育百年所积累下来的课程组织模式，学习内容与方式，对当下主流教育热衷探索的学科统整、主题教学、包班教学、戏剧教育、操作体验类学习等方面，颇具启发性。当我们还在先分科再整合的蹩脚中百般周全时，华德福教育却为我们提供了另一条道路——在全世界范围内教师的课程自主权都在逐步丧失的背景下，依然坚持给予教师极大的课程自主权，鼓励教师个人"创作"。

2001年全国基础教育课程改革启动，教育科学出版社、华东师范大学出版社、中国轻工业出版社等出版社译介了大量的国外教育理论和实践著作，为课程改革提供理论和实践的镜鉴。华东师范大学出版社当代教育理论译丛中有一本《学习自由的国度》，介绍了美国多种非主流教育，其中一章便是介绍华德福教育的。

之后，我陆续从网络上读到越来越多李泽武老师、吴蓓老师等先行者译介、记录的华德福教育理论、实践的书籍、文章。得知成都2004年创办了国内第一所华德福学校，想去实地看一看的念头便一直没有断绝。

短短几年间，成都、广州、北京等地逐步形成了互助共生的华德福教育群落，喜爱华德福教育实践的父母们为了自己的孩子，在各地办起了华德福幼儿园和小学，有志于从事华德福教育工作的人可以在国内参加2~3年的华德福幼儿教师、小学教师培训，获得从教资格。从华德福教育在国内的传播速度可窥见它巨大的感染力和说服力。而我在2009年春，经朋友李玉龙的引介，得偿所愿走进成都华德福学校作教育观察。

吃着果敏老师做的蛋糕，李玉龙断言："你二十来岁的时候肯定不如她，因为她有华德福的理念。"之后我报名参加了华德福小学教师培训，想从实践和理论两方面入手，系统地梳理一下，厘清华德福教育与近现代教育理论和实践的关系，探询它为人称道和迅速发展的缘由。

早晨在李泽武老师的带领下去四年级听课。果敏老师班上只有四个孩子，一个孩子因为近来状态不佳不在班上，据说去厨房帮厨去了。另一个男孩子也表示身体不舒服，在数次趴在桌上休息之后，去了医务室。教室里一度只有老师和两个孩子上课，在悠扬的竖笛声中，我开始打瞌睡——轻言细语的老师一直用平缓的语调不激烈地教授着，我几乎可以听到自己心跳和呼吸的声音，整个人放松下来便忍不住瞌睡——被任务清单钉死的我欠下的睡眠账已太多了，干脆偎在沙发上睡了一会儿。2009年的成都华德福学校，相当一部分受教育者是被主流教育拒绝伤害后，过来疗伤和安顿的。

午餐之后，我在张俐老师的带领下去幼儿园看看。孩子们正在午睡，老师带着三个孩子劳动，一个男孩穿过厨房去倒垃圾，一个女孩在扫地，一个男孩在和老师一起洗碗。教室就是一个家，寝室、活动区、生活区，很温暖柔和的色调，眼前几乎所有的东西都是老师和家长自己动手制作的。童蓓蓓说，上次她和郭初阳来看时，孩子们午睡后刚起床，惺忪睡眼，一个个朦胧的样子，教室里弥漫的是紫米粥的香气，轻松、快乐、温暖，是家的味道。

下午和周远斌老师一起上园艺课，周老师说，只讲要孩子们做什么，然后老师和孩子们一起做，孩子们自己用眼睛学习。今天的任务是收菠菜，明日中午全校师生就会吃到菠菜了。他蹲在地里，告诉孩子们挑出密集处粗壮的菠菜，然后掐断根，理掉黄叶，整齐地码放在筐里。今日的任务是30斤，后来又说是尽可能多，当工作进行得差不多时，孩子们便用推车将地里堆着的紫菜薹送去喂羊，再一一用跷跷板和收获的整筐菠菜比较孩子们的体重。最后，孩子们一起将菠菜送到厨房里准确称量过之后，下午的园艺课才基本结束。

周远斌老师带我去看故事，比如堆着的枯枝落叶——学校会在节日庆典时点起篝火；学校创办之初，老师们一起动手制作的"华德福学校"校牌；学员和志愿者们一起凿的象征华德福的图腾碑；围着湖的一圈鹅卵石其中的讲究……许多故事，在一个个不起眼的物件背后。

晚些时候，幼儿园放学了，想起下午那个爬上树皮小屋屋顶没有人去呵斥制止的孩子，我温暖地笑起来。一群孩子、家长、老师手拉手围成一圈在做告别活动，几个孩子在沙坑里水啊沙啊地乱搅和，一切莫不显出安详。

整体的温和、宁静是在华德福一日的感受。

越来越多的父母为孩子可能会遭受同伴欺负而忧心忡忡，这种焦虑使他们无法面对孩子之间的冲突，看到自家孩子和别的孩子有了争执、拳脚相向，他们会立即冲上前去制止，失控地抱怨、指责、攻击另一方，甚至当面教唆孩子：

"他打你你就打他。"

"去，打赢了再回来！"

"要打到他下次不敢打你为止。"

父母们很难意识到，对于年幼的孩子而言，他们的表达能力、识别自己和他人情绪的能力、移情能力都没有发展好，一方面容易在交往中言行失当，侵犯他人，另一方面他们会放大同伴的恶意，很难释怀。父母的愤怒和恐惧，以暴易暴的解决办法并不能提高孩子相应的能力，错误的应对只会令孩子更多地暴露于危险之中，增加了对孩子安全的潜在威胁，导致生生关系、师生关系和家校关系的恶化。很少有人愿意接受，打人者和欺凌伙伴的孩子也是需要帮助甚至是受到伤害的孩子。

而华德福 QQ 群里的许多老师和家长所表现出的对儿童攻击性行为的理解能力，常常令我感到吃惊。作为母亲和教师，我知道，即便孩子之间是出于好玩，父母也非常担心孩子手上的棍棒、石头之类的东西会造成可怕的后果，战胜恐惧、接纳别人的孩子是说起来容易做起来艰难的事。

而在华德福这个关注人的自觉、关注人的心灵和精神成长的群体中，常有让人眼睛一亮、心中一暖的表述和实践——

Tammy 老师带着大家做游戏，她在示范和孩子是如何相处的，游戏中有一个"孩子"（由成年人扮演）动作特别大，感觉很调皮的样子，Tammy 老师既没有用语言指正孩子这样做不对，也没有请他离开现场，而是请这个孩子站在她的身边，在孩子有大动作时，Tammy 老师就会用孩子可以承受的、稍稍大一点的力量带着孩子一起做动作。她观察到每个孩子的特点，并提前做了准备，用最温和、最容易让孩子接受的方式帮助了孩子，看上去一切都在自然而然地发生，却需要引导者非常清醒、有意识。

有一个细节让我很感动：在游戏时间里，Tammy 老师邀请一个小朋友和她一起站在中间，如果这个小朋友表现出紧张和不愿意，Tammy 老师会说"错误在我"，因为她没有观察到孩子还没有做好准备。"当我意识到错了，我会请孩子回到队伍里，并表示我的歉意。而如果在我要邀请的那一刻，我发现有小朋友会紧张，我会悄悄地对他说：'我不会邀请你的，你放心吧……'"在如此放松而又有序的氛围中，在这样充满温情、理解、爱护的等待下，我想象得出，孩子会用他所有的生命力来用心地构建自己，而不用一次一次小心地保护着自己或牺牲自己去迎合或是对抗。（整理自 Tammy 老师在华德福学校的讲座纪要）

没有命令和呵斥、没有指责和羞辱、没有害怕和恐惧，只有对孩子特点的了然于胸，不着痕迹的帮助，以及无数的体谅、等待。这是对时下的许多教师而言非常陌生的家校互动方式和师生互动方式，我知道这有多困难，但令人神往。聆听华德福教育群体中的各种对谈，非常有助于时下的父母和教师反省，比如，我们所说的对孩子的尊重究竟有多少？其品质如何？我们所说的对孩子的理解包括哪些方面？其品质如何？

晨圈、季节桌、可以像书一样打开合上的黑板、由孩子们自己绘制书写的主课本……这些只是华德福教育的象征物，真正吸引人的是教育竟然可以没有匆忙——孩子意识到在这里有大量的时间做好事情；没有害怕——每个孩子都信赖特定的节律；没有命令——自我选择和模仿的意愿代替了命令；没有失败感——每个孩子都能够自由地游戏，即使失败了也能感到满足。教师是一切活动的中心，在热情、有目的的氛围中是一个平静而稳定的焦点（[英]琳·欧德菲尔德，2006）。

"我们最伟大的抱负是培养真正自由的人，让他能自主地发掘他个人的使命与方向。"这是华德福教育创始人鲁道夫·斯坦纳说的话。他认为通往意志的道路不在理性，"情感是即将成为而尚未成为的意志""全力以赴去做，行动就越来越可能成为真实的意志动力""通过有规律的做事情强化意志力"（Michaela Glocker、Stefan Langhammer，2006）。

用具有象征性的故事感染孩子，使孩子们在短短几年中再次经历人类意识发展的伟大历程——从形象意识到清晰的思维意识；从幼儿园开始画湿水彩，尽早带孩子们畅游色彩世界，刺激并活化孩子们的各种感知；一年级不学习数学而先学习线画，之后线画的教与学会一直持续；一个主课教师陪伴孩子们8年，向孩子们教授所有重要的学科：历史、地理、数学、建筑、农耕、科学、商业、戏剧……根据学生的实际情况，完全以自己的方式和个人习惯安排教学内容……独特的教学内容安排、教学组织形式背后是令人感到似曾相识又自成体系的哲学观，一种关注人灵性世界的精神科学，有人认为是神秘主义，有人直接觉得近乎宗教。我看到的是自由而疲惫的教师，在创造中飞扬又迷惘。

在人智学主导下，华德福教育强调"万物皆有时"，努力让教育中的所有事情都"适于其时"，这份耐心出于对儿童的尊重——必须依照孩子的年龄和他的能力，以孩子的生命和发展需求为引导。这与当代进步主义的教育哲学观一致——运用人类的问题和事件，为儿童提供合适的课程，使学生得以健康发展。

这种创立之初就有医师参与其中的教育，包含许多有关孩子健康和疾病方面的认知及其转化实践，而作为歌德专家的斯坦纳则格外强调对人的理解、对人的毕生发展的理解、对儿童的理解，关注人身、心、灵的和谐，关注儿童头、手、心的均衡发展。这使后来者在迈向"健康""自由"的道路上一直不断付诸努力。

华德福的教师普遍认为，"理念和方法最终都要落到对孩子的关注和细节上"

（[德]赫尔穆特·埃勒，2011），人际关系和自我发现方面的进展比学科知识的进步更为重要：

"一种充满互相信任的人际关系的培养与形成是比教学内容更重要的课题。"

"师生双方都必须为追求完美的师生关系而努力。"

"充满爱和坚定的地方，恐惧就会消失。"

"当学习被允许慢慢来，学习的障碍就会自然解决，而这样的孩子就可以重拾勇气，踏上正常的成长发展过程。"

以孩子的生命发展需求为引导，站在孩子一边，那么父母和教师作为最亲近、了解孩子的人，必然担负起更多的责任。华德福教育致力于将父母和教师从外部强加的对行动的限制中解放出来，让他们对伟大的精神价值具有深刻的洞察力，鼓励每位父母和教师发现真正的现实和自由，以超越实用主义、功利主义和经验主义的局限。

在学校里，既然"教师是一切活动的中心"，很难想象身心皆不自由的教师能关注自己和孩子们的心灵世界与精神世界。在理想状态下，华德福学校的管理和运作要保证教师能够在任何时候，在整个思想体系的精神范畴内重新设计华德福的全部课程，"根据学生的实际情况，完全以自己的方式和个人习惯，安排教学内容"。这让教师工作显得特别繁重，但是教师们又都因为拥有充分的自主权获得了内在的价值感和意义感、持续的内在动力，并在行动中表现出非凡的创造力。

杜威说，真正的教育环境，是在受学习者控制的因素与学习者无法控制的因素之间保持平衡的环境。泰勒对杜威的观点作了进一步阐发，"理想的学习在于学生能够识别出自己在学习情境中必须顺应的因素，以及可以根据自己的目的予以控制的其他因素"。也就是说，在理想的学习中，施教者和受教者都必须有意识地控制各种因素，试图与对方不断互动以达至平衡，我称之为朝向目标的师生合作。

主流教育中，父母和教师更容易被经验、习惯、可检测的目标等左右，教师和父母对孩子过度控制，不敢放、不愿放。现时的教育最糟糕的地方就在于，过于偏重秩序、学科体系、表扬惩罚等外在规训刺激，对儿童的需要和兴趣忽略无视、过度压制和错误引导。当下的教育中缺少儿童的主动投入，自主性的缺乏导致超出年龄的承受，这带来儿童学习兴趣、动机和自我价值感的损坏，儿童的很多问题行为是对存在问题的课程设计及错误教育方式的警示，但父母和教育从业者并没有因此及时修正自己。

无论是华德福教育，还是作为进步主义教育运动代表的蒙台梭利教育和道尔顿制，他们的教育哲学观都是肯定儿童的"善"，把爱学习看作儿童的天性，致力于让学生拥有尽可能多的自由时间和自由意志，让学生在教师的帮助下相对自由地支配学习实践、选择学习科目、选择适合他们个人的学习速度等。面对"放任自流"的质疑，我们忘了，实践中我们做得还远远不够。

当下的许多教育创新、课程创新所热衷的尝试，都可以追溯到上个世纪初，同一时代最具代表性的道尔顿制、华德福教育、蒙台梭利的教育实践中已具有的原则和要素。那是百年之前，第一次世界大战结束后，因为整个社会对战争、对制度文化、对教育的反省，创变者对社会变革意愿的回应和承担。今天的我们，面对的是30年互联网技术所带来的变迁，我们又会如何通过创变来回应和承担时代提出的问题呢？不同的教育体系之间，少些拒斥和否定，多些交流与分享，在彼此已生发的经验中，寻找并肯定那些能带领我们走出困境的观念及实践，是我的期许。

"往下看"和"往上看"

在香港期间，看内地同事在朋友圈发布"全覆盖"检查带来的忙碌、压力，感觉甚是恐怖，我以为是被骂退的督导评估换了个马甲又杀回来了——它之前变身过"特色学校检查"。犹记当年，为了迎接省级督导评估，夜以继日，人仰马翻，全校上上下下折腾很久，"一个都不放过"。

其实，督学们也就两三日的行程，扣除半日的反馈，一两日分头看资料、听课、看特色活动，进行教师、家长和学生访谈，仅此而已。但过程中经历的荒唐悖谬，留下的疲惫、沮丧、无意义感，经久不散。更让人无法忍受的是，一般两年一个周期进行复评。督导的可怕并不在于担心不获通过，这种担心也有，但更多的担心在于潜在的比较，督学代表政府，对一所学校及其校长和教师的印象、评价如何，后果十分严重。因为校长是由上级主管部门任命的，必须向他们很好地证明自己能够带领学校不断发展进步。我称之为高利害的评估。我不反对评估，认可评估对于教与学的促进作用，但我不接受高利害导致的"恶"。

结束香港的工作回到内地之后，我亲身经历了"全覆盖"自查准备，确实很细致严格，但远没有当年督导评估那么繁复，巡堂、查教师备课本、查学生作业等，确实做到了注重教育教学常规的落实和规范。看别的校区接受检查，不过半日。我当即明白，主要压力并不是来自接受检查和评估，而是其结果"与绩效挂钩"。据说若查实存在硬伤就会扣分，即便没有硬伤也要评分、排名。解释一下，因某位教师个人的不足不当而扣分，却不是该教师一人接受处罚，而是学校当年被扣分降等，影响校长和全体教师的绩效工资等级。

自 2001 年课程改革，就一直强调对学生、教师、学校要更加注重过程性评价。可实施中，实际是将高利害的终结性评价，分解成过程中更加细碎详尽的、高利害的终结性评价。精细化管理加上过程中的多次评核，这就是过程性评价？是也不是。它是否带来了更好的教育实践？是也不是。

一个高控制度的组织，容易产生并依赖强人政治，用碾压性的权力、能力和智识令多数人服从跟随，让一切迅速呈现更好的样子。当下的各种标准来自他们，大多周全完备，道理都对都很好，但是实践者在执行过程中内心的疑惑、不解、艰难都被轻易掩盖。

起点处的自觉自愿程度如何？当强大的外力消失时，那些许诺的好还在吗？能保持多久？预想中的好是否兑现成更好的教育教学行为，令教师和学生受益？这是我评估一项新政新规时非常在意的，也是公立学校一些匪夷所思的恶的来源。当下，为了引起学校及教师的重视，一切自认为正确的事情一律与绩效挂钩，满足于最简单直接的看起来很有效果。

说一段我许多年前的经历。起因是教师对备课方式极端不满，认为日常为了应付检查而备课耗费了大量时间，却对提高课堂教学质量并没有多大作用。学校管理者也觉得这是绝佳的改革契机，便发动、组织骨干教师就备课方式改革展开研讨，以制定新的备课制度，既减少教师无效劳动，又能切实提高课堂教学质量。那次讨论延续了很久，也非常激烈充分，制定出的新备课制度比起原来的备课制度，不仅更为完善还更为严苛。这些优秀的教师，从个人成长经验出发，总结提炼出的备课方法确实曾经助力他们的成长，而所有的好加起来，却是更为沉重的负担和更为精细的限制。我当时挺意外的，因为这份严苛是对所有人的，包括参与制定的每一位同事。

其实，从我成为一个熟手教师，就感到处于"往下看"的趋势之中了。所有的能人、强人都可以用之前累积的好和自以为的好，转为订立精细的规定限制，目的是为了让最差最弱的那一部分人不得不按要求做"好"（即所谓的"保底"），却令整个行业也由此开启了"往下看"的趋向。

比如少数人屡屡迟到，就设立打卡考勤制度。因为少数人请同事代打卡，就换上指纹打卡机。因为有人用指模蒙混，就与时俱进使用钉钉追踪……道高一尺魔高一丈，教育变得更好了吗？新技术不仅带来更多分享交流，同时也更方便加强控制。

让人觉得沮丧的是专业立场的日渐丧失。教育作为一个专业，是否能透过

"学业负担太重"厘清负担过重的原因？有勇气直面原因真相，然后通过社会参与，寻求多方基于理解的合作？是否能抓住学习内容和学习方式变革的关键，寻求问题的解决？

让人警惕的是无限地越界。比如当教育从业者以家庭教育比学校教育更为重要之名，想着法子教育家长，我时常担忧守土有责的教育从业者，疏忽了自己的责任担当，日益缺乏寻求自身改进优化的内在动力。

由最糟糕的那个人决定制度规则的尺度、下限，放弃专业立场和社会参与一味迎合大众，在越界中疏忽了自己的责任担当……这些一直在拉低我和我的同伴，让我们疲于应付，不得不做看起来正确和别人认为非常重要的事情。面对无数的"应该"和"必须"，"不允许"和"一票否决"，挣脱不易，超越越来越难。

事实上，对于多数教师而言，提供专业发展上的支持，帮助求取以达到更高的专业水准和人生境界，也就是激发"往上看"的内在动力和提供"向上看"的机会平台，同样甚至更为重要。

说说核心素养。当我们一再检讨，中国内地学生在文化基础方面付出太多时间精力，不利于全面发展，试图将重心向自主发展和社会参与方向挪移时，是否意识到，我们对于教师专业发展的支持，同样是只重知识技能，忽略教师的自主发展和社会参与的？

假促进教师专业发展之名，由强人、能人列出重点内容和关键技能，令教师被动接受、跟从服从，教师只能在强人、能人的所谓顶层设计之下，去证明、去表现自己多么符合优秀、多么符合美好。这种由能人、强人一厢情愿主导的，单向强制、压制的专业发展活动，行的是控制之实，甚少考虑教师的处境、需要和兴趣，因为缺乏教师真实的参与投入，当外力消失之后，那些期望出现的行为就会消失或者变形。缺乏自主发展机会和内在动力的教师，却要去鼓励支持学生的自主发展？我不相信。

同样的，一个需要不断与持份者多方互动的行业，放弃社会参与，整天沉迷于自说自话，一味自我感觉良好，面对批评质疑毫无专业的担当和坚持，却要带领学生履行社会责任，在实践中解决社会发展问题？我不相信。

希望在公立学校的话语体系中，多一些"老师，你有什么问题困惑？""我能为你提供哪些专业发展上的帮助与支援？"这一类的满足、成全，少一些逐级下压、层层发包分派，少一些"你不怎么我就把你怎么"和"你怎么我就奖赏你什么"式的所谓"大棒子＋胡萝卜"般的管理、指导。鼓励并帮助教师自主发展，提高教师参与社会多方互动的意识和能力，这是我对强人和能人主导的教育变革的期许，对公立学校变革以及成功突围的期许。

2017年年底，我赴四川宜宾凉水井初级中学访校。在这所九年义务教育段的农村寄宿制初中，我听龙云君校长说了好几遍："这是一所从任何意义上说都不应该存在的学校。"副校长吴泓则细致回顾了学校20多年的办学历程，因为同一片区有两所初中，学校一直担心会被撤并。正是持续十数年的生存危机，令这所学校，从校长到教师，一直希望通过变革让学校因快速发展而得以生存，变革的内在动力十分强大。

这十几年，他们了解到什么做法不错就立刻派老师去学，取了经带回学校实验推广，结果掉入一个又一个"坑"，"没有办法，爬出来再继续往前走"。老师们则说："我们做过很多创新项目、实验项目，一个接一个。"但他们是一种"我接受"的平静状态，没有抱怨和愤懑。正是这种持续十数年不断尝试、不断推进的状态，令变革的实施在这所学校相对更加快速和容易。从上到下，建立起一种快速变革的心理机制和行为机制。

这所学校有一位校长、两位副校长，他们全都长期担任中考科目的教学工作和班主任工作。龙校长教着两个班的物理，这一年外出交流多起来之后，才减了课。吴校长教两个班的历史兼两个班的班主任，侯校长教两个班的语文兼两个班的班主任。他们在教育教学方面就已经是一个教师的满工作量甚至超工作量，此外，他们还承担学校的日常管理工作，是课程创新的领头人。学校历年每项教育教学改革举措，他们都是从自己开始先做起来，以身作则再去说服鼓动更多教师加入。接待来访者的公开课、展示课，也是他们带头上。

我分别询问龙校长、吴校长和老师们，积极参与学校各项变革的教师占比多少？龙校长给出的数据是"百分之八十几"。吴校长和受访教师们则是数人头，"全校教师有50人左右，有20多位教师是积极跟进，主动参与的。还有十来位教师是要求他们做什么就做什么，做得也挺好的。只极少数（个位数）教师，缺乏实质性的行为改变"。管理者和教师们给出的回答一致。

介绍几节凉水井中学的课：

- 九年级语文复习课。用诗歌赏析的方法，梳理本学期课内的15首古诗。学生在之前的日常教学中已经学习了四种古诗赏析方法，这节课上教师要求学生引入其他方法。学生先各自用平板查阅资料，看看还可以运用哪些方法赏析。我在巡视中发现，学生搜索的方向包括："古诗赏析方法""高考诗歌赏析方法"，也有同学从篇目入手搜索，如"《月夜》赏析"。接下来是小组交流，形成小组报告，完成最快的小组全班展示，其他组补充。

- 八年级物理新授课。学生各自在平板上看弹簧秤使用说明的视频，边看边做笔记。每个同学做笔记的方式不同，有的用笔记本，有的在书上批注，有的记录关键概念，有的将知识要点绘制成脑图……这个过程中，学生的收看进度存在明显差别，有的会反复回看，有的则喜欢不断暂停。自学环节之后，学生独自在网络平台上完成教师已经提前设计好的课堂练习，老师可以实时看到学生完成的情况和每道题的正确率，从而决定讲什么不讲什么。

- 九年级世界历史复习课。学生先独自整理世界历史大事件图，并对照同时期中国历史大事件，小组交流后上板，用时间轴呈现中外历史大事件。从学生笔记可见学生整理的形式多样，有的采取点列的方法，有的绘制关系图，呈现的历史事件也不尽相同。最先完成的小组主讲，教师在互动中引导学生关注各个事件之间的关系，如因果关系、影响因素等。

- 九年级数学练习课。组长负责批改组员作业，有的组是组长报答案，组员自行批改，有的组组长直接批改成员作业。之后，一部分组长上板给同学讲解错题，一部分小组采取组内同学互助的方式，两两讲解错题。一位女生来主持全班的知识点梳理，教师有少量与她的提问互动。全对的同学和完成订正的同学，可以自行开始在平板上完成当天的练习，选择题直接选取答案，演算的部分在草稿纸上完成，再拍照上传。这些练习都由组长批改。

- 不同年级的三个班合上体育课，集体跑操，分组跳长绳、打篮球，非常有序。

- 七年级全体的在线音乐课。由外校的优秀音乐老师执教，20多名七年级的学生在音乐教室和老师一起上课。通过网络直播系统，七年级5个班的学生在教室里同时上这节音乐课。教室里没有值守的老师，学生们有的搬着自己的凳子坐到了前面，有的在自己的座位上按照大屏幕上老师的指导练习、跟唱。教室里的气氛非常热烈，同学们都开心地大声唱着歌。

- 七年级实验班的项目学习。研究性学习——猜测、演示实验、检视推测、得出结论，探索纸花为什么会在水中开放，小组合作完成研究报告，再全班交流。

因为我访问的时间是12月中下旬，很多学科的教学都进入了复习阶段，需要对学过的知识进行回顾整理，查漏补缺。但凉水井中学的复习课显然不只是温故，因为强调知识整体图景的建立，每一节复习课都是一节非常丰富复杂的新授课，在建立整体图景的同时，各学科教师非常注重引导学生思考体会各要素之间的关系。指向高阶思维发展的努力，最终获得的知识与技能，大大超出教科书的直接呈现。

爱米平台、作业盒子、沪江CCtalk之类的资源和平台在不同老师、不同学科、不同课型的课上，使用很普遍，且师生的应用都十分自然娴熟流畅。

受访的七年级数学老师，见我拍摄投影屏幕上学生当堂提交练习的情况，给我看他手机上显示的数据，他指着条形统计图说：显示为红色的题目表示很多同学做错了，待会儿要全班一起讲解；显示为绿色的题目表示只有个别同学出错，在今天的课后练习之前，会由组长或者同组的同学帮忙找到错误原因，负责讲解，督促订正。这种指向掌握的学习，能当堂精确反馈学生学习的成效，帮助教师作出适当的决策——接下来"教什么"，帮助学生了解——接下来"学什么"，大大提高了教与学的实效性。

而我还期望看到技术更新带来的课程组织形式的更新和教学方式的多样化。

首先，因为教师直接讲授的时间非常少，因此，课堂上教师与学生之间的责任心和能动性进行了重新分配。学生的自主学习成为教与学的起点和重要组成部分，教师给予学生足够的自学时间和空间，学生用大量的时间阅读教科书、上网搜索阅读相关资料、观看视频、做批注、做笔记、绘制思维导图、小组内讲述介绍自己的想法……学生用很长的时间"做"和"表达"，而非坐听，我深深体会到他们的忙碌。

我询问受访教师，如何看待这种课堂上的"轻松"和"解脱"，他们说实际上是工作重心前移了，他们课前需要在平台上寻找合适的教学资源，设计教学流程，编写作业单，将重要的问题和练习题放到平台上，供学生上课时去完成，之后依据学生自学的情况提供支持帮助。"习惯了就好了"，受访教师虽然肯定了总体上比以前更轻松，但是也强调了并不轻松的一面。

其次，因为给予学生大量的时间自己做、和小组其他成员一起做，课堂时间变得非常有弹性，从而容纳了更多的学习方式。自主学习时从哪里进到哪里出，学生可以自行规划安排；同伴交流中是小组扎堆还是三三两两，可以自行选择；看书还是看讲解视频，可以自行选择；怎么做批注，如何做笔记，可以自行选择……课堂之上，你会发现同学们都在积极主动地用不同的方式做着不同的事情，但是朝向同一个目标，并且最终抵达。我可以透过学生的表现和状态推测出教师的价值——教会并鼓励学生选择适合自己的学习方式。

第三，作为重要学习方式的小组合作学习，合作与学习都真实地发生了。在七年级新生入学培训时，学校就已经有相应的课程安排，教学生如何开展小组讨论，如何将小组学习成果快速上板（在黑板上板书），同学之间如何相互讲解等，提出了非常清晰完整细致的小组合作工作流程及要求。比如完成小组任务之后，小组全体成员一起击掌宣告。比如由最先完成的小组主讲，不需要教师指定。比如分享时靠近黑板的三位同学会自觉地站到黑板两边，避免遮挡老师和同学的视线。比如补充的同学不需要举手，可以站起来直接发言，而等到他坐下去另一位同学才能开始补充。如果作业反馈是全对，或者订正完了错题，就自动进入下一项学习任务……因为所有的学科和教师都采取小组合作学习的方式，而流程、要求又非常清晰、一致和稳定，所以课堂上各抒己见又非常有序，老师和学生各自忙碌又团结一心。学生与学生之间、教师与学生之间，因为长期合作形成的默契令课堂上很少需要组织与管理，各在其位，各负其责，紧凑又让人感到舒服。

第四，重视反馈和问题的解决。教师和学生没有拘泥于单一教学平台和资源平台，所有班级的黑板上和教室墙上张贴了许多检核表，涉及学业完成、合作中的表现等。列举的关键项目能够让教师、组长和学生清楚看到需要做什么、怎么做是被肯定的、做得怎么样，提供快速明确的反馈。

因为体育、音乐、美术教师缺乏，体育课合班上课，音乐课依托于沪江"互+"项目，通过参与多方网络课程建设，分享优秀教师的课堂教学。

又因为严重行为问题和学业问题的学生无法跟上班级整体的进度达到相应的学习要求，学校在七年级新设了一个实验班。这个班在知识与技能维度，也就是学习内容方面与其他班级一致，但放慢了学习进度，每周拿出两个下午的时间，用项目学习的方式开展专题研习。这个班的教育教学实践更强调建立良好的师生合作关系，提高学生的学习兴趣，培养学生的学习习惯，缓慢但切实地帮助学生逐步达到一般要求。

在起点处，就让教师和学生明确需要达成的目标，提供机会，让学生在同一个班级中、同一节课上，以适合自己的方式、进度学习；让学生在同一个年级中，以适合自己的方式、进度学习——这些在凉水井中学都得到非常充分的展现。

这令我一次次联想到富兰在《极富空间——新教育学如何实现深度学习》中提及的新教育学："基于普遍使用的数字资源，以深度学习为目标的学生和教师的学习伙伴关系的新模式。"

凉水井中学的教师在了解学生的前提下，提出富有挑战性的学习目标——课前编制学习任务，实现在课堂上，学生可以一定程度上，选择适合自己的进度、方式进行学习，快速及时地对同伴表现作出反馈，并不断进行自我调整。师生之间、生生之间，不断激发下一层级的学习挑战，不断优化自己的学习策略，从而实现学习环境的不断优化。无处不在的科技作为加速器，有时令教师和学生能够同时发现并掌握知识，表现出教与学关系知识层面的平等，有时大大提高反馈的信度和效度，实现教师作为帮助者，更快更准确地归纳、传授。

作为一所公立学校，凉水井中学的教与学有相当的比重是朝向完成国家课程、接受中考检测展开的，这是事实，并不羞耻，它为当下许多公立学校的变革突围提供了启示。无处不在的科技如何为教与学带来积极影响？——为教师提供切实可用的教育教学资源，为学生提供具体和明确的评价标准，对学习过程快速完整地反馈，提高学生预处置能力，让教师与学生在学习的起点处于知识方面的平等关系中，为学生提供更多选择以适应不同学生的学习风格，提供更多对同伴表现的反馈……

我发现，三位校长作为数字平台和数字资源使用的领头人，并没有"一刀切"地强制要求全体教师使用资讯科技提高教学实效，而是提供不断升级优化的技术平台、数字资源，持续通过集体教研和教师培训，提高教师技术水平和教学中的使用率，并不断鼓动教师尝试。凉水井中学的学校管理是"向上看"而不是"向下看"的范例，也就是倡导者和管理者提供示范和支持，而不是各种"必须"和"禁止"。受访教师说起龙校长："还没开始做，就说改了以后怎么好怎么好，像吹牛一样。"不禁莞尔。

2017年有一则让我颇为关注的新鲜事，"英语流利说"做了个学习项目，由机器人老师任教。我向正参加该项学习的佳羽询问感受，佳羽说强度很大，挺累的，机器人老师会根据各人完成练习的情况出题，你哪里薄弱它就专门针对性地给出大量训练。

我不禁感慨，数字资源也好，高智能科技也好，如果只是着眼学习者对知识技能的掌握，向具体目标进步的速度，一味提高反馈的频率，这样的学习任务设计还是太局限于学习的效果，忽略了人的感受。太少学习者之间的共同学习、合作学习，太少发现新知识、在现实世界中运用新知识和创造新知识，从人操练控制人到智能机器操练控制人，或许更加高效精准，但学习的体验并没有变得更丰富更美好。

谁有资格做教育

认识辰风是因为购买有机食品，后来加入他搭建的拉图尔（德文"自然"的音译）社区。

2008年，在德国工作8年的辰风夫妇回国，发起餐桌自救，一个负责寻找好农人和好食材，东奔西走地实地考察、采购，一个负责日常运营。作为会员的我网上点菜，快递员每周两次上门，将我点的有机的、自然农耕的食材送到家，帮我摆脱下班后拖着孩子逛菜场的匆忙烦躁。

几年时间，辰风用情怀和努力维护着拉图尔社区，一些重视食品安全、食材品质，有着相似、相同生活方式，对人与自然、人与人的关系有类似、相同理解的人聚到了一起。不定期的，辰风带着大家浩浩荡荡地去观星、观鸟、露营、地质考察、春种、秋收……直到天空之城项目。

媒体报道，"2013年6月1日竣工的自然建筑《天空之城》是由中国儿童群体主导的设计与建造，创造了世界建造史的多个第一，获得多项建筑大奖"。这个项目由辰风与华中科技大学建筑系的教师穆威合作，以非常专业的方式，从设计到建造，为孩子们提供了短期的建筑启蒙课程。作为参与项目的36个家庭中的一员，回顾这段激情燃烧的岁月，李女士对我说："货真价实的劳动，丈量、搬运、捆扎、挖坑……累得半死。"

从带领老老少少、大大小小的一群人跑去山野间游荡吃喝，到有意识地为儿童设计自然课程、建造课程，看似漫不经心的辰风种瓜得豆，让自己有了一重特殊的身份——儿童自然课程的设计者和实施者。之后与他合作的穆威成立了孩有工作室，专门开展儿童建造活动，成为一位专门带领小小孩盖房子的儿童建筑课程设计者和实施者。

我的朋友，热爱户外运动的佘辉，介绍我认识了有志于营地教育的望凯，他们俩一个是媒体从业者，一个是专业登山运动的双语解说员，都希望通过课程设计和实施普及青少年户外运动。当教育圈天天在教育媒体上"放卫星"，谁是知名教育家，谁是开创者，谁是第一，哪里亩产万斤的时候，这些没有教师资格证的圈外人，正试图凭借自己的专业优势和资源优势，带动教育作出更多改变。

有校长咨询，学校里部分教师工作极其懈怠，且专业能力严重不足，导致一些课程质量很低，如何能够改变教师，快速提高学校课程质量，带动学校发展？我个人的建议是在合法合理的前提下购买服务，也就是引进专业团队，将部分课程设计和实施"外包"出去。

在现有的人事制度下，与一个具体的个人斗智斗勇，投入的时间精力和产生的成效往往极不对等，和没有专业精神的人较真还令自己一不小心变成酷吏。干脆打开学校的大门，和整个社会共建一个更好的教育生态、课程生态，让教师和更加专业、更有热情的人一起工作，感受到时代和社会的变迁，这既是感染带动，又是提高教师专业能力和学校课程质量的一种路径方法。

对，我就是盼望传统意义上的学校推倒院墙，教师作为一个终身雇员、校长作为雇主身份的消解。我盼望建立更多基于整个社会资源分享的资源平台，让更专业、更用心的人来做基于自由选择的教育，让课程私人定制成为日常——大众与课程规划设计师，或者学习顾问一起商量着开发课程、选择课程，从而完成自我教育和终身学习。

跳出局部的努力看向整体格局，来自管理者的行政力量、来自大学研究者的专业力量和来自市场领域的资本力量，在有意和无意中作为更为强大的存在发挥着它们对教育、对课程的影响力。我不会急于判断三种力量博弈、合作带来的一切是对是错，是好是坏，我观察并分析它们作为事实的存在，从中寻找未来课程的暗示。

如果说情怀靠不住，良心一样也靠不住。当父母和教师为了便利、轻松，在每一件小事情里把权利和责任让渡出去的时候，我想提醒的是，不操心和少操心的背后，是父母、教师自主能力的日渐丧失。

全球化，机遇和挑战

在香港太古广场地下层的 Great Eat，可以买到世界各地的特色食品。但毕竟超市的空间有限，为了让顾客买到全球各地的特色食品，只能选取每个地区最具代表性的食品放在货架上。那些落选的第二、第三、第四也是好的，也具有地方特色，但是为了这个"全球"，它们被舍弃了。

其实，当我们试图主动加入全球化进程时，我们也会主动舍弃自己诸多的特征和优势，只拣选那些最具有辨识度、最有优势的部分来代表自己，以迅速在"全球"中脱颖而出，被准确快速地辨识和接受。因为被辨识、被需要，我们才能因此得到更多的机会。当是时，我们失去了什么呢？全球化是否会让我们失去自己，失去对他者、对世界丰富性和复杂性的感知能力？

我问香港的同事，你们知道王添强和欧怡雯老师吗？同事摇头说不知道。两位老师都生活在香港，是内地戏剧教育实践重要的推动者。当我询问日本的课程研究者，知道佐藤学吗？他们会推荐一系列在他们看来同样值得关注的研究者的名字和成果。有趣。你身边的人如何看待你和你的价值，原来已经如此不重要了。

当下内地的课程创变者，特别喜欢邀请具有异质经验的研究者和实践者，听其言观其行，从中寻找启发。但这些重要的研究者和实践者的观念、行动，不能被当作全部，我们也不能因此放弃对整个研究与实践领域脉络、图景的理解。比如，欧美普遍的一位教师执教多个学科，他们的整合从起点就不是基于精细分科的。比如，在欧美较少、较弱地对学生及教师的考核评估之下，谈及评估促进学习，与我们较高控制下，谈及加强对课程、对教师的考核评估……

面对课程改革领域的全球化，但愿我们更多的是基于各自状况和需求思考、讨论、实践，然后基于自身状况决策该做什么和能做什么，而不是简单地拿来主义，和为了争取在全球的影响力、话语权而做着别人看重的事。那样的"第一"，那样的领先，其实品质并不高。

时隔 8 年，2018 年春节我重返云南大理。

苍山学堂已经不在桃溪谷，在与房东发生冲突之后，陈阵四处周游，最终移民去了日本京都。学堂目前的负责人是青青老师，春节期间带着孩子们在马达加斯加游学，四月才返回。我这几年一直在网上关注，除了零星混龄的孩子们各地游学的讯息、马场的讯息，其余的关于学堂开设了哪些课程，实践中的心得几乎没有什么分享。

萧望野的那美也没有继续。她现在除了在竹和田（学堂）做专业顾问，还坚持开办与灵性教育有关的工作坊，尝试运营着一个旨在支持贫困地区低幼教育的基金会。她接受了我的预约，我说可以什么都不做，随便说说话，仿佛那年李玉龙在一边笑笑听着的光景。

纪现梅把儿子送去了蔬菜妈妈宋夏艳的教育社区，给我的地址定位是在洱海门附近，他们的课程实践显示出越来越丰富平衡的趋势，越来越了解为什么做，不再一味追求首创和新意。

现在大理最受推崇的办学实践是猫猫果教育社区，涂涂说，陈刚接纳各种有心于此的人参与共建，把学堂开放给各路神仙开展各种教育实验。

与佛山悦谷、成都的好奇学校和先锋学校致力于改造社会、改造教育不同，选择大理的人们没打算再与这个世界有太多牵连和一较短长。他们短暂，也不得不甘于短暂地，在浪潮中逆向行驶。

在我看来，所有带有 Home Schooling 性质的学堂、小规模学校，都是全球化时代稀有珍贵的存在。投身其中的人们，沉浸在自己暂时性的世界里，即便不那么完善，不那么平衡，不那么恒长久远，其实也是或者也算是可以的，所谓的主流社会在意紧张的安稳持续，随着他们的离开，早早被否定。

03

地平线上的最高点

——北欧教育实践的启示

不教什么,整天玩?

北欧的夏天是一年中最好的时节。那年,宇峰刚通过了有关丹麦国家历史、文化、政治的专门考试,宣誓加入丹麦籍。这位经过官方认证的讲解员长于言辞,足够耐心,让我非常深入细致地了解了幸福感排名世界第一的国度。

我最关心的当然是教育。因为不可以任意择校,只能通过购买学区房来享受所在学区的教育,所以宇峰一家的家庭规划围绕着两个孩子的教育展开。他们夫妇俩在哥本哈根市区工作,但为了选择好的学区,在距离哥本哈根市区非常近的海勒鲁普地区购房。

这个区的居民相对富庶,受教育程度高,社区建设投入大,社区配套设施的质量、学校的教育质量相对较好。彬子给我举例，一对朋友夫妇选择在市区居住，孩子所在的社区学校有很多欺凌现象，孩子感到很不适应，一家子都为此感到困扰。让我记忆深刻的是，丹麦大王子的儿子也在海勒鲁普学区的公立小学就读，和旺旺是同学，足见这个学区的优秀。当然房价也高。

宇峰仍然对两个孩子的教育状况表示担忧。丹麦教育是终身免费的，但是宇峰感到"幼儿园和小学不教什么，整天玩"。幼儿园三年，小学0—6年级七年，目前"一年级只有上午四节课，午饭后就是在学校里玩，没有任何考试，说放假就放假了"。到了七年级才有考试，优秀的孩子经过选拔离开社区学校入读相应的中学，其他孩子留在社区中学继续就读。

如果想学到更多知识，学区里也有私立的教会学校，每个月需额外缴纳一千多元的费用。这个费用并不高，对于富裕的北欧人，对于高收入的海勒鲁普居民而言，简直太便宜了。但是学位紧张，刚读一年级的旺旺要等到大约三四年后才可能有学位。

从宇峰家出发，转过两三条街道，再沿着院墙拐个弯就是海勒鲁普学区的小学了，校名是一种鸟的名字。如果骑自行车上学，学校有专门的车棚供小朋友停放自己的座驾。丹麦全境都有专门的自行车道，加上地广人稀，并不担心骑车的安全问题。除了适合小朋友骑行的缩小版自行车，在丹麦所有的劳动工具都有儿童版，从款式到材质，绝对不是玩具。

站在教学楼前，觉得它更像一个仓库，而不是一所小学的入口，笨重的铁皮门是为了挡住冬日的大风雪。旺旺转眼就跑开了，去签到系统点亮自己的头像，然后去更衣室放书包。每个孩子都有自己的柜子，挂书包、围巾、帽子、外套，只是书包里一本书都没有。

之前我一再向宇峰确认，访问学校是否需要预约，是否会打扰到老师们和孩子们，是否可以拍照。宇峰的回答非常肯定，不需要预约，可以随意走动，没有任何人会感到不适。我非常小心地尽量不拍摄孩子们的正面近影，不过多地停留在孩子们和老师们身边。事实上一如宇峰所说，没有人在看到我时表现出惊讶和戒备，老师们都很友好地点头微笑致意，继续聊天或与我擦肩而过，孩子们自顾追跑打闹着，楼上楼下地折腾，却并不喧闹嘈杂，老师们围在入口大厅一角聊天喝咖啡也不制止干预。旺旺冲到最喜欢的老师身边，两人立即扭打到一起，很亲昵。

假期里，虽然没有教学活动，家长仍可以送孩子到学校去，玩到下午再接回家，老师们会轮流在学校值守。开学第一周，老师们是不上课的，许多老师利用这个时间带孩子们远足、访问科技馆和博物馆。只要是教师带领孩子们参观访问，乘坐公共交通，或去任何场馆都无需购买车票、门票。

我留心观察了一下，标准配置是一个班15个孩子，3位教师带领出行。我常在公共汽车站遇到这样的团体，有各种肤色的孩子。也遇到过老师们带着幼儿园的孩子远足，用特制的绑带，1位老师牵扯着3个孩子，3位教师带9个孩子。

彬子说，远足是经常的事，所有的博物馆老师都带孩子们去过了。旺旺读幼儿园的时候常被老师牵着步行去海边，来回10多公里，对于低幼的孩子而言，可谓路途漫长，"一天一下子就混完了"。

学校每个学期都有几天的"森林日"，孩子们自行带上面包和饮水，老师一早把孩子们拉到原始森林里活动，下午返程，第二天继续。如果天气不好，就穿上专门防风防雨的户外衣裤鞋子，几乎不会因为天气原因取消行程。

这当然有相当的社会共识作为基础。丹麦街头常见长跑的父亲或者母亲推着特制的婴儿车跑步，还有可以带婴儿骑行的特制自行车。父母去酒馆喝一杯，就把小婴儿束缚在婴儿车里，放酒馆门外，下点小雨也浑不在意。幼儿园的老师告诉彬子，涛涛不大爱运动，会申请专门的老师过来辅导，提供一对一的特别课程。为特殊需要的儿童提供特别辅导，在丹麦是全免费的。

参观一年级课室，因为是假期，老师把一些学具收到纸盒里堆在教室一角。靠墙的位置，每个孩子有一个属于自己的红色抽屉，里面是他们的工作纸。教室公告栏、各种档案柜塞得、贴得满满当当，但并不觉得凌乱。白板上各种卷轴，一幅幅拉下来展开是常用挂图、地图、投影白屏，很方便切换。

旺旺的教室分成三间，除了上课的地方，还有相连通的属于这个班级的小画室和科学实验室，学具齐全，归置得很整齐。冰箱是家长们一起购买的，用来放孩子们的午餐盒。学校没有食堂，孩子们在家吃过早餐，带上爱心便当去上学。上午四节课结束，孩子们吃过冰凉的午餐，就在学校里自由"晃荡"。宇峰说，一般下午三四点左右去接孩子，有时楼上楼下找半个小时，都没找着人。

0—2年级的课室集中在一幢小楼里，里面还有许多公共活动区，走廊、美术活动区、乐高玩具室……没有门禁，随意进出，但是孩子们没有老师带领不会动画具和厨具。只有低年级的孩子放学后在这里流连，或者将之当作过道，楼上楼下地追跑。老师们并不制止，有时在老师眼皮底下打作一团，只要不向老师求助，老师便视而不见。室外活动场除了一些简单的运动设施，还有可以用来表演戏剧的小舞台，用于游戏的小木屋，老师带着孩子烤制面包的烧烤区。三四年级开始，孩子们便有了专业性更强的课程与活动，放学后立即离开学校，去社区里相应的活动区：社区运动场、游泳馆、图书馆。

丹麦人通过举办 party 来互相交际，形成特有的 party 文化。很小的孩子都会拥有自己的 party，AA 制，父母把孩子打扮得特别正式，带上 100 克朗，按时把他送到某一个小朋友的家里，再在约定的时间去接孩子回家。意大利面、爆米花和果汁是常见的 party 上的餐点，特别富有的一家还租了大型的玩具放在院子里供孩子们玩耍。孩子们洒落在草坪上的面条、爆米花不必打扫，自会有鸟儿们飞来吃掉。我常看到鸥飞过头顶，鸫更是院子里的常客，间或有松鼠穿过院子，它们会把橡子偷偷埋在院子的篱笆底下。

涛涛的幼儿园占去墓园一角，这样的规划安排真让我惊讶。后来才知道，墓园周围的房价相对更高。除了幼儿园，墓园四围还有教堂和教会学校。虽然宇峰一家并没有宗教信仰，但是孩子出生后，仍必须去教会拿出生纸。当我站在墓园里透过教室的大玻璃窗看向里面的老师和孩子的时候，常想那些整天可以俯瞰墓园的孩子们，怎么看待生死与这最后的安眠之地？

孩子的天堂

海勒鲁普社区有自己的幼儿园、小学和中学，配套的社区图书馆、游泳馆、体育馆都非常棒，关键是全在一条街上，彼此相邻。社区图书馆里有专门的儿童阅读区、活动区，书籍、音像制品、玩具都可以免费借回家。其实还可以足不出户，在家通过上网预订你想借阅的书，图书管理员会提前帮你准备图书，办理好借阅手续。即使这本书目前不在馆内，他们也会帮你从其他图书馆调过来，再通知你来图书馆取书。

海勒鲁普社区图书馆是一幢白色的两层建筑，入口颇不起眼。成人阅读区和儿童阅读区分开。儿童阅读区有音像制品专区，有用来电子阅览的区域，我问了一下，上网玩游戏也是可以的。各种舒服的地垫、靠垫、沙发，柜子普遍不高，孩子们伸手就可以拿到自己喜欢的书，然后躺着、坐着、趴着看。分级阅读的提示非常清晰，可以看到分级阅读的实践在这里已经日常化。最吸引我的是儿童阅读区中的化妆区，有各种服装和道具，我看到一个金发的小姑娘换上公主裙，在镜子前打量自己戴上王冠后的样子。旁边的表演区有舞台和帘幕，没有演出的时候舞台可供坐卧。整个儿童阅读区的装饰物都是不定期的儿童实践活动留下的作品。从建筑到装饰，图书馆都延续了北欧的简洁冷淡风格，让人觉得宁静。

儿童阅读区的中间是厕所。在丹麦，所有室内、室外的儿童活动区内都有厕所，而且厕所里一定有卫生纸，没有例外。绝对不会让你带孩子参加社会活动有无所适从之感，陷入尴尬。低龄孩童的衣裤和成人一样款式，非常正式，没有开裆裤，因为尊重。纸尿裤一直用到能自主控制大小便的时候，没有刻意指导训练，没有尽快摆脱纸尿裤的盼望，没有捂坏了的担心。背着纸尿裤去幼儿园，在我看来是集中体现其自然主义倾向的实践。

除了各个社区的图书馆，丹麦博物馆众多，遍访之后我发现，丹麦所有的博物馆都设有儿童工作室。但凡需要购买门票的博物馆，其儿童工作室必定是免费的。而在免费的博物馆中，有些博物馆的儿童工作室仍然免费，比如丹麦国家历史博物馆，有些也会收取非常低廉的材料费，比如丹麦国家美术馆，费用低到在哥市仅够买一支冰激凌。在深入了解了丹麦的物价之后，我知道所谓材料费普遍远远不够支付购买材料的费用。

路易斯安那现代艺术博物馆是世界排名前十的著名博物馆，它的儿童工作室规模大、功能全，是孩子们最喜欢的地方。三个楼层分别涉及不同的主题活动。第一层空间是造型艺术，这个月的主题是蜘蛛，孩子们在这里用红色绒线按照自己的想法缠蜘蛛网，或者自己动手画一个蜘蛛网。第二层空间是纸艺，老师提供材料，并将步骤图贴在墙上，其余的就该小朋友自己去想去做了。第三层分成陶艺区、色彩区、低幼孩子的造型区和作品展示区。完成的作品可以带走，也可以留下来展示，参加工作室每月举行的评奖活动。两岁的涛涛也有事可做，宇峰、彬子陪着他把老师裁好的塑料片用订书机随意订起来，一个颇具现代气息的半透明挂帘已然快成了。

儿童工作室每层楼都有负责的老师，但老师都忙着做自己的作品，比如下个月主题的示例和宣传海报，不会手把手教你，除非你主动求助，她们才会非常和善地停下手中的工作来帮助你。也会有例外，比如我们第二次去丹麦国家美术馆的儿童工作室时遇到的当值老师。虽然孩子们一再拒绝，她仍非常坚持，要求他们必须先完成主题活动再自由自主地活动。孩子们气哼哼地敷衍，快速完成了任务——在老师提供的纸上画出假期生活，贴到老师规定的展板上。

丹麦国家美术馆儿童工作室的造型区给我留下深刻印象。它所提供的材料无一例外都是"小破烂",我在其中一个材料桶里发现大量过期的馆内特展的广告纸。在胶枪的帮助下,孩子们会让这些废旧物立即变身为蜜蜂、蜻蜓、面具、秋千……在色彩区,孩子们根据墙上的提示像画家一样调色,像画家一样作画,不需要另外的支持和帮助。

还有一间免费的工作室位于展室的尽头。各种雕塑作品、素描铅笔、素描纸和各种尺寸的画板,甚至体贴到提供可折叠的椅子。你可以按照左边视频演示的方法步骤,在素描室自选对象完成素描,然后投到中间的木盒子里。不久后,你的作品会展示在右边的视频里,供参观者欣赏。素描室里有三个大孩子在画画,安静极了。

丹麦国家历史博物馆的儿童工作室,则再现了丹麦人各个时期的日常生活。孩子们在这里穿上过去的服装,乘坐那时的帆船打鱼,用原始的建筑工具造房子,用古老的灶具煮食物。连哈姆雷特城堡这样著名的古堡里,居然也有专门的儿童工作室,孩子们在这里把涂好色的戏剧人物摆放到选定的场景中,属于自己的戏剧便开始了。

在丹麦,所有的文化活动都给予儿童参与、实践的机会。

持份者多方互动

当我忙着签证手续和张罗机票的时候,小意正处于期末复习阶段。为了帮助她适应小学生活,我很早就致力于解释期末的忙碌。这些努力是有必要且有效果的,小意对考前必定会出现的一段黑暗时光有充分的心理准备,理解这并不是老师们刻意在为难大家或者"发神经",两周内,将孩子们调整到考试模式,不停地批阅作业单和复习试卷,对老师们而言也是非常辛苦的。

这时在侄儿的学校里,老师们正在罢课。宇峰说,孩子们在学校里就跟在假期一样，老师们停止一切教学活动。家长们会照常送孩子们去学校，孩子们安静做自己的事情，老师只看顾孩子不上新授课。

罢工的源起是丹麦政府认为孩子们的学业水平低下，特别是中国上海PISA排名第一之后，高福利国家普遍感到压力，认为本国未来的公民们不具有竞争力。丹麦政府要求学校增加学习的内容，提高学生的学业水平。老师们认为，增加学习内容必然会加大教师的工作强度、难度，给老师带来压力，相应的，政府应该提高教师收入。政府因为没有预算不同意加薪，结果是，老师们罢工了。

这是非常温和的罢工，老师安静坐在教室里什么都不讲，不抱怨不争吵。家长们不会直接质疑教师的怠惰，师德水平低下，只爱钱不热爱教育事业。他们知道这是政府和教师群体之间的博弈，虽然关心，但是不会站在道德的立场当面批评教师失德，与教师冲突，或者站在教师的立场批评政府吝啬，去政府门前抗议。他们安静地送孩子到学校，等着双方商谈出个结果，一切恢复到原来的样子。

这场风波之后，孩子们迎来了假期，反正没有期末考试，说散学也就散了。宇峰说，不知道最终的结果是什么，可以肯定的是，孩子在学校仍然会非常轻松，不学什么，整天玩。

周末，旺旺报名在语言学校学中文，在艺术学校学习小提琴，我笑他们在北欧过着和我在中国内地高度相似的日子。老师郑重交代，要天天练琴，但不许批评只能表扬肯定，还要多给孩子表演的机会。彬子说，老师特别有感染力，是那种热爱音乐、享受音乐的人。老师也很有办法，一次课就能让孩子记住乐谱。几次单独的小课之后，几个孩子会合着上一次大课，让学琴的孩子有互相交流、表演展示的机会。侄儿虽然也会在练琴时偷懒耍赖，但是一旦开始演奏，那种洋溢的热情让我感到一种国内琴童缺少的东西——投入和自在展现。中文学校的学习甚是无趣，以抄写默写为主，旺旺觉得中文实在太难了。

国家建构、法制、民主之间的平衡

丹麦人非常守时自律。北欧航空的航班从北京起飞时因为空中管制晚点一个小时,但到达哥本哈根机场的时间却是正点。

宇峰和彬子每天上班和下班的时间是自主的,没有上下班时间规定和考勤一说,可老板交付的工作他们都会按时完成。宇峰一再强调在丹麦社会中工作、生活自我管理的重要性,"没有人会盯着你,你得自己管理、控制好自己"。为家庭事务而向老板请假、缺席同事聚会是被肯定的,这表示你将家庭生活放在比工作、个人成就更重要的位置,有责任感。

乘车自己购票打卡,停车自己去自助缴费机前缴纳停车费。警察毫无规律地抽查购买车票和停车缴费情况,逃票者、逃费者处以重罚。这里的警察执法是温和的,绝不会同违规者当面剧烈冲突。比如违停时如果车中有驾驶员,并提供解释,警察一般不会揭穿哪怕明显的谎言,当面开具罚单。逃票者的罚单由被处罚者自己缴纳,拒绝缴纳会影响你的个人信用,对我而言可能就会留下不良记录,影响下次入境。

宇峰曾说到丹麦政府的投资策略:理性,谨慎,相对于回报高回报快,更看重持续稳定的增长。

在丹麦,做一个乐高玩具的设计工程师是公认最有幸福感的工作,有创造力、有趣味,乐高公司的产值即便在世界经济整体衰退的时候,也是处于增长之中的。

稳健的经济策略保证经济长期稳定运行,这样的政府带给国民极大的安全感,所谓的企业破产、被收购,员工失业、待业,都不会导致普通民众生活质量的急剧下降。你会提前很久得知你需要重新找工作,在公司解散之前和之后的一年,你的收入及福利不会有任何减少。退休之后,你缴纳的税款会全部返还给你作为养老金,这是一笔足够老人有尊严生活的巨款。家有残障儿童,政府给予的免费补贴和支持，足够支持有尊严、高质量地生活和治疗，家人全身心地陪伴。

宇峰一直是非常勤勉进取的人。工作之初他会主动加班，争取在更短的时间内完成工作，提高业绩。但很快，宇峰被老板约谈了。老板希望他提高工作效率，争取不加班。当老板明白宇峰只是希望做得更好的时候，表示没有必要，即便宇峰不在意，按照规定老板也必须给员工支付加班费，这实在是件太麻烦的事了。宇峰一直努力适应这样的"拖沓""怠惰""不思进取"，但他还是会忍不住努力，不断申请更富有挑战的岗位。他发现当他去申请更高的薪酬和职位时，老板压根就不会追问为什么，你要求就是你需要你认为你该得，那我就给你涨工资，给你想要的职位。但老板也会明确告诉你升职加薪的极限在哪里。

政府通过税收缩小各阶层差距，高收入者多纳税。你可以为了追求成就感而努力工作，收入上的提升却非常有限。税后，脑力劳动者和体力劳动者收入差不多，后者甚至可能高于前者。孩子若不爱读书，父母多数并不焦虑，未来从事体力劳动，收入也足够体面地生活。那些一直读下去的，一定是真正爱读书、有天分的人。工作后，只要有意愿，就可以去大学申请学习相应课程，免费，且决不会打包给你一大堆不想学的东西才给你颁发文凭。

我们也曾专门讨论过丹麦的王室和政府。彬子说也有特权，比如大王子接送孩子有时也违停。旋即感叹，其实已经很自律，王室很在意自己的公众形象，王室是丹麦人的骄傲。除了日常起居部分，市政厅和王室所有公共事务、政治活动的空间都允许市民和游客参观走动。历史上曾有一个地区想独立，大家投票，通过后就独立出去了，赤裸裸地不爱国的事儿。但国旗图案在丹麦社会的出现频率、方式之多让人惊叹，许多家庭都悬挂着国旗。反对派举着标语在议会门口抗议示威，寥寥数人。其他国家的异议人士也在这里举牌抗议自己的政府。他们和众多的街头艺人一起，在步行街和市政广场上表达自己。

这样的社会矛盾不突出，一如老子所说的："不尚贤，使民不争；不贵难得之货，使民不为盗；不见可欲，使民心不乱。是以圣人之治：虚其心，实其腹，弱其志，强其骨。常使民无知无欲，使夫知者不敢为也。为无为，则无不治。"用宇峰的话，容易把人养懒了，因为没必要锐意进取。

自来水可以直接饮用，吃什么都不必忧虑食品安全。起初我很不习惯蔬菜水果过过水就能吃，总是觉得没有洗个三五遍，没有浸泡半个小时，心里不踏实。等到习惯了这里的蓝天、空气、满地乱走的野生动物，清洁的水和安全的食物，想到回国后的各种不放心，心里会有些五味杂陈。

但北欧物价水平、生活成本太高，丹麦尤甚，据说所有商品都有10%～20%的消费税。让我体会最深的是物价：一瓶酱油近40克朗，一张孩子做手工用的A4大小的彩色纸20多克朗，一升牛奶的售价比在国内购买同品牌的进口牛奶还高，蔬菜水果论个买……

高物价之下必然节俭，在外就餐的少，食物浪费的少，人们普遍爱物惜物。我非常忧虑那些门可罗雀的商店和餐馆，怎么挣到钱维持下来不倒闭的。不止是高物价，高昂的人工费让人们事事尽量DIY。小时工每小时税后收入500克朗左右，加上缴税雇主得掏近700克朗。换一段水管，水管只要几十块钱，人工却已经一千多。

相应的，建材商店里的工具一应俱全，还有质量材料相同只是略微缩小尺寸的儿童工具，孩子们很小就开始拿着趁手的工具，正儿八经地和父亲母亲一起干活。一对来自武汉的夫妇，购买了和宇峰家一模一样的房子，因为房屋破旧需要重新装修，价格上就低了一百多万。他们夫妇真正是从走电线、布水管、粉刷墙壁到搭建露台，全部自己动手完成。加油站自己刷卡加油，超市里自己刷商品条码刷信用卡付账，自家的草坪要自己播种修剪……逛一遍建材超市，完整经历一下从选择材料、裁剪材料，再到搬回家自己修整房屋的过程，想想国内琳琅满目各种价位的商品和服务，对于丹麦社会的认识，便会深入许多。你或许就能明白为何这个世外桃源，移民人口却如此的少。这当然与丹麦政府严格的移民政策有关，但另一方面，在这里生活，作为中坚力量的中青年们并不轻松，平静简单地生活工作，凡事亲力亲为。不可能一夜暴富，就不可能有太多的成就感。

事实上，正是这样的社会支持着童年时充分的自由自主时光，无竞争和低竞争的学习和游戏，成就了丹麦社会整体的温和友好，人们自我控制管理的意识和能力的充分健康发展。而所谓的高福利，终身免费教育和医疗，收入差距不大等，则让人们安心不拼搏不奋斗不竞争不折腾，按部就班、随遇而安。

宇峰分享一则花絮：在高企的离婚率下，教师约谈家长，常常是四人行，爸爸妈妈加上新爸爸和新妈妈，大家温和友善地共商孩子的教育。

在我看来，北欧国家在低龄儿童教育中表现出的"消极"，不仅不是缺点，还是目前各种实践里最不坏的。实际上那些口口声声要向北欧学习的教育从业者和父母，面对教育实践的任何减法多会愤怒和不安。

北欧地处北半球，高纬度。无论何时，举目眺望远方，地平线上最高点都是教堂钟楼的尖顶。作为献给神，用来仰望神、试图亲近神的属人建筑，不只是物质性的更是精神性的。不论宗教还是教育，都是实在而又精神性的生活。芬兰教育作为世界上低付出高产出的典范被广泛关注和研究，丹麦则一直是全球幸福指数最高的国度，而斯堪的纳维亚地区的教育具有许多共性，是公认的教育实践的高地。

04

并不自由的自由

——香港教育实践的启示

学校意识不到教育局的存在

去香港交流之前,我阅读过一些关于香港教育的文献,对"图书馆中的学校""社会团体办学""学校自决""自由选择教科书"等非常羡慕,总想到现场看看这些自由自主落地运行的样子。当我身临其境看到、感受到香港老师和学生的辛苦,真是意外。

香港目前有小学500多所,其中完全官立的大约只有10%,70%~80%的学校属于社会团体办学,但是接受政府资助,还有大约10%的学校完全不依赖任何政府资助,独立运行——有的会收取家长一定费用。在大众的眼中,接受政府资助的学校虽然是社会团体办学,却是实质性的官立学校。

我曾经很认真地询问,"如果教育局的意见与学校的意见相左，听谁的？"教育局负责人明确答复："听学校的。"香港的学校与教育局之间不是上下级隶属关系，学校只能服从和执行教育局的命令，香港的学校很多时候意识不到教育局的存在。

但是香港教育局可以依据家长的报名情况，决定一所学校可否多收一个班的学生。多一个班，意味着学校的行政和教师编制数、学校获得的资助的增加。我在教育局隶属于支援组，这个命名很有意思，表示我们的主要工作是依据学校的需要提供支持和帮助，而不是发布命令，让学校做我们让他们想做的事情。学校还会给我的到校支持工作效果打分，分数录入我的服务历程档案，让我不得不时时注重他们的感受。

小学一年级学位派位，家长们可以在自己所在学区内的多所学校中作选择，也就是用脚投票，类似多校划片的意思。同一区的学校面临竞争，都处于积极努力的状态。如果一所学校收不到足够多的学生，就不得不减少班级数，甚至合并、关闭，校长和教师失业，重新找工作。比如因为一年级只收生3个班，全校班级数少于24个班，原来两个副校长中，年资少的一个就失去了职位。同样的，主任的职数和教师的职数也是按照班级数确定的，哪怕班级从24个减到23个，只少一个，年资最少的那位老师就失业了。这让我觉得残酷，但在香港就是这样。"缩班杀校"一度让香港的小学和教师们倍感压力，导致一系列问题冲突，之后政府在巨大的反对声中作出调整。

热点学校采取积分制，本校教工的孩子、有兄姐在本校就读的孩子无条件收生，其余则是各种加分条款，按照积分排名收生。在积分相同学位不足的情况下，由抽签决定。学校还会有自己的面试环节，能如愿进入心仪的学校，全家人都会感到幸运。当我询问在教育局工作孩子可否择校时，他们说没有特权，也得参加学区内的积分排名，因为有监督。

这种双向选择，我们所寄予希望的社会团体办学、学校自决，除了小部分的热点学校，多数学校在实践层面会顾虑招生，优先考虑满足家长的喜好、需要。社会风尚会极大地影响学校的决策和教师的行为，缺乏原以为会出现的办学者和教师独立思考判断，和对专业立场的坚持。可以说，学校并没有绝对的办学自由，教师也没有真正成为精神自由独立的教育者，而是被动或主动参与社会多方互动。看到香港的同行一样在做校本课程开发，为翻转课堂和STEM绞尽脑汁，我明白这种害怕落后，为了显出学校的办学质量好、教师素质高，选择什么成为学校在宣传和展示中的亮点，最能获得家长与社会的好评，是学校重视在意的事情。

在学校里，教师工作安排一般以一年为周期，没有内地倡导的一个老师从一年级到六年级带一个班。而且6年中还不断地每年重新编班，据说是为了让学生认识结交更多的同学，并保持各班之间的能力均衡。每年按照中文、数学、英文三科总分分出程度好的班和程度差一点的班，然后以学定教，也是常见和被接受的做法。因为程度差的班学生数更少，也会选派优秀的教师执教，教师们都尽力尽心地帮助学生提高学业水平，学生凭借努力在下一学年的考试中如果表现优秀，就可以转到程度好的班级。

因为走廊有专门用来放作业的柜子，学生几乎不进入教师办公室，教员们有专门的洗手间，学生不能使用。没有教师和校工的陪伴，学生不能使用升降机……师生之间是彼此区隔的。在香港普遍的师生关系是，学生对教师充满敬意，教师对学生非常和善，教师角色职业化，没有师生间过度的亲密和依恋。

香港教师日平均要上5～6节课，还要分担各种学校事务。工作一般从早晨8点左右开始，中间几乎没有喘息，甚至没有课间10分钟，没有午休。一天下来，事情多节奏快，老师们还会因为处理学生课业和事务自愿晚走。有时因为开会和集体教研延迟也几乎没有怨气和愤怒。对于自己承担的工作，不需要人提醒，每个人都会按时按要求完成。办公室里，老师们见缝插针地吃早餐、午餐，如果加班，还有人在办公室吃晚餐。我刚去的时候，觉得一整天都有人在吃吃吃。令我惊异的是，他们普遍地接受这种忙碌辛苦，普遍地守时守纪。

我觉得收入高是非常重要的原因。香港所有教师入职前都有为期一年的资格培训，当内地某 985 师范大学抱怨，985 师范专业的毕业生到香港任教职也需要这一年"多余"的学习时，香港同事诧异地回复，这种无差别不针对内地师范生，每一个人都必须，所有人所有专业都不能例外。

在香港，教师职位是有吸引力的，香港人的月平均收入大约是一万五千元，而教师入职的起薪标准是二万五千到三万元之间，与医生的起薪相当。一个资深教师的月收入在六万到八万元之间，校长则在十万到十二万元之间。这份非常辛苦的工作，足以让本人和家人有尊严、有质量地生活，值得珍惜。

相应的，学生的作息也是满满的。除了上午 10 点左右的 20 分钟小息和午餐后的 20 分钟小休，课全是连堂，老师赶场子，学生连轴转。虽然香港的小学下午 3 点半就放学了，但他们已经完成了和内地学校一样甚至更多的课时数。何况，放学后还有香港非常普遍的补习，大量的回家功课，学业负担并不比内地的孩子轻。许多内地的学童赴港，父母更倾向将孩子送到管束不那么多，功课不那么重的国际学校就读。

每天早晨，孩子们排着队被带上楼之后，只有小息、小休和体育课在老师的带领下能下楼，其余都待在课室里。小息、小休如果有不当行为，立即有老师或者负责风纪的同学制止纠正。奇异的是，鲜少室外活动，很少有自由玩耍时间的香港学生普遍温和、守礼。

内地同行一直非常羡慕香港的学校能够自由选择教科书。但是，当香港教师的周课时数和实际工作量普遍比内地教师多很多时，学校和教师会优先选择配套资源更为详细丰富的教科书，节省教师为教学设计付出的时间和精力，而不是选择所谓最好的或者最适合的教科书。目前，香港小学选用的中文教科书主要来自两个出版社，选择的首要原因都是他们所提供的教师用书、配套的练习册、工作纸、简报等资源更加详尽、丰富。

看香港的教师用书，觉得特别细致精致，配套资源无所不有。而问题恰恰在此，设计得太过周全的教学流程和丰富完备的资源支持，让教师很难以个人之力超脱，都那么好，删减调整都舍不得，也似乎没有必要。因此，教师往往照书来教，这意味着教学过程在时间空间上的线性平展，战线拉得又宽又长。教科书上的练习加上练习册，再加上课堂工作纸，时间总是感觉不够用。教师独立进行文本分析、教学设计的意识能力不足，一个学期仅精读十几篇课文，课外阅读缺乏时空和支持，是香港中文科教学普遍存在的问题。加上教师们的勤勉务实，所以特别容易陷入一堆琐碎中。

学业水平测试是专业的事还是政治的事？

香港的小学，每学期的期中考试和期末考试为期三天，单中文科就分听、说、读、写四项。虽然由老师自己出卷，"教什么考什么"，但是孩子们还是一面开心这几天没有回家功课早早放学，一面担心自己考得不好。像我们已经明确不再考查的排列句子顺序，二年级是必考的，得分率自然极低，加上香港老师评分极严格，只得六七十分不稀奇。孩子们还特别怕默书，香港的学校每周中文和英文各有一个课时专门用来默书，因为正体字笔画多，孩子们的正确率不高。

老师们很紧张三年级和六年级的全港性系统评估（TSA），虽然教育局一再表示并且真的不公布成绩，不以此评价学校，但是学校和老师仍然认为成绩影响学校声誉。他们会将某些失分多的题型放到工作纸上，让学生多多练习，书店的儿童区则是整柜整柜的TSA模拟题。在香港，教育局不组织出卷，有专门的部门机构负责研究考试评估，每道题考查学生什么能力，指向非常清晰。

针对香港学生课业较重的问题，为减少学校过度操练，香港社会通过政治的方式，也就是提出并通过提案和投票，让所有学校都必须参加的小学三年级

TSA 变成了自愿参加。这项改变，2016 年让参与小三 TSA 的学校由原来的 500 多所一下子下降到 50 多所。教育局也担心，这样的成功会导致反对全港性系统评估的人士获得鼓励，未来通过同样的方式影响小学六年级的全港测试。而缺乏检测评估的学校和教师可能失去明确的教学目标，无法检测评估教学效果的教育局可能因为缺乏反馈，无法针对性地改进自己的教学工作。

当教育局一方在校长会上询问，"2017 全面推 TSA 你们觉得怎么样？"校长们说："最好你们能说服我们的家长。"教育局一方并不喜欢教育问题的"泛政治化"，他们坚持教育是专业事情，TSA 不应被当作政治问题来解决，并在小学三年级的 TSA 报名学校骤减的情况下，推进基本能力水平测试 CBA（2017），但是大众的反对非常激烈。2017 年三位香港特别行政区行政长官的新候选人，都将取消小学三年级 TSA 作为重要的政治主张。

还是为了避免过度操练，香港的中学入学设计了一个比较复杂的模型。每所学校拿出 30% 的学位自主招生，其余的 70% 则参加升中派位。中学分三个等级，六年级的学生也分为三个等级。每个等级的学生只能申报相应等级的中学。而能够决定一所小学三个等级各占有多少的，并不是统一的六年级学生全港性系统评估（TSA），而是全港初一学生的升中测试。按照中文、英文、数学三科总分，追溯学生原来就读的小学。也就是说，六年级毕业生能获得的一级、二级中学学位的比例由已经毕业的上届学长的成绩决定。而之后确定了等级的学生自主报名理想的中学，接受随机电脑派位。但三个等级都存在同一等级中，成绩最好的学生有可能去不到最好的中学。

公平真是个麻烦的东西。

图书馆中的学校还是学校中的图书馆？

佛教梁植伟中学的图书馆小而美，满足了我对一所理想学校图书馆的想象。

门口的布告栏一览是借阅最多的个人与班级。

图书馆内的展板分几个区域：第一部分，你可以看看你的同龄人爱读什么，参与评选最爱读的书。第二部分，可以看看你的老师爱读什么，哪怕不是当下的你所需所好，未来的日子里或会有回响。当下或未来的知音都好。第三部分，你期望图书馆买的书。香港的书价是内地的三到四倍，如果学校能购入你喜欢的书，真是太棒了。第四部分，图书馆里设有专门的展台展示新书。第五部分，头顶的灯带上悬挂着重要作家及代表作。所谓经典，总在那里，绕不开去。

小小的图书馆藏有四分之一左右的英文图书，学语言只读教科书？我只好鄙视你了。

我看到摆出来的学生作品——当然应该摆在图书馆，会很惊喜。

再看看义工名单和工作时间表，感慨周到细致无以复加。

博爱医院历届总理联谊会郑任安夫人学校的图书馆在小息和小休的时候向学生开放，绘本非常多，书都很旧，说明经常被学生阅读。风雨操场两边也有开放的书架供学生自由取阅，每天有当值的同学管理，还设有阅读优先座。图书馆科负责的陈主任会做阅读推广的活动，经常更新海报、展板，并给主动阅读的同学发奖励意味的贴纸，每学期的阅读嘉年华活动更是异彩纷呈，作家签售、家长讲故事、教师的阅读（写作）工作坊、摊位游戏……

东华三院冼次云小学的图书馆负责人劳老师向我介绍学生们喜欢的书：老鼠记者系列，神奇树屋系列，小牛顿科学馆系列。我则留意到汉声的中国童话系列和苏博士系列。可惜香港的童书以精装合订本为主，可能是出于定价的考虑。做出版的朋友说精装书更赚钱，但阅读起来又重又硬，并不舒适。

在冼校的图书馆，我翻阅供教师阅读的专业书籍。艾登·钱伯斯的《说来听听》《打造儿童阅读环境》，吉姆·崔利斯的《朗读手册——大声为孩子读书吧》，这些在内地教师培训中也被广泛推荐的书，结合两地的学生爱读的书，让我感受到两地同质的部分。但考虑到这些阅读推广策略需要额外付出时间和力气，在目前老师们工作量已经很大的情形下，我推测他们可能缺乏尝试的兴趣和勇气。

沈惠芳的《引爆语文能力》，介绍统整、全语言和多元智能取向的教学，说、读、写的自我评估和教师评估。这些在台湾和大陆也是中文科教学领域的热点和前沿专题。张丽玉的《快快乐乐学作文》和王派仁的《做活动学作文》都是作文起步的作业纸和教学设计，注重观察指导，注重帮助孩子们将活动体验转译成文字。这两本书特别体现香港特色，用作业纸贯穿始终，没有任何说理，设计精致周到。孙易新的《智图思考》讲脑图的作用和如何绘制。这让我联想到在学校档案里看到的，前几年全港推行，要求各科教学中渗透高阶思维的"思维十三式"。这些学校被动跟随社会风尚推行的课程改革项目，随着外在的支持减弱，新热点的出现，慢慢淡出教师们的教学设计和工作纸，但对思维可视化工具的偏好，却在香港同行的实践中保留了下来。

我曾经读到香港中小学图书馆协会会长谈到学校教育面临的挑战：教学是为了应付测试；忽视学习者的意愿；学习很少是真实的；很少考虑学生的学习风格；提倡的往往是竞争而不是合作；科技的冲击。香港学校的解决办法是：重视阅读，把阅读与学科教学结合，超越课本教学，设立专职图书馆主任，协调各方，把图书馆变成学校的中心，打造所谓图书馆中的学校。

在香港中小学校内，独立存在的图书馆科，通过阅读推广主动为各学科的教学提供支持，但是每周一节的图书馆阅读时间，加上小息和小休的自由自主阅读，时间空间太有限，各科教学之满载也超过了我的预期。因此我所期待的通过打造"图书馆中的学校"，让学生差异化学习，自由自主学习，并没有呈现我所希望的样子。

我居住的地方距离香港中央图书馆不远，在馆阅读不需要履行任何手续，非常方便。我办理借书证之后知晓，借出的图书资料 14 天之内必须归还，除了回到图书馆，部分地铁站设有还书箱，或者通过网络、电话办理续借手续。图书馆大量的文化活动都是用广东话，只能听懂一部分日常用语的我，完全无法消受，甚是遗憾。香港各区也都有公共图书馆，门口设有还书箱，最大限度地方便大家。我居住的湾仔书店林立，三联、天地、诚品等都设有分店，书的品类驳杂，除了贵，社科类偏少，设计、宠物、旅行等生活类较多。旺角的二楼书店序言、田园、榆林等，沿着窄窄的楼梯上去，都是小小局促的一间。

香港地区和丹麦一样，有着为数众多的博物馆，这些博物馆主题鲜明，不论规模大小，布展都非常精致讲究，与世界著名博物馆联合举办的主题特展也很频繁。不少博物馆有免费长期展馆，即使收门票的部分价格也很便宜，为鼓励市民购买更加优惠的通票，几个博物馆间有专门接驳的巴士，还专为家庭设置了年票优惠。各个博物馆、公园都活跃着大量的义工，开展宣教活动，还可以自己取阅详尽的参观指南，标识也是极为细致周全。博物馆和特展会为参观者专门设计与展览主题和内容相关的活动，有参与可互动、体验、答题、盖章、制作……这些精心设计的活动本身就是高质量的专题课程，我经常会在观展时遇到教师带领学生开展专题研习活动。与丹麦相比，丹麦的博物馆艺术活动多，更注重体验和表达，香港地区的博物馆活动更多依托工作纸和宣教活动，有参与和体验的部分，但是听讲和学习知识的比重更大。

香港很多中小学也热衷于与大专院校的专业研究者合作，进行课题研究。通过学校简介就能发现，他们会将之作为学校办学的亮点。据说在香港中文教学实践中被广泛运用的"六何法""六种行为句"，是由香港理工大学的祝新华教授通过各种专业发展活动推广的。而我的大老板则将这种特别的偏好，归结为香港的中文教学深受英文教学观念和方法的影响。看着低小的老师费劲地教授"人动""人想"即所谓的六种行为句式，真的很崩溃。

而从出版和发表的有关香港课程、教学与学校改革的论文来看，香港的理论工作者对于实践的影响，远比学校和教师能够清晰表述、系统表现的要多得多。比如从 80 年代开始的课程"校本化"，近 40 年持续不断地研究和实践，使香港的学校在校本课程方面均达成了广泛共识。那些当年写在文献里的"未来课程"改革的方向，如今都成了某种现实。"照顾学生不同的学习潜质和需要"——分班分流；"弹性安排学习时间"——项目制学习；"推行整合性学习"——专题研习是香港教育局课程发展四个重点项目之一；"取消过早分流"——进行学制改革后高考分流……从政府决策到学校发展，再到对教师的支援，香港的教育研究学者对于教育实践的积极影响和直接帮助，可算显著。

过于注重秩序，创新怎么办？

香港学校寸土寸金，所以教具、工具都归置摆放在过道中和开放的储物间里，老师们随时按需取用。竟然没有学生去翻动或者拿走。办公室里摆放着学校历年的档案资料，会议记录、学生工作纸、活动照片、申请表格、报告、单元设计、教学设计……供随时查阅——但老师们很少去查阅，因为太忙了，也没有这种研究的意识和习惯。教师们的教学计划、单元设计、工作纸等，除了纸质的，电子版都放在公共服务器上，登录校园网络后就能看到、分享。

不只是学校，教育局的档案资料管理也非常详尽透明，每一个环节都注重显证的收集和保存。教育局作为公共服务机构，所有的资料文件都在网上公开，供查询和下载，办公室里的文件档案则是按照专题摆放供随时取阅。

在香港我真正领教了表格的威力，以至于专门设置了一个叫"神奇的表格"的文件夹，搜集各种让我惊讶的表格。油印通知书、租车申请表、八达通收费安排、维修通知表……此外，学校里很多工作都是一张通告，外加一张知情签名表，将信息送达到每个人。一切你想到的和没有想到的事务，都通过表格来告知你应该做什么，什么时候做，该怎么做，做得怎么样。我们每个月要填写月报表，每个季度填报季报表，离开之前完成服务历程档案，可以说我在香港的每一个工作日的每一项工作都有记录在案，还有相应的证据记录了过程、效果。我的大老板翻开档案，可以第一时间知道工作的进展，回复纳税人的质疑。

表格背后是必要的合作，是将事务无限精细准确地完善下去的共同努力。表格背后是守时守约，明确职责后按照要求一丝不苟地执行。表格背后是证据意识，以专业精神和能力全面深入设计，然后大家一起做，留下一切痕迹供人审视质疑。表格背后是人情味，是尽可能地满足需求。一张午餐的订餐单，具体到预定下个月每一天你想吃的。还有各种问卷了解你的感受，供之后检讨和改进。

在香港工作和生活，有许多特别轻松省力的地方。无论在学校还是教育局，办公用品全部分类放好，按需自取。一切都显得满满当当又井井有条，一切都在随手可得的地方，不用繁复手续和看人心情脸色。文印室没有人看守，也没人盯着你用了多少张 A4 打印纸，复印了什么和多少。即便有的教具、工具已经很旧，但无一不好用。

要特别提到厕所和工友。在香港，厕所基本都是坐便器，提供卫生纸、洗手液和擦手纸。没有人会像鸟一样站蹲在坐便器上如厕，加上工友几乎不间断打扫（规定了每天打扫的次数和时间），任何时候都可以放心地坐下。原来我有走到哪里都记得带纸巾的习惯，在这里渐渐没有了。一过关到深圳，多数时候不得不对着坐便器上的脚印、空荡荡的厕纸卷筒叹气。打扫不勤，人与人之间的不信任，是各种不方便的肇端。

在香港工作，我所遇到的同事都很明确自己的责任和边界，不会把自己的事情赖给别人，或者侵犯他人的私人领域。在网上看过一个讽刺短片，说到香港职场相互推诿责任的风气，当我这个初来乍到者做好准备被交给一大堆杂务时，却是他们各尽其责，只让我做预定的部分。如果我的工作有什么不合要求，负责统筹的主任或者老板会觉得是自己的责任，他们坦陈自己没有和我说清楚要求，带着歉意跟我讲解。对于我提交的报告，逐字认真审读修订。

在这里，整个社会的主流是遵守规则，自律。公交车站上的单队无论排多长多远，都不会有人加塞或者一拥而上。地铁电梯上永远的左行右立。没有人在公共交通工具上吃喝拉撒大声喧哗。小孩大多都表现得安静克制不会撒泼疯闹。不用担心食品安全，不用仔细辨别商品的真伪，因为这是相关部门的职责。就算老师把试卷带回家批改，也不会因为这个考试很重要而给学生"放水"。不会普遍质疑 30% 的中学自主招生都是照顾关系，不会普遍认为不能量化必然导致不公平。

香港同行作为下属的执行力惊人。他们不会去质疑这件事要不要做、有没有意义，而是在得知任务后思考怎么把这件事做好。不会成天聚在一起骂老板和校长变态，所有的不满在宣泄时，都会注意自己言辞和态度的分寸。但是大家一起讨论时，会大叫老板在玩手机不专注，取笑老板普通话很烂，提出一大堆在我看来不好意思问不能表现智商水平的问题。也有不苟言笑的老板，和下属之间礼貌客气也是足够的。

新学年伊始发布的行事历上，一整年的大事项都定好了，计划会被认真执行，只在往年的基础上稍作调整。各种安排的提前量也特别多，比如 9 月开始有条不紊地准备校庆活动，而校庆日竟然是在来年的 6 月。11 月，小学校园里就有了专门的升中资讯公告板，将各个中学的海报张贴在这里，公布第二年 9 月入学的新生名单。你可以根据海报上的讯息，在周六或周日参加他们的开放日活动，了解学校。

台风来了是否放假，不用眼巴巴等政府和主管部门通知，而是一起看气象台的通报，什么级别的风球该如何应对大家都很清楚。暴雨来了不用谁谁跳出来发布命令，组织大家，每个人都在各自岗位上做好防护，布好雨帘，清扫积水，安顿学生。

　　制度化、普遍的遵守规则和诚信带来高度的确定性，从而保证了整体效率。整个社会看重努力，非常勤勉。特别讲求效率往往意味着特别在意每件事的收益，香港人的实惠，投射在教育中就是希望学以致用，希望立即看到效果。从业者对教育的反省所指向的更多是如何优化程序，进一步提高实效，而无力于形上的关怀和思辨。

05

一个人总要有点不可思议

——课程改革的关键：给予教师更大的课程自主权

争取课程自主权

作为 2015 首届 LIFE 创新年会案例的分享人，我应邀在两年后的第二届年会上作自我更新，说说自己两年来的变化。我目前的身份仍是公立学校教师，浏览 2017 第二届 LIFE 创新年会分享嘉宾名单，公立学校教师身份已然成为了"少数"。但是，当下的中国，学生在公立学校接受学校教育仍是常态，仍是大多数。

回看我在上届 2015 LIFE 创新年会上的分享：我用 8 年的实验，探索"级任制教学＋科任制教学＋弹性课段教学＋协同教学＋连续性进步教育"多元复合模式，实现一个班级乃至一所学校的个性化课程定制。向大家介绍一个新专业新身份——课程设计师。

新身份的背后，是我在探索"一个老师，在课程设计和实施上，拥有的自主权究竟能够有多大"。我在探索，一个公立学校教师的权利边界。教师在课程设计和实施上有多大的自由？这个系统允许、支持我走多远？做多少？争取教师的课程自主权是我的诉求——希望在什么时间、什么地点、以什么样的方式、学习什么内容，由我这个跟学生最亲近的人与学生通过合作决定，而不是做校外和教室外的教育专家、教育管理者的提线木偶。

但我在 8 年实验中经常面对这样的质疑——专家们说，不是所有老师都是你这样的，有能力又爱折腾，一线老师最想要的，是尽可能详细且好用的操作手册，供他们照着做。教师们也确实如此，"我们工作压力很大很辛苦，没有时间研究琢磨，最好直接告诉我们怎么做，一二三四先做什么再做什么"。因为教师能力不足，耽于事务不愿思考，所以教育专家和管理者样样都管着教师，帮教师设计好安排好。因为教师不愿思考，便越来越不具有思考的习惯和课程设计能力，无法主动独立地完成实践更新和优化。教育专家和管理者不敢不愿放权，同时，老师们压根也不想要。

研读任何一个国家和地区的课程目标，一般都会觉得挺好的。看一所学校的课程整体设置，也大多不错。由学校外部的专家和管理者描绘的蓝图，是参与者们聚讼不已又相互妥协的结果，常常面面俱到。由学校内部的专家和管理者制订的教育计划，从理想课程转化成正式颁布的课程，往往四平八稳。接下来，就该老师去领会去揣摩去执行了。

每一次课程变革，每一个新项目的推进，必然伴随一轮或者几轮的"自上而下"的教师培训，帮助改变观念。最后课堂上教师与学生共同经历的，最终让学生、家长和大众感受到的课程怎么样？当下，大众对公立学校的教育实践恶评如潮，巴不得置之死地而后快。

这次 2017 LIFE 峰会中，High Tech High 学校是受到广泛关注的案例，介绍短片中明确提出变革的关键是"给教师更大的自主权"，但这是理想，不是我经历的现实。全世界范围内，教师的课程自主权都在丧失，教师在教育专家和管理者面前，是执行者而不是合作者。那么，有没有可能，教师向上参与（至少是理解）课程变革的目标制定，参与（至少是理解）学校课程规划设计，同时，向下参与多方互动，与持份者有更多的交流与共识，赢得大众的理解和尊重？

走走停停，寻找好的教育

我之所以申请去香港交流，是因为在阅读文献的过程中，对香港教育生出四个方面的好奇。

第一，香港绝大多数中小学是各种各样的社会团体办学，学校有很大的办学自主权，包括能够自由选择教科书。

第二，香港教师的课程自主权看起来比我们大，学校的自决和教师的课程自主权落实到具体的教育教学实践中呈现什么样态，又生长出了什么？我很好奇。

第三，针对班级授课制的种种弊端，香港大力推行"图书馆中的学校"项目，想以此为学生提供更多差异化学习和自主学习的机会。我想看看这个项目如何推动，以及目标达成情况。

第四，我想了解香港社会在教育问题上的多方互动，乃至博弈的过程和结果。

而我在香港的具体工作是去了之后才渐渐明确的。我的身份是教育教学顾问，隶属香港教育局中文教学支持组。教育局每年都有一个研究专题，今年的研究专题是透过多元评估促进中文科的教学，我是写作组的一员。此外，我在香港有两所协作学校，与学校中文科的老师们一起，开展各种教学交流与协作。在完成规定的工作任务之外，我在做教育观察和两地教育实践的比较。最幸运的是，我意外获得在香港中文大学教育学院"课程改革与实践"这门课中做特邀演讲人的机会,并获准旁听了全部课程。亲身经历感受大学的教育研究视角,教育局的教育管理视角,学校管理者和教师的教育实践视角,从三个不同层面观察了解各方的观点立场,了解世界特别是香港的课程改革与实施,非常宝贵。

当香港的同事了解到我在内地的工作内容,他们觉得我的角色相当于香港学校里的"课程统筹"。这是一个在香港的学校里专设,但在内地学校里没有的职位。香港的行政长官卓越教学奖,除了在中文科、数学科、英文科等学科领域里评选卓越教师,还专门设有"课程领导"领域(校长不能参评)。从专业能力范畴、培育学生范畴、专业精神和对社区的承担范畴以及促进学校发展范畴四个方面进行考核,对当年我忐忑地自我命名的"课程设计师"工作,进行了系统阐释和评估。在香港,"课程领导"是一个专业,发展和支援都被纳入日常,这鼓舞了我。

从文献上看,香港教师理应该比内地教师有更大的课程自主权,但这个"应该"在实践中的表现并非如此。他们和多数内地教师一样,并不想要课程自主权,只想了解各种实用和好用的操作方法。在香港中文大学教育学院尹弘飚老师的课堂上,曾引介郑燕祥先生 2006 年的一份报告,分析香港课程改革的瓶颈现象,令我印象深刻。报告认为香港在短时间内,发起推进大量的改革项目,让教师承受了巨大的压力。这么多项目,设想都是好的,但"大跃进"导致了教师负担过重,预想的好变成意料之外的恶。此时,变革和创新带给教师的不是职业尊严、意义感和价值感,而是焦虑和痛苦。内地也是这样啊。

是亲身经历切身感受,让我明白抗拒改革的保守者和提倡改革的激进者一样重要,在变革和创新的过程中,明白反对者因为什么感到不安、恐惧、担忧,他们因何不堪忍受,正是我们对政策,以及原有设想进行优化和改进的机会。当你能够接纳、理解、回应那份焦虑和痛苦的时候,就能把课程设计和实施这件事情做得更好。

比起两年前,我不断拓展教师执业的边界,极力争取更大课程自主权,如今的我对创新、对变革有了更丰富和复杂的理解。对于教师而言，教师的课程自主权是权力是自由更是责任。过于沉重的压力，又缺乏实际的支持帮助，令变革和创新不仅不能发生，还可能破坏原有的结构和生态。

向谁学习？

所有的创新案例分享都在给教师压力。他们说，技术在更新，周围的人都在求变，都在改变，如果你不变，你就会落后，就会难以在未来生存。但是给予更大压力的同时，我们还需要给予教师更多的支持和帮助。只有压力与支持的强度匹配，压力才不会变成对教师和对学生的伤害。让教师愿意承担创新、变革的责任，有能力承担这个责任，正是推动变革和创新需要努力的地方。

当下中国内地的教育实践，得到的大众评价非常低，暴涨的留学潮乃至低龄留学潮，是用脚给的差评。每提及当下教育，"颠覆""重建""改造""变革"都是高频词，大众已经不愿意接受局部的调整改善。当下，新旧媒体都特别乐于分享各国教育实践，暗示我们的教育实践在世界上的地位。社会各界都特别乐于教育创业教育投资，全民参与教育参与办学的热情与日俱增。作为教育从业者我很高兴大家这么关心热衷教育事业，但我们如果真的要做好这件事，不能只满足于朋友圈里分享的知识观念、创意创举，我们有责任，也必须更深入全面地了解它。

芬兰、美国、英国、新加坡，以及我国台湾地区、香港地区，不考虑任何现实因素，比如移民政策、家庭经济状况，你会为自己的孩子选择哪个国家或地区的教育？有人反问，"你会如何选择？"当然是芬兰，全世界都认为它是最好的，我看重它的友善、温和、耐心、细致。作为NO.1，芬兰的优质教育，对学生不计成本的付出，是以大量经济投入为前提的，事实上芬兰很担心一旦经济出现滑坡投入减少，就会面临危机。他们知道自己的教育做得很好，全世界都在向他们学习，作为领军者，他们却为变革缓慢，缺乏方向感担忧。和芬兰一所优质学校的校长交流，他坦承"芬兰的教育没有那么好"。

我们还热衷学习美国的创新案例，实际上学生在PISA中的糟糕表现，令他们非常担心未来在全球竞争中处于劣势。不论教育部门是否明确支持推进国家课程，他们都会希望通过相对统一的课程标准，提高学生学业水平。

我们好不容易成为别人学习对象的是上海的"一课一练"，英国将之命名为"上海模式""掌握式学习"，一字不改地引进、翻译中国内地数学教材，希望借此提高学生的数学水平。

台湾地区的教育实践参差多态，总是迅速引入欧美的好的观念做法，再本地化，来年其他华文地区就会跟进。比如绘本阅读，我们向台湾的同行学习了很多。在台湾，政局变化导致负责教育的官员和政策常常有变，政策的不连续，既让我们看到台湾教育实践的多元丰富，同时也令他们反省缺乏长期规划造成的某种混乱。

香港的教育实践与文献中呈现的也有很大的差异，比如我很看好的学校自决。在香港，学校可以在教育局发布的项目中挑选自己感兴趣的申请。申请一旦得到批准，就能获得政府拨款支持，专款专用不乱花即可在政府资助下创新、变革。学校能自主发展，而不是上级强制你非得做什么，不能做什么，这太让人羡慕了。香港学界却在反省批评"给钱发展"和一切"校本化"在实践中造成大量的低效重复和人力财力的浪费。我身临其境，感到从好的政策到好的实践，还需要持份者更多心智和体力的付出，无数小变革小创新的会聚。

关注世界各国和地区的课程变革、课程创新，我发现各个国家和地区都有各自的功课要做。我们的确做得不够好，但不意味着我们把原有的全部扔掉，直接把别人的好政策、好做法搬过来就万事大吉。变革也好，创新也好，没那么简单。我们需要了解自己的问题和优势，承担应有的责任，做好自己的事情。

还是说芬兰教育，大家都喜欢研究它。它的视角绝不仅仅是教育内部的课程设置、问责制、校长领导力、教师发展和学校发展等技术问题，而是在一个更为丰富复杂的视野中去考虑，怎么影响参与社会文化的共建，怎么链接、协调各项政策，充分利用社会资源，满足各方参与教育的意愿，对各方的需求和利益通过博弈做到整体平衡。将教育的变革和创新理解得更丰富复杂些，才能更好地参与多方互动，最大程度上赢得大众的理解与支持。就像这一届的LIFE，多元多态，让各方都能参与其中，让各方都得到展示，从而为我们提供更多的启发选择，为未来创造更多可能。

我享受自己作为一个学习者的身份，我称自己是"永远的学徒"，我愿意不断更新自己。我不喜欢站在固定的地方，以固定的身份强调自己认识和决策的正确英明。其实很多问题我没有想好，但这并不妨碍我的同伴多数时候信任我支持我，并接受我的支持帮助。当我一次次回望曾经的自己，评估自己作为一个终身学习者所行的道路，他们说这就是不断创新。

后　来

准备第二届LIFE创新年会发言时，我刚结束香港中文大学教育学院课程与变革的旁听。第一次课上，尹弘飚老师布置了这门必修课的作业：你认为2001年以来，各国的课程改革实践是成功还是失败？为什么？我的演讲稿是一次自我更新，也是一份呈给尹老师的作业。

我的回答是：各国的课改实践是否令教师愿意承担、能够承担更多的课程责任，拥有更多的自主权，是影响课改目标达成的重要因素。但因为各种原因，我没有按照预期发放问卷、进行访谈，了解香港同行对教师课程自主权的看法，也缺乏对各国课程改革资料文献中教师课程自主权的细致检索整理。这将成为我一个未了的心愿和未来需要完成的工作。

好的教育，由陪伴儿童的教师去实现，以规范、效率的名义，剥夺教师的课程自主权是起点处的不信任，让教师沦为课程被动的执行者，此时，从理想课程到实际课程的扭曲衰变不仅不可避免，还令各种最初设想的善则沦为实践中预料之外的恶。

— 中编 —

探索教师执业新的可能

> 观念比通常所认为的要强大得多,世界几乎就是由它们统治着。实践者认为他们能在一定程度上免于任何知识的影响,却常常不知不觉中成为某些观念的奴隶。那些凭空依赖灵感掌权的狂徒,其狂妄常常是从几年前学界中某个不入流学者的思想中提炼而成的。
>
> ——凯恩斯

李伟博士说：我是被理论严重"污染"的实践者。其实，入职之初和学校的专家组对接，我简直怀疑自己听不懂中文，却得益于执念，但凡专家们提到的人名、书名、重要观点，便去查证、研读，在脚注和参考文献里探究来龙去脉，并在实践中去尝试琢磨。这求的是专业的深度。

杨东平老师说：我是教育界的斜杠青年。我以教师职业为起点，体验作者、学习者、记者、阅读推广人、培训师、课程规划师、教育咨询师、公益导师等多重身份。这求的是经验的广度。

我在充满不确定性、复杂性和模糊性的课程变革中，探索教师执业的边界，寻找教师执业的新的可能。

06

至少得知道不要什么
—— 课程建设的几个关键问题

全球一起"核心素养"的时代，课程变革何为？

回望得失，向自己学习

在香港工作期间，为了帮助大家更好地完成教育局中文支援组的年度教学课题，老板邀请香港中文大学教育学院尹弘飚教授主持专业发展活动，讲座主题是：课程与评估。

尹老师的讲座以提问开头，是两个我非常感兴趣的问题：其一，你怎么看当下内地最热门的"核心素养"？其二，将之与2001年启动的新课程改革中的"三维目标"进行比较，你有什么看法？

当下的中国内地，社会对教育实践的整体评价较低。这时变革的意愿之强烈，之毫无分歧是非常惊人的力量。这种状况下，"核心素养"的讨论乃至出台和推广，必须承载各方的期许，一定是好的一样也不能少，感觉欠缺的要全都补齐。从颁布的"核心素养"来看，毫无意外地成为一个大全，少了任何一点已有的和希望获得的好，都是了不得的大事。"核心素养"的"核心"二字当去掉，改为"教育目标（2016）"更准确。从具体内容来看，也确是如此。2001 年以来，已经被实践者们逐渐接受的"三维目标"划分——知识与技能、过程与方法、情感态度与价值观，更新为被我称为"新三维"的目标体系——文化基础、自主发展、社会参与，然后三生六，六生十八，很全面很时新。

1997 年入职的我，有幸身在首轮课改实验区的实验学校，经历了 2001 年课程改革之前的论证准备阶段和之后"自上而下"推动的全过程——从政令颁布发动推进，到逐层逐级的培训、检查、考核、落实。从执教新课标、新教材公开课，到编写新课程教科书，再到作为培训师参与各级各类教师培训，从领导、专家的言之凿凿凌厉激进，到普通教师的茫然无措、抵触反感，我都身在其中。

2001 年中国内地的课程改革，引入了诸如"三维目标""课程统整""多元智能""建构主义""布鲁姆的目标分类法"等理论和实践。这些舶来品，最初并未考虑本土化、适应性的问题，可以说是在推进的过程中，在各种争论和质疑中，逐步明晰、更新、丰富，慢慢落地。改革起步的艰难缓慢，令我印象深刻。

从个人感受来说，从舶来理论到转化落地，2013 年应该算一个节点。一方面，一部分人终于从对"课堂"的过度迷恋中走出来，用对课程的研究和讨论替代了对课堂（实际是对具体课例）的研究和讨论，大家终于意识到把所谓完美的公开课（课例）连缀起来，并不等于完美的教育，有时甚至连好的教育都谈不上，因为脱离具体的学生谈理想设计，有时十分残忍。"课堂是教育教学的主阵地"这类似是而非正确的废话，终于从极端的对创新课、示范课，实际是对完美课例的追逐，回到一个相对理性的状态，越来越多的人将教育作为一个过程，将学习作为一个复杂事件来理解考虑，完成了从关心"怎么教"到关心"怎么学"的转变。

另一方面，以王策三先生和钟启泉先生为代表、最大范围将理论研究者和实践者卷入、绵亘多年的"钟王之争"，是关于课程改革最广泛深入的一次公共讨论，是业内外对课程改革作出反思检讨的一次难得互动，对课程变革中的激进、冒进作了必要的自省和平衡，较之其后全社会单向地对教育的批判指责，要积极和有益得多。

最终，这场争论以回顾评价这一轮课程改革究竟是成功还是失败，进行了阶段性总结反思。虽然一部分人作为假冒伪劣辩证法的受害者，成为相对主义的俘虏，变为改革的观望者和怀疑者，停下了变革的脚步。

追根溯源，向过往经验学习

内地 2001 年启动的课程改革是否成功只是一个结论，大家可以各持己见。但这十来年，我见证了自己和一部分教育从业者从服从单向的"自上而下"的运动式变革，到尝试通过多方互动参与教育变革——虽然极其有限，所以，对这一轮"核心素养"的提出与推进，我持比较乐观的态度，大家从上一轮的教育变革中习得的，对新一轮的变革会发生作用。毕竟互联网的普及，让观念、技术的传播和讨论变得更加便捷，理论与实践的开放互动已然是个事实。

香港中文大学的一项研究结果显示，内地 2015 年之前的课程改革，改变了课程实践只重视知识技能的状况，对知识与技能、过程与方法、情感态度与价值观三个方面进行了平衡。这也与我的个人经验一致，我们在激进的课程改革浪潮中，掌握了这套话语系统和价值系统，并且知道该如何运用它加入社会多方互动。

尹老师认为，2001 年的课程改革是关于课程方方面面的完整方案，目标、内容、实施、评价都比较完备。2016年提出的"核心素养"则把课程窄化为了目标。

当年是吕型伟老先生对教育史的梳理，帮我了解了新课程"三维目标"的来处和发展脉络，让我知道它是专家们不告知来处的"引进""移植"，帮我理解了它本土化的艰难。尹教授则厘清了"核心素养"的来处。我并不认为它"毫无"启发性，因为实践中教师们已经自动自发将之前课程改革的经验带入其中，对比2001年以来单向"身上而下"造成的巨大焦虑、混乱，显得更为平静主动地接受。

PISA的发起和主持机构经济合作与发展组织（OECD）于1997年开始研制能体现学习者学业水平的"核心素养"，希望进行跨文化、跨地区、跨学习内容的水平评测，开启了"素养模式"。目前通过纸笔测试的方式，从阅读、数学和科学三方面考察评估学生的素养。2013年台湾地区率先引入，大陆则于2014年参加。从中国全面开始参与PISA测试开始，中国上海、香港和台湾地区，以及新加坡、韩国、日本、越南等东亚、东南亚国家和地区，全部排名靠前。而且可以大胆预测，之后每年的排名都不会差。"因为这些都是擅长纸笔考试的地区。"

用纸笔测试来评估学生的素养，考核学校教育质量，存在各种局限，比如"三维目标"中的情感态度与价值观就很难检测，这从专家到普罗大众容易达成共识。但将"不要让排名决定我们如何教育孩子"落实起来却非常艰难。

开放博览，向异质经验学习

学校教育质素至少体现在三个方面：规划，设计者试图提供的是什么；传递，学校与教师传授的是什么；习得，学生最终习得的是什么。外部评价为主是"控制"取向；内部评价与外部评价结合是"保障"取向；为了成果改进的评价是"改进"取向。回望课程评估理论的发展，自上世纪80年代"对学习的评估（总结性评估）"，到90年代"促进学习的评估（形成性评估）"，再到2000

年的"作为学习的评估（自主学习/评估）"，虽然自主学习/评估是理想状态，实践层面不容易实现，但是这样的观念和追求仍然在香港2014年颁布的《基础教育课程指引》（香港的同行也叫它《学会学习》2.0版）中得以体现。

为了佐证以上观点，尹老师详细比对了香港分别于2001年和2014年颁布的两份课程指引，标记其中的变与不变，介绍香港的一些做法。

- 中一派位取消对六年级的测试，放到初一进行；
- 2012年之后小学六年级的TSA两年一次；
- "听"和"说"的成绩在中文科总分中占有比例；
- 近年同侪听课、集体教研开始出现，并在慢慢形成常规……

这些变化的背后，一方面是各方检讨考试的方式、内容和评核方式，采取灵活的评核方式，让学生有更大的空间去发挥独立思考及创意；另一方面，就是重视借评估数据回馈教学与改善教学。尹老师认为，相对于教育改革全球化时代盛行的世界大同来说，香港自觉尊重本地教育生态特征而呈现出难得的差异性和异质性。而渐进性的政策设计并不妨碍香港实现改革追求的目标，而且更容易配合普遍存在的渐进式的教师改变。

同样是补习愈演愈烈，负担越来越重，当时我并不认为香港的实践情况会好很多，但是我也认同香港的课程指引，从行文到内涵都非常好，背后的观念变化、认识发展过程也非常宝贵。更加宝贵的是，尹老师反复建议和嘱咐，作为骨干教师和学校管理者，要有足够的专业智慧去面对未来可能出现的混乱，千万不要在轰轰烈烈中迷失，放弃过往的教学经验，抛弃原有的改革成果。大而全的"核心素养"，完全能够涵盖原本就已经做过的和做好的，这些好的部分只要坚持做就好了，不要将一切推倒重来。在他善意提醒之下，我对香港2014版课程指引的副标题——"聚焦、深化、持续"有了更深的理解和感悟。

持份者多方合作，而非相互否定拒斥

作为教育实践者和实践中的研究者，听到理论研究者这番恳切的对实践经验的肯定感到非常稀奇。因为我更习惯中国内地整个社会目前所弥漫的对当下教育实践的激进看法。教育圈内圈外，大家目标一致，希望追寻更好的教育，希望中小学乃至大学、幼儿园的教育实践发生深度变革。但我身边的理论研究者会有意无意地忽略全盘否定、全面告别的风险，不致力于帮助社会理解和接受教育本身所应具有的积累和传承，轻易许诺改革红利，透支专业信誉，把美好行在文字上，加剧理论与实践的割裂。

此外，还有一种莫名的理论对实践的倨傲。当理论研究者觉得不读理论书籍的一线教师肤浅，"没有读过哈耶克不足以说教育""没有读过米塞斯不足以谈教育变革"时，这种让人莫名叹息的倨傲，否定了实践的丰富复杂对于理论的滋养和启迪，拒绝了理论与实践对话能带来彼此的进益和合作带来的共赢。

某种意义上说，正是这些理论研究者眼中不够深刻的"乌合之众"，他们大多无意分辨考究概念、观念，更谈不上自洽，缺乏反省和深入思考，凭着直觉的好恶行事，才让他们在混乱、丰富、繁杂、琐碎的实践中还能做些好的事情。我无意为他们辩解。

所以，我的乐观指向这一轮和上一轮变革的方式：被混乱、不知所措摧残过的亲历者，愿意承担独立思考、谨慎变革的责任。而尹教授的评价指向的是变革的内容，也就是改革理念的学理的启发性，对极有可能出现的混乱给出了警示。

关乎人的事，不可能从零开始，你会发现，即便观点对立，好的实践往往有着共同的要素，相似相同的作为，差别并没有各自声称的那么大。

如果说香港教育问题的复杂在于"泛政治"化造成的教育消费者和教学从业者的撕裂，内地则是各种诉求各执一词非要分个胜负优劣造成的撕裂。好吧，

撕裂竟然是共性。之后看了刘擎教授2016年度的综述，也是大篇幅说到"撕裂"，这才是这个时代共同的面相？

考究课程目标的确定及其哲学基础

我于1997年入职，1999年底离开语文教师、班主任岗位，成为学校中层、学校核心课题组的一员，开始探索课程的开发建设。

自1995年开始，我所服务的学校就在德育课程领域进行教师自主课程开发的尝试，从解决学生生活中面临的实际问题出发，边开发边实施，逐个积累案例。这些案例的目标定位在当年都是颇有前瞻性的：把培养学生合群合作作为重要的教育内容，把游戏活动作为主要的组织形式，增进学生愉快的情绪体验，培养学生的生活适应能力、人际互动的本领、合作意识，提高耐挫能力，帮助孩子们悦纳自己，善待他人……形成了对应低、中、高三个年段的德育课程序列——生活指导、交往礼仪、国家公民。这些内容在2001年课程改革后，大多成为国家课程品德与生活、品德与社会中的亮点，也是当下许多学校自主开发课程中的重要组成部分。

延续到2001年之后，学校核心课题研究从着眼于德育课程的开发，逐步转为着眼于校本课程建设的课程整体优化。原本属于德育课程领域的课程产品，被纳入到学校课程整体之中去再设计和常态实施。

最初5年，学校核心课题组在学校专家组，特别是时任华中师范大学课程研究中心主任（后调入华东师范大学课程研究所）杨小微教授的指导下，探索实验。清楚记得，每次专家指导会都开得我们茫然而紧张，简直不知道杨教授和各说各话的专家们到底想怎么样，反正最后还是校长让我做什么就做什么。

直到2004年参与学校"十五"核心课题结题成果讨论，坐在会议室里的我顿悟，原来杨教授一直在带领我们"做中学"泰勒的《课程与教学的基本原理》。那一瞬，许多曾经的茫然、委屈、纠结，都被赋予了不一样的意义，也成为我新的起点。

记得最早接受的指令，是找到学生感兴趣且有价值的主题，不能和现有所有学科的教材内容重复。为此我不得不去翻看各科、各版本、各年段教科书，关注各学科发展的前沿，寻找现有课程未曾涉及的主题，挖掘现有知识层面下更深层的价值追求，适合学生且学生喜闻乐见的学习内容。每当我在生活、工作中遇到这样或那样的事件，甚至只是从报纸、电视等媒体上看到什么报道，我都会想能不能通过设计转化成学习内容。每当我自认寻找到一个好话题、好资料，都会非常开心。

现在看来，那时的我正被动地从一个消极的课程产品消费者转变为积极的课程产品生产者。和老师们用教材不同，我必须站在另一个角度看待国家、地方课程——发现并满足学生的兴趣和未满足的需要，将各学科发展前沿的新问题、新资讯在教科书修订之前带给学生，和学生一起关心身边的人、身边的事……从而实现对国家、地方课程进行拓展、补充。

第一次被肯定的研发案例是交往与礼仪课《嗨，你好！》。为了让学生乐于向别人介绍自己，我甚至直接把美国教材中的案例搬了过来，可就是说不出的别扭。反复试教、修改教学设计的过程，是对教学目标、教学内容和教学方式三要素反复斟酌、权衡的过程，"教什么"和"怎么教"完全由自己决定反而让人非常容易怀疑自己，让人特别容易身心疲惫，"为什么要这样教？""这样教真的好吗？"之类的无穷追问反省，极大地提高了自己对课程的理解能力、设计能力和运营能力。

因为自主开发课程内容和方式灵活，贴近学生，所以我在教学的过程中能以更加开放的心态接纳和认同学生的差异和多样。这样又拉近了我和学生的距离，增进了我对学生的了解，由此发现更多对儿童成长发展有价值的内容。肩负"想教什么就教什么"的自由虽然十分疲惫,但也有特别的乐趣。

后来,语文课的口语交际训练中也有自我介绍的内容了。翻开各学科教材,交往礼仪、自我认知和保护、环境保护、自然教育、公民教育,"善意的谎言是好的吗?""我可以生气吗?""什么是英雄?"……这些主题都逐步进入国家和地方课程。看到教材里增加了自己曾开发实践的主题,刚开始心中满是惶惑和气恼,觉得本就很不确定和狭小的课程自主研发空间被挤压得更窘迫了。但随着自己的进阶,渐渐释然,甚至会有喜悦。天天和孩子们在一起,其实最能发现孩子们的兴趣和需求,然后顺手就把发现转化成课程实践和产品了。那种在一起的彼此亲近了解,是既可以有哲学的思辨,形而上的关怀,又能心怀善好,面对一次春游出行,一个孩子皮肤过敏,三个孩子尿湿裤子的庸常和琐细。

泰勒认为,对学生需要和兴趣的满足、对当代社会生活的研究、学科专家的建议,可以帮助学校和教师确定"尝试性的一般的教育目标",但任何单一目标不足以为明智地选择教育目标提供基础,必须同时使用三个信息源,然后用教育哲学和学习理论这两个"筛子",帮助筛选确定精确的具体化的教育目标。这能够帮助我们理解现实中认知过程观、学术理性主义观、社会改造观和自我实现观没完没了的竞争,厘清各方各执一词引起的观念与实践的混乱。学生的自我实现、社会的发展和学科知识体系的发展究竟应该哪个优先?讨论最终基于哲学的思辨——"我们究竟想培养什么样的人?",和学习理论的发展——"人究竟是如何学习的?""什么样的学习内容和方式是适合儿童的?"（[美]拉尔夫·泰勒,1994）。

迄今为止,对课程产生影响的主要哲学思想有四种:永恒主义（古典主义）、要素主义、进步主义和社会改造主义。相关的课程动向有——

永恒主义强调不变的绝对的价值观,颂扬传统文化,主张培养有理性的人,比如主张回归古典的施特劳斯,比如国内的传统文化热、读经热、国学热。

要素主义强调基本知识和基本技能的掌握,主张培养有能力的人,说到应试和操练大家都反感，但实际上强调学科知识技能的掌握，仍是当下教育实践的主流做派。

进步主义以学生的兴趣为基础，强调课程的适切性，鼓励教师成为学生解决问题和进行探究的引导者，提倡跨学科学习、活动和项目研究。不看实践，当下的学校都坚称自己"一切为了孩子""让学生站在学校中央"，这算是深受各方欢迎的万用标签。

社会改造主义强调教育要担负改善和重建社会的责任，教育要促进社会变革，教育平权、文化多元主义、国际理解、未来主义，这些热点都在其中。

阿伦·奥恩斯坦说，作为课程工作者是寻求中间区域，既不过分强调学科，也不过分强调学生；既不过分强调认知发展，也不过分强调社会心理的发展；既不过分强调卓越，也不过分强调平衡。

事实上，学校、教师实践中秉承的教育哲学多是混合态，所以能一边强调以儿童为中心，追求自然、自由、自主，一边认为必须大力传承传统文化，书法、武术、京剧一样都不能少；一边面对区域性统一测查严阵以待，一边以未来的名义期望通过课程变革促进社会变革。

办学中，学校、教师的偏好很少经过反省，且一直在变化。只那些极端激进的变革者，过分强调某一极，无视其危害，从导致的剧烈冲突中曝得大名，获取利益。（［美］阿伦·奥恩斯坦，2004）

权威界定与社会选择，重申校本课程的内涵

认同了教师自主开发课程的价值和意义，我选择从社会科转入综合实践活动科，但这个学科仍然没有满足我的预期。

1996年6月，全国教育工作会议上明确提出"试行国家课程、地方课程、

学校课程"。2001年的《基础教育课程改革纲要（试行）》指出："小学以综合课程为主""要大力推进基础教育课程改革，调整和改革基础教育的课程体系、结构、内容，构建符合素质教育要求的新的基础教育课程体系""增强课程对地方、学校及学生的适应性"。课程管理政策的变革，课程计划中的课程合并与增加，落实到实践中，因为师资、相关配套资源等问题，各学科教学仍呈现出一如既往的分科学习、分散学习，实际开设的课程门类比课程计划和课表直接反应的要多。

综合实践活动作为内地课程改革的创新点和亮点，作为没有课程标准和教科书的新开设国家课程，在实践中一直处境艰难尴尬。这个学科的教师专业发展团队里，有学校德育干部，他们将学校传统活动、德育活动算作综合实践活动；有原来的劳动课教师、信息技术科教师，因为综合实践活动四大领域中包含了这两个领域；还有因为工作量不足，不得不兼任综合实践活动课的老师们，他们随时可能因兼教别的课而离开；甚至还有一点关系没有，只是被学校强制过来签到，应对教育局的专业发展活动出勤考核的教师。

课程专家们最常面对的疑问是："综合实践活动课的独特价值是什么？怎么才能实现呢？""许多学科都包含综合实践的内容，那么综合实践活动课与学科课之间是什么关系？""综合实践活动课如何常态化？"……

听报告和作报告、上研究课和竞赛课、案例评比和论文评比、发表文章、检查日常开课情况……实践中，这个本不应该以单一学科面貌存在的特别学科，以及这个学科的执教者，其发展的路径与其他学科并没有不同。在理论研究层面，将综合实践活动课与其他学科课作为各自独立的领域开展研究；在课程实践方面，班级授课制很难支持它所倡导的学习方式。

综合实践活动课是内地自2001年开始的，"自上而下"进行的课程改革所确定的新的课程价值的压力的产物，单凭国外经验的引入，单凭词语操作，单凭倾心打造的"处在出色的孤立状态中的出色碎片"，如优质课、公开课、论文中的典型案例，不能解决回到日常的教育教学生活中，由价值铸成的事实不能达成预期目标的问题。

我意识到，综合实践活动课作为学校自主开发类课程，必须纳入学校课程整体之中设计实施才能日常化和不断优化，才能缓解价值与事实之间的紧张关系。

我所服务的学校，自上世纪末课程改革论证阶段，骨干教师们就开始了课程自主开发的研究与实践。当2001年课程改革正式启动，核心成员大多担负起多学科、多套国家和地方教材的编写工作。仅我个人，作为分册主编和核心作者就先后参与了七套国家和地方教材的编写和教师培训工作。时任学校专家组组长的杨小微教授，为学校核心课题研究成果集作序《机遇偏爱有准备的头脑》，这是对我们先行一步的肯定。

2003年，《中国教育报》报道学校的学科联动案例《青蛙与蛇》，语文、科学、数学、体育、英语、艺术六个学科统整的主题式教学。作为全国主体教育年会上的一个教学展示活动，这个案例受到与会专家和代表的高度评价。有同事感慨，更早时候学校其实已经尝试过多学科联合教学《海底世界》，也是跨学科教师团队合作，共同开展同一主题的教学工作，因为不能常态化而没有坚持下来。中断了差不多十年，再次尝试开发新主题，说明这些研究成果只能存于实验室中，日常的教学完全是另一回事。课程改革无论怎么改都"换汤不换药"，好好教好语文、数学才是正道。一个好的理念，如何摆脱只能活跃在舞台上展示概念，真正落地为日常的教育教学实践？

还是杨小微教授，他坚持不随大流，不将校本课程的内涵简化为学校自主开发的课程，鼓励我们继续开发多学科联合主题式教学案例，将学校课程看作一个动态的复合体，谋求国家、地方、学校三级课程在学校层面的统合，充分发挥学校的主观能动性，用足学校和教师的课程自主权：

其一，学校对国家课程、地方课程的校本化选择、校本化实施和校本化发展。它强调学校对国家课程、地方课程选择实施的主体性，突出学校自主的课程决策过程，强调在课程实施过程中，教师、学生的主体性和教材、学生、教师三者之间的平等互动和课程创生。

其二，学校根据自己的教育哲学思想自主选择适合学校具体特点和条件的课程开发策略。它突出课程对教师、学生的适应性，并强调学校、学生、教师乃至家长和社区人士的课程意识、课程资源意识和课程发展意识。

其三，校本课程开发是要将国家、地方、学校三级课程整合为一体，寻找不同学习内容之间的共通之处和深层的内在关联。

通过20多年的不断尝试，反复争论，学校探索出课程整体优化的三条路径，并将之逐步落实到教育教学实践之中：

第一，学科重建，即国家和地方课程的校本化实施，体现国家和地方课程的适应性。

以课程标准（课程实施建议）为依据，基于对学校、教师、学生的分析，制定学段及学期教学目标，对主体教材或各种资源进行取舍、优化、重组、补充，通过内容的选择、比对、整合，达到课程内容和结构的重组。

教师平视教材和超越教材是学科重建的起点。学校在同一年段，采用不同版本的教科书，教师之间不再就教材谈如何教教材，而是基于课程标准展开专业对话。这令教师感受到不同版本的教科书各有其特色，各有其优势与局限，教科书内容从必须严格遵照转变为教学资源，完成了祛魅。之后则将研究和实践的重点转向提高学生自主学习能力，把教师的着力点从关注"怎么教"转移到关注"怎么学"。渐渐的，教师们开始习惯将教材中具体的学习内容与课程标准建立关联，并在完成知识技能目标的同时，主动超越，将很难在纸笔测试中得到体现的，学生的社会性发展、学生的学习兴趣、学生后设认知能力的提升作为课程实践的重要目标。

第二，学科综合，在分科教学背景之下，通过主题单元式教学体现课程的丰富性。

在完成现有课程计划和各学科课程标准要求的基础上，以课程计划中占有课时、学校自主开发的课程为载体，通过教师跨学科协作组的合作，将多个学科交叉重复部分的教学内容整合编排，将部分基于知识技能传授的教学转变为基于问题解决的教学。

不论是跨班级的多方协同教学，跨年级的混龄主题式教学，还是一位教师承担同一班级多学科教学工作，目的都是打破教学时间和空间限制的弹性课段教学，学科综合让学生以适合自己的方式、进度的学习得以实现。通过多学科教师之间的协作，项目制学习、研究性学习不只是丰富了学生的学习体验，还拓展了教师之间、师生之间、生生之间交流合作的时空，使师生能增进理解，彼此融合。

第三，自主设计，体现课程主体的多元和课程的开放性。

自主设计，是指除了教师之外，学生、家长及社区专业人士也能够作为课程主持人，担负课程开发、实施、总结的任务，完成重组课程资源、确定主题、设计活动方案、执行方案、进行活动反思、总结的全过程。过程中，首先是教师突破原有的学科角色，在自己擅长的非学科的领域与学生分享交流，为学生作出终身学习、全人发展的示范。其次，学生从被动的学习者，转变为学习活动的发起者、设计者和实施者，能够将各种有趣的学习过程和学习成果分享给同伴。而家长和社区专业人士把自己的资源、人生阅历带入学校和课堂，开阔了学生的视野。

这样的探索本意是探索"能动性和责任心在教师、学生、家长和社区人士之间怎样分配才是合适的"。随着课程开发主体的多元，参与范围的扩展，诸方分歧减少、共识增加，对学生的进步和发展产生了积极的影响。(《享受校本》，2006）

这三条路径，将散碎的课程开发，主要是课例研发，放到学校课程的整体图景中去考量，使得自主开发课程在使用综合实践活动、校本课程的课时数时，不再是为了开课而开课和"不知道上什么好"。持份者在参与研发的过程中，清楚地知道每一点努力在课程地图中的位置、独特价值、与各部分的关系，从而基于理解地做。

又因为教师在参与课程建设过程中，突破单一学科限制，开阔了视野，丰富了课程实践经验，提高了课程设计能力，他们会有意无意地将自主开发类课程中尝试过、学习到的教与学方式迁延到国家课程的校本化实施中，实现教与学方式的整体变革。

杨教授所代表的权威界定，与世界各国的研究者对这个概念的限定一致，但与课改初期的社会选择——仅将学校自主开发的课程当作校本课程——不一致，这曾给学校核心课题组的研究与实践带来巨大的压力和挑战，但当"课程设计"取代"教学设计"，成为2013年之后内地教育创新领域的热词，内地教育同行们对校本课程的理解，与最初权威界定有渐渐趋于一致的倾向。这个历史生成的过程不是对谁对谁错，谁更先进谁更聪敏的证明，而是一种观念、一种理解从提出到约定俗成必须经历的努力。权威界定与社会选择，从不一致到日渐一致，何其有幸我能见证并参与其中。

2007年，在完成《国家课程校本化实施策略的研究》这一子课题报告的两年后，我开始专注于多主体参与课程设计+跨学科主题式教学实践。希望通过个人努力，让同事心目中"假的"，意即只能出现在公开课、展示活动上的实验室概念产品日常落地。自此，我彻底没有了学科归属，成为自我定义的课程设计师——课程研究和实践者。2008年秋季，我正式书面向学校申请，担任同一教学班多学科的教学工作，开始了我的8年课程实验。它不是包班教学，不是全科教学，不是跨学科教学、学科融合、学科统整。"全""包""融""跨"这类实践都是对分科主流的反动，我所做的是从价值追求、学习内容焦点扩散、教学与方式变革等多个维度入手开展课程研究和实践，进行学校和班级的课程整体优化。

8年之后的2017年年底,《中小学综合实践活动课程指导纲要》颁布,与最初并未正式颁布的讨论稿比较,特别是从最后所附的推荐主题,可以清晰感受到自2001年以来,通过"自下而上"的努力,改变了这门推进缓慢艰难的课程的最初设想,纲要最后的推荐主题,是近年实践者们探索实践的集大成,实践者终于用行动、用做,切实参与到了课程基本理念和制度的建设之中。

不试图在历史和现实中确定自己的身份,挑战来自教师晋升制度?

一项由个人发起推动的课程实验,必须经得起伦理诘问,单靠理念和热情想以一己之力颠覆现有的课程体系及运营方式,这已不是勇气的问题,而是自我认知障碍问题。

我很慎重,项目启动前向首届课程实验班家长发放了情况说明和问卷,履行告知义务,诚意了解持份者的想法。虽然全力跟进,问卷回收数量也才勉强过半,这表示家长对这项实验并不在意。在已经回收的问卷中,有一份在"是否愿意"这一题勾选了"我反对",为此我专门调整了实验的预期目标,针对家长的疑虑作出承诺,并主动召开了项目说明会:

课程实验会在完成现有课程计划,达到各学科课程标准要求的基础上,以课程计划中占有课时、学校自主开发的课程为载体,通过教师跨学科协作组的合作将多个学科交叉重复部分的教学内容整合编排,将部分基于知识传授的教学转变为基于问题解决的教学,让学生拥有更多、更充分、更完整的参与体验。

比如学生在品德与社会中学习完社区的相关知识,接着利用综合实践活动的课时设计实践活动去社区参观、采访,实地了解社区人员工作岗位设置及相关职能。孩子们一面在科学课上学习知识与方法，一面在科技制作课上自行设计各种装置，实验验证之后总结检讨成败的原因，不断改进设计。将科学课、品德与社会课上因课程标准、课时计划局限不能充分展开而学生们又十分感兴趣的主题活动放到综合实践活动、校本课程的时空中去充分展开，召开专题辩论会、讨论会，另开专题开展探究活动……

从历次区域内统一及学校组织的书面考查成绩来看，课程实验班虽然由我一个人承担多学科的教学工作，区域性统一考查科目的成绩与非实验班相当。在学期末的评教评学活动中，我被学生认定为"我最喜欢的老师"，其实带实验班之前我也是学生们喜欢的老师。家长们从最初的不关心、疑虑到积极参与，提供支持。家长会时，在语文、数学、英语教师发言之后，家长们提议非常想见一见我本人，与我交流。

8年，前后10个实验班的个性化课程方案设计与实施，不可谓不折腾。其间我听过无数善意规劝，诸如"别委屈了自己，先把该得的荣誉称号得了再去做你喜欢的""领先一步是先进，领先几步十有八九要成烈士"。往好处想，说明身边的同伴认可我的付出。

羡慕世界各国的同行，不必受"十朵小红花兑换一颗星星"这类代币制教师晋级方式的激励。比如我国香港地区、丹麦都是服务期满自动晋级，不设评比，不用所谓的激励行控制教师之实。教师可以做自己认为有价值的事，而不用为了挣荣誉证书，不得不去做别人认为重要的事、有价值的事。

事实上，全世界的教育管理者和变革者，都希望进一步提高教师专业发展的积极性。香港认为最大的症结是教师工作繁重，他们的周课时数是内地教师的两倍甚至三倍，教师每天除了上课就是改作业，还要分担学校的很多日常事务，经常加班。教师希望减少周课时数，认为只有这样才有更多时间、精力投入专业发展。可我心里并不确定，单纯地减少周课时数就能促进教师专业发展？内地教师的周课时数倒是少很多，校长们天天琢磨的仍旧是如何提高教师专业发展和工作的主动性、积极性——在不加薪的前提下。

我向香港同行介绍内地教师专业发展的"五项全能"修炼：上竞赛课或示范课、写论文参加评比、写文章发表或出专著、编写教科书、做教师培训。每个领域都有级别，校级、区级、市级、省级、国家级，现在应该还有一些国际性全球性荣誉了。这些业绩按照不同的评比标准换算成分数，谁总分胜出谁晋级。虽然同事对香港的教师在专业发展上的"不积极"表示担忧和不满，但对于内地经验又觉得完全没法学习。

在当下的中国内地，因为标准和评委全都是学科内的，对我全部不适用。我从语文学科的教学起步，通过小红花兑换活动、笔试和全校教职工票选，晋升为小学语文高级教师（中级），可现在语文学科的老师们绝对不会认为我是语文老师。因为当年在综合实践活动课的学科领域"五项全能"都挣了些"小红花"，我便全拿去兑换了"市优秀青年教师"和"区学科带头人"的称号，领政府和学校津贴，但我并不觉得我是综合实践活动课教师。2012年，因为在品德与社会、品德与生活学科领域"五项全能"有更多"小红花"，我申报兑换"市学科带头人"的称号，初评结果公示时被同行举报，说我虽然教品德与社会，却不是品德与社会学科的教师。教育局为此召开数次会议讨论，结论是这个称号对我而言确实不太合适，这也表示之后基于学科的职称晋升再与我无关。

我理解，当所有的评委和同行都来自某个学科，在"小红花兑换"的过程中，他们就会抵触并排除一切非本学科的经验、成果。2016年区里成立师德报告团，每位报告团成员都有自己的领域标签，"班主任工作""语文教学""数学教学""心理辅导"……我是名单上的最后一个，类别标签是"个性教师"，无法归类的教师？同年，学校推荐我参评区首届年度教师，婉拒不得，我在任教学科一栏郑重填上"课程设计与实施"，当然是没获评。

2015年，《华商报》记者马想斌专程到武汉做我的专访，这位非教育媒体的记者，敏感地意识到，中国教育实践领域正兴起由分科教学到跨学科教学的一次"大跃进"。作为非教育媒体，往往需要采用市民大众能够接受理解的词语和表述方式。我反复强调，我既不是某科教师，但也不是什么全科教师、包班教师，我做的是课程实验、课程整体优化、课程设计与实施、课程研究……报纸出街，标题还是"陌生的全科教育"。有学科之分才有跨学科和全学科之称，摆脱单一的学科路径依赖，看来还很遥远。

多主体参与课程设计、跨学科主题式教学的实验团队，被同事简称为跨学科团队，我喜欢称它为大综合团队，最热闹的时候中方教师有近30人，各学科区域性的带头人和骨干教师带领，大家一起讨论分享各学科的焦点问题和前沿研究成果，开发跨学科主题教学案例，多位教师自愿尝试在同一教学班承担多学科的教学工作，但最终多在职称晋级的压力下，选择确定并强调自己某一学科的身份。为了让"市学科带头人"们永不懈怠，新的职称制度鼓励、逼迫骨干教师不断在学科范围内去奋斗更多"五项全能"积分。

让人惊喜的是外籍教师团队，他们没有任何职称晋升的压力，在对实验班课程进行整体优化之后，一致认为，在同一教学班担任多学科教学工作，也就是执教外教综合课——"语言+跨学科主题式教学"，在语言教学的同时，还涵盖体育、信息技术、美术、科技制作等学习领域，这比同时纯粹地教几个班的语言课有趣得多，没有参与该项课程实验的外籍教师都希望能够加入其中。可惜因为中国内地外籍专家管理制度的原因，合同只能一年或者半年一签，而中部地区的薪酬水平没有任何吸引力，外籍教师团队的稳定性低于中方教师团队，技术与文化积累仍然困难。

即便在我所羡慕的香港，虽然教师大多担任多学科的教学工作，教师们也是分科进行教学，凭直觉好恶选择尽可能详尽、配套资源完善丰富的教师用书，尽可能地减少自己独立分析、设计的消耗，教师中基于课程整体理解的主动开发和有意识的建设并不普遍。与我的工作性质相当的"学校课程统筹"角色，也是刚刚兴起数年，需要不断给予专业发展上的支援，不断明晰兑现其最初设立目标的职位。

我们的社会状态已经发生了变化，从福柯所描述的规训社会转到了德勒兹所称的控制型社会，用更复杂和更具渗透力的方式展开权力运作。而我们仍被各种外显的规矩控制，我看着它振振有词，毫无心虚愧怍，面无表情。

从哪里开始？学校课程设计与实施的实用性探究范式

我会收到邀请，帮助学校做课程规划。因为学校想开发新课程，或者提高课程实践的水平，又不知道该从哪里开始。并不是客气，我一律回答："是一起做。"绝不是我画蓝图，你们去施工。

想要确定"做什么"，就得弄明白"为什么做"。这需要回答三个终极之问："你是谁？""从哪来？""到哪去？"这三问来自最具哲思的职业——看门人最常问的问题。

"你是谁"指的是学校所处的社群、教师队伍、学生的特点及学校的优势和面临的挑战等；"从哪来"是指原有的经验和课程运行模式，执行中存在的问题；"到哪去"是强调明确各方愿景。不同的持份者面对这三个终极之问，或许会提供不同的答案，但经过分析梳理，各方在表达和互相倾听的过程中，能丰富拓展自己的理解，不论是经验还是教训，赞美还是不满，都是非常宝贵的，与课程规划有直接关联。

这三个问题弄明白了，"做什么"的问题就有了眉目。

思路一：从问题入手，解决原有课程运营中的问题。

思路二：找到做最想做的事，大胆尝试，并以此带动课程质量整体提升。

"怎么做？"这两个思路都涉及信息检索，过去我们做研究，最先做的就是去查阅与该专题相关的中外文献，作综述，然后委托专业机构查新。如今网络便捷，可以自己作文献综述，顺便查新。文献综述和查新都是为了找到该专题、该领域的最高点，将自己的现状与最高点作比对，在别人的经验里寻找启发，确定自己的道路和方向。最高点往往是很多点，不是一所学校、一个地区、一个国家，这个领域最厉害的人也不只是一两个，你知道得越多，越能够在纷繁复杂甚至相互冲突的信息中挑选出适合自己的碎片，进行模仿、重组，进而创造。

课程领域的创造不是找人帮忙做方案，然后照着方案一步步做，课程就能创新、发展，而是在自己能做的、擅长做的领域，在比自己做得更好的人的身上，在各种能够看到把握和不能看到把握的因素中寻找可能性。

有了方向道路，再细化明晰一下，就能得出校本课程建设的目标和内容了，这也是学校课程规划最核心的部分——我打算具体做哪些事情？期望达成什么目标？打算怎么检核目标达成度？所有参与者是否理解、接受，并作好准备随时调整？

很多学校和教师以"我觉得很好"为起点做课程开发，做完了拿出几张照片、几份优秀学生作品证明所开发的课程确实很好，这种"成功案例"往往最容易做着做着被另一件事情吸引，随手放下。

校本课程建设中最有价值、最值得分享的经验，是之前仔细分析评估"为什么做"的过程，之中的过程性记录、基于自我评估的检核调整，之后回溯最初目标和调整后的目标比对，并就达成情况特别是需要注意和改进之处所进行的深刻检讨。最宝贵的是从设计、实施到总结反思全程，基于对学生学习过程的观察、记录和分析。

课程支援工作中，经常被问到的一个问题是：所开发的课程不能日常化，不能长期坚持，怎么办？这说明学校在制订课程规划时，压根就没有考虑将之纳入学校日常运营，等产品出来了才考虑什么时间、谁来上的问题，已经迟了。如果课程规划一开始就因为没有时间而做不了，得不到外援的师资就做不了，没有外援的设备就做不了，说明设计者没有基于这个方案必须常态化、必须做出来进行规划设计。课程规划应该是有没有天上掉馅饼式的支持都能做的方案。

另一个焦点问题是：区域性测查带给学校和教师巨大压力，精力有限，难道要减少对语文、数学教学的投入，转入课程自主开发，另起炉灶？这是不是本末倒置？如果理解了学校课程自主开发必须与国家课程的校本化实施相结合，提高课程整体质量，就应该能够明白校本课程建设本就包括提高语文、数学等学科教学的质量。

即便理解不了，也不知如何着手结合，只想单做学校课程自主开发，就应该做个重要性排序。办学的第一个层级是合格。合格是指作为公立学校，执行国家和地方的课程计划，开齐开足课程，在区域性统一测查中争取保持现有水平或者不低于当地平均水平。如果连这个及格线都守不住，把全部和大部分精力用于另外开发一套自认为很好的课程，当然很容易被教师、家长和同行质疑。课程规划、课程建设并不意味着要颠覆、否定之前的全部努力，什么都不管不顾，放弃对语文、数学、英语这些基础学科的质量要求。

课程设计的第二个层级才是争取优秀。首先，开发的课程必须是能被人理解的。有人推行改革不被理解，认为是教育管理者、教师、家长意识落后，自己没错，别人需要被改造，这个归因太简单粗暴。课程是大众智识的共同体，必须获得持份者有限的理解和共识，而不是不管不顾地一意孤行。其次，优秀的课程总是特色鲜明的，所以追求优秀要么求新做别人没做过的，要么就做质量最好的。糟糕的情形是，前者沉浸在以为别人都没做过，"我做的前无古人"的幻觉中，后者是活在"我是天下第一"的幻觉中。

课程设计的第三个层级是保持持续更新。课程建设需要一个较长的积累过程，在整体规划的基础上，对参与的教师进行持续支持，对行动方案进行持续优化。确定了一个好方向并且已经做得不错的时候，一定要坚持下去，不要每年都急着去另找新选题。没有完美的课程，只能通过不断积累改进，使之变得更好。

校本课程建设全程都需要评估和基于评估的优化，评估是个难点，有一个简易版，记住关键词"灵活"即可。

主体的灵活：教师、学生、家长和社区人士（专家）都可以成为课程设计实施和评估的主体。

时间的灵活：课前、课中、课后都可以是学习的时间，而不必囿于上课的几十分钟，被上课、下课的铃声限制。

功能的灵活：我们设计的课程除了知识技能学习维度的追求，还必须有学生社会性发展、激发学生学习的热情兴趣、学生自主学习能力提升等多维度的追求。除了传授知识和技能，还有方法指导、组织教学、支持鼓励等功能。

方式的灵活：有意识地选择更为丰富多样的教学方式和学习方式，以适应不同学习风格的学生，并在丰富多样的教学活动中观察评估学生的表现，帮助学生认识自己的学习偏好。

内容的灵活：平视教材并努力超越教材，整个世界都是我们的学习内容。

课程规划设计是一项周期较长的工作，每个选择背后都意味着丧失。一个好的课程设计师能既让大家充分理解这个设计的优点，同时又明白自己付出了什么，会失去什么。我们要设计的不是一个完美的课程方案，而是自己知道得失的方案。然后把优点最大化，同时也接受这个方案的缺点，进而不断寻求改进。我与学校合作做课程规划设计的一般步骤和支持方式见下表：

表 1　学校课程整体优化的一般步骤和支持方式[①]

技术路线	工作描述	评估要点	支持方式
第一阶段 多方互动	明确学校发展方向	能清晰表述申请教育创新项目的缘由和愿景	访谈、解释
	多方讨论学校发展优势和问题	对照目标，准确把握学校已有的优势和存在的问题	问卷、访谈、解释、实物分析
	多方互动形成项目群组	全员参与，上下及多方互动，明确项目成员的多重角色和责任	访谈、解释、实物分析
第二阶段 反馈修订	确定关键项目及关键人物	负责人了解项目全景及各要素之间的关系	座谈中充分沟通拓展可能性，工作坊支持
	各项目组确定目标和技术路线	项目负责人明确工作目标及工作流程	进行深度会谈拓展可能性，工作坊支持
	形成学校发展规划	学校发展规划具有可行性	实物分析、工作坊支持
第三阶段 反馈优化	多方参与的基线数据采集	持份者充分理解、主动学习并掌握基线数据采集的路径及运用技巧	工作坊支持
	多方参与的观察记录	持份者充分理解，有多方的参与性观察，有归纳提炼	工作坊支持
	基于反馈的项目实施优化	能发挥核心人物的关键作用，能主动发起并记录项目优化的过程	进行深度会谈拓展可能性，展示分享
第四阶段 过程调控	多方参与的观察记录	持份者充分理解，有多方的参与性观察，有归纳提炼	展示分享、实物分析
	自组织性质的观念与技术持续更新	主动与多方合作，相互影响，充分沟通，不断优化	展示分享、实物分析
	阶段成果呈现与发布	发布形式适合且多样，有激励作用	展示分享、实物分析

---

① 此表格来源于网络，作者对其进行了修改。

续 表

技术路线	工作描述	评估要点	支持方式
第五阶段 终期测评	项目及个人自评	有梳理总结，有反思检讨	问卷、访谈、实物分析
	项目及个人成果报告	报告形式多样，具有启发性	展示分享、实物分析
	新回圈的规划	已掌握方法，能独立发起完成新的回圈	实物分析

以上所有论述仍然让你觉得不知道该从哪里开始，那就去买一本约翰·哈蒂的《可见的学习》（[新西兰]，2015），作者与她的团队使用元分析的方法整理了自20世纪70年代末以来国际上关于教与学研究的主要成果，对迄今为止已经发现的、可能影响学习的因素，按照效应量的大小进行了排序，并对这些因素及其影响进行了分析和总结。

你如果因懒而笨，就放弃那些分析，直接去附录里挑一个效应量排名靠前的项目着手。请注意：东西方文化、制度乃至教育实践的巨大差别，导致那些排名靠后的项目，可能也蕴藏着好机会。

而与课程规划设计与实践相关的工作流程，还可参照《四个维度的教育》里提到的美国课程重建中心的方法。做过的人再去看这本书，一定会心一笑——很棒的总结，也是另一种不错的陈述。

你们不知道，自己有多么好

我从2015年开始正式加入乡村学校课程建设项目，之前也做乡村教师培训，但那种上完课聊几句就走人的方式作用不大，往往是听的时候热血沸腾，回到自己的生活和工作情境中一切依然故我。我主张到校支持，长期跟踪，让帮助基于对困难的理解，而不是对困难的想象。

我去乡村的心态从来不是以先进优秀带动贫弱落后，而是想借此更多了解乡村、乡村教育和乡村教师，在课程方面"他们关心什么""他们会为什么感到困惑"。只有基于了解和理解，才能为乡村带来更真实持久的助力，同时丰富自己对教育的理解。

最初还是主办方让我讲、乡村教师们听我讲"我做了什么""我为什么这么做"。2017年暑假，我转为听众，特别惊喜地听建设"小而美"乡村学校项目入围学校分享行动之后的总结反思，然后一起提炼适合的方法策略，见证许多熟悉的面孔，从被动听讲到主动尝试，从实施到优化到再实施。

看完22所入围乡村学校的乡土课程实施情况的汇报，按照内容我整理出两大类——乡土调查、地方志研究类课程和种植、养殖类课程，并将其中三所乡村学校的课程产品作为案例进行详细分析。

先以贵州杉木坪完小为例，讲解校本课程开发的第一条路径——国家课程的校本化实施，具体到乡村学校的情境，就是将学校课程自主开发与实施国家课程相结合。强烈建议乡村教师在参考现有国家课程标准、国家教材的基础上，不改换主题，甚至将教材内在逻辑框架直接拿来，只对教材内容进行适应性改造，比如取舍、增删，置换成本土本乡的知识，完成课程开发和建设。

随着政府逐年加大教育投入，乡村学校目前的硬件水平并不落后，但是师资非常缺乏。政府将大量的乡村事务交给学校，学校里的很多教师都忙于完成政府事务上不了课，一些学校连凑齐六个年级的语文老师（兼班主任）都不容易。为了加强乡村学校艺术教育派去的美术老师、音乐老师，结果都被安排教语文了，为了提高信息技术水平派去的信息技术骨干教师，也被安排教语文兼班主任了。也就是说，体育、音乐、美术、品德与生活、品德与社会、科学这些国家课程，在实施中普遍被忽视、忽略。问题来了，在乡村学校没有很好完成国家课程计划，用好各科课程标准和教材资源的同时，又在花大力气尝试自主开发乡土课程。

贵州省杉木坪完小的蒋勃老师展示的学校三项乡土课程活动——不同泥土中种子的发芽实验、校园植物调查以及民间造纸术调查，在现有的小学语文、科学、品德与生活、品德与社会的教科书中都可以找到相关、相似的内容。

不同泥土中的种子谁先发芽的实验过程，是非常经典的科学探究活动，只是蒋勃老师设计的变量与科学教材中设计的变量不同。完全可以将之看作对科学教材上的实验，结合乡土资源优势的本土化改造。依此类推，将乡土调查、地方志研究的内容填入品德与生活、品德与社会"家乡"这个单元主题之中，那么在乡土调查过程中，"如何准备采访""如何做采访记录""参观要注意什么"之类的方法指导，都不再需要教师"拍脑袋"去编撰，既减轻了教师开发课程的压力，又提高了自主开发类课程的质量。

充分利用现有的国家课程资源，加上充分利用本地资源体现地方特色，两者结合这条路径不仅可以形成有乡村特色的校本课程，同时落实了国家课程的目标，提高了学校课程的整体质量，是一种扬长避短、省力高效的课程建设路径。

再以贵州省杉木坪完小和四川省广元市利州区龙王小学为例，介绍课程开发的第二条路径——打破之后的重组。

贵州省杉木坪完小组织的民间造纸术调查活动，将跨班级、跨年级的学生整合到一起，开展小规模混龄学习。在三位老师的带领下，三、四、五、六年级共20名学生参与调查活动。龙王小学的乡土课程项目比较丰富，有以农耕基地为基础的耕种体验活动，有体现地域文明的种植中草药活动，有体现当地生活特点的养蜂、制作凉面活动等。为了让更多的学生参与其中，他们在每周二、三、四下午第三节安排兴趣课，也就是乡土课程进课表，学生们可以自由报名选择自己喜欢的项目，这是参与面更大，带有选修性质的混龄学习。除了打破年级和班级，还可以以主题活动的形式打破学科界限。比如，范家小学挖野菜、采野果的活动就是科学、艺术、体育以及语文等多学科学习和实践活动的整合。

我个人最喜欢的方式，是将课表上不同学科相互隔离的教学时间进行重组。把同一个任课教师在同一班级执教的不同学科的课连堂排在一起，具体每次学习活动的时长可由教师自己灵活把握。我的课有40分钟的，有一个小时的，还有持续一个下午，甚至一个月的，弹性课段让教学活动不会因为铃声而七零八落。

我还欣喜地看到乡村学校都非常注重课程建设第三条路径的实践——多元主体参与，让教师、学生、家长、教育管理者、教育专家、公益组织、社区人士都参与进来。这次展示的乡村学校，很多活动都借助了家长及社区的力量，比如王二保小学种西瓜的活动，太平桥乡清和小学跳锅庄的活动，程庄小学寻访青龙岗传说的活动等。

课程产品展示中，一个现象引起了我的关注：当学校和骨干教师获得课程自主权，能自主设计课程，从内容到学习方式却呈现高度同质化，不是种植养殖就是采访办小报。此外，低年级进行地方志的研究，如果没有充分考虑学生的需要和兴趣，课上起来可以想象有多么艰难。一如专家们和教育管理者担忧和质疑的，赋权容易，但教师是否具有课程开发的意愿和能力？教育管理者当然不能因此不赋权给教师。解决问题的突破口在于找到并不断澄清乡土课程真正的价值，明确优势、扬长避短，让乡村教师在课程开发的过程中提高能力，并因为高质量的课程实践和课程产品，获得成功感以自我激励，"赋能"和"赋权"一样重要。

总听人说乡村学校资源匮乏，因为比对的标准是城市学校，换个标准呢？首先国家课程的校本化实施，对课程进行适于本乡本土的改造就是巨大工程，乡村学校这方面的需求远比城市学校大，开发并帮助乡村学校积累乡土课程资源，才能让乡村教育质量获得快速提升。

如果有更大的雄心，试图与城市教育平等对话乃至合作，过滤一下中国内地课程领域亟待发展的热点专题，结合乡村学校的资源优势和乡村需求，我的建议是可以尝试发展营地教育及自然教育。学校和教师在这个方向上学习提高自己，整合资源寻求国际、国内各方合作，努力在课程内容、学习方式上寻求突破，以此为契机带动学校课程的整体优化。

乡土课程有一项重要的追求，就是培养有根的孩子。如果仅仅是学习劳动技术，乡村家庭比乡村学校更有优势。乡村孩子更为需要的是通过教育理解自己的生活，接受自己的处境，愿意通过努力超拔，立志改善现状。应十分警惕以生活的名义，将小学阶段的乡村学生带入到以方便未来谋生求职为目的的学习。如果必须用"有用"将乡村孩子留在学校，请尽力让那个时刻不要太早到来。

2018年1月，建设"小而美"乡村学校项目入围学校的校长和骨干教师培训进入第五期，这次我给大家的任务是：各校梳理自己学校的课程实践，绘制课程地图——我的学校已经开了哪些课程？这些课程之间是什么关系？什么时间上？谁来上？如何评估？实施中有什么问题和困难？

梳理让大家发现自己的课程问题，并找到进一步优化改进的方向：

问题1：课程是个筐，什么都可以往里装？学校一味做加法，追热点，求新求多，不断开发新的课程，不能看到新开发的课程与原有课程的关系，没有整体意识，最后各校要么猴子掰玉米，做新的丢旧的，要么课程总体越来越臃肿，琳琅满目什么都有，却难以提高品质，且呈现高度同质。做了很多尝试仍旧散乱，不知如何形成体系。

建议：绘制学校的课程地图，梳理现有课程。秉承"少就是多"的原则，在此基础上讨论哪些做得好的要坚持，哪些做得不好的要改进，哪些有价值有意义的需要去尝试，我们的目标追求是什么。在习惯做加法和恨不得乘法的时代，跳脱出简单的增和减，不是仅追求主题、内容和流程的丰富、复杂、新异，而是意识到课程设计及实施过程中需要考量更为复杂丰富的影响因素，努力辨识认知等要素的同时，承认还有些重要因素被遮蔽，未被发现认知，找到并建立课程的整体框架，从整体入手进行优化调整。

问题2：学校的课程实践在学习焦点扩散、教师的教学方式与学生的学习方式多样性方面，还有很大的进步空间。

建议：读懂学习焦点坐标图、主要教学方式统计图、主要学习方式统计图，认识到自己的偏好，照见自己的得失。当下，中国内地学校现有的课程实践三个方面都偏左和极左，要试着向右慢慢移动重心，不是推翻原有的经验和实践，不是不用原来的教与学的方式，而是让学习焦点从集中走向分散，教与学的方式更加多样化。看各种经典案例，不停留在复制主题和内容上，而是看到其课程实践中学习方式的多样，这是比简单的复制内容流程更值得学习的。学生喜欢游戏、体验、参与、操作、展示，这些教与学形式不是做了有了就行，要多一点再多一点。

问题 3：大部分项目学校自主开发的课程都是基于学科拓展，且没有处理好与国家课程的关系。

建议：把国家课程校本化做好是一条路径，可以在充分讨论的基础上，将部分低效重复的自主开发课程中的知识技能部分和国家课程的实施进行整合，降低自主开发类课程的人力及资源消耗，也将学科拓展类课程从知识技能传授转到围绕丰富学生体验，增加学生参与度，让学生在做中学、做中悟上来。如果想走主题式教学这条路径，则清理、合并、删除部分现有的自主开发课程，以获得足够人力、时间和资源，将主题式教学作为提高教师课程设计和实践能力的突破口。不论哪条路径，适应校情就好。

问题 4：课程实践过于随意，基本是想开什么就开什么，什么新什么流行就开什么，所以总是为难如何日常化，觉得自己资源不足。

建议：拿最好的个别学生和少数作品来证明课程质量好、有效果是没有多少说服力的。课程的内涵复杂丰富，是多方互动协作的结果。找到自己的优势，用好现有的资源，做当下能够做好的，其余放入中长期规划，逐步升级——提高教师的专业素养，积累各方资源，等待时机。

丁　方

做课程观察和分析，一般先拿到课表，算一算各个学习领域的课时数和所占的比例。然后整天待在同一个班的教室里随班听课，观察记录教室里、师生间发生的一切，记录每节课的学习焦点、统计教师教学方式和学生学习方式的偏好、各学科常用的教学流程等。

业界有人将这种观察评估方式概括为教育临床诊断技术。在我，是想借此了解学生的在校时间如何分配，了解教师的工作内容和工作方式，学生如何学习，与教师和学生一起感受，这样的安排让师生收获了什么？又付出了什么？

接下来是与各方的深度会谈，任课教师、学校管理者、校工、家长、学生……了解学校的办学历程、办学特色、师资队伍情况，弄清个别的或集体的，觉得好的或觉得不好的，还有最希望改变的……

大量的信息经过汇总整理后，既可对学校现有的优势和问题进行把脉，也能尽可能清晰地标注一个供未来比照的起点。一般会聚焦课程的灵活和开放程度，持份者的需求与困难，教学焦点的分布，教学方式和学习方式的多样化等问题，然后在学校管理者、教师、家长和学生之间，争取一个能够最大程度共赢的暂时性共识，并让各方接受。我们会协助调整形成新的课程方案，而且新的课程方案实施一段时间之后，还会继续调整，不断更新变化才是正常。

首先，学校管理者要作出改变。既然课程方案是充分讨论之后现有状况下的"最不坏"的决策，就要在方案实施之前通告各方，主动澄清利弊，争取理解和支持，而不是等问题出现了，被质疑专业精神和专业能力了，再被动地解释，这只会被当作狡辩。因此，学校每个学年都要主动召开面向教师和家长的课程说明会，对过去一年的得失进行总结反思，主动告知课程将进行哪些调整和为什么作出这样的改进，并就大家担心的问题作出解答。

其次，作为课程统筹者，我会努力与教师、家长建立相互信任的关系。学校管理者容易从自己的好意出发，罔顾家长、学生乃至教师的感受。很多时候教师都能敏感地发现问题，但是未必能准确表达。作为儿童代言人的非专业人士，家长的立场特别容易动摇又格外固执。我作为第四方，可以转译各方的诉求和疑虑，也要有足够的耐心和能力，为教师、家长、学校管理者提供行动建议。

表1 某课程实验班一、二年级原周课时分配

1. 必修课：

母语授课约22课时	阅读（语文）	自主阅读	品德修养（班会/品德与生活）	数学	合唱	体育	国际理解儿童哲学	晨诵书法
	7	1	1	5	1	2	1	4
英语授课共16课时	英语语言	英语美术	英语科学	英语信息	英语数学	英语音乐	英语体育	英语整理	英语阅读
	5	2	2	1	1	1	1	1	2

2. 选修课/社团活动（母语授课）：
- 一年级周二下午开设围棋、儿童画，周五下午开设合唱和游泳，折合约每周4课时；
- 二年级周四下午开设芭蕾、击剑，周五下午开设围棋和书法，折合约每周4课时。

3. 校外实践活动（母语授课）：
- 每月一次，每次半日或者1日，折合约每学期4～8课时。

下面选取几个观察和访谈中记录的有意思的问题：

- 实验班中，没有一个孩子的家庭有小学和初中阶段出国留学的计划，这意味着他们未来都将面临小升初的竞争和中考的筛选。
- 家长觉得外籍教师教美术、体育专业性不够，但又不愿意减少外籍教师的周课时数。
- 所有任课教师都表示，带实验班压力很大。因为家长认为既然比别的班收费更贵，理应得到更多更好的服务。学校管理者则是希望实验班的各项表现比其他班更好一些。

- 品德修养（班主任兼任）的课程内容最为复杂。学校规定每月1次家长课堂，每月1次国家课程"品德与生活"，每月1次学生发展评价，每月1次规定主题的专题教育。以上学习内容学校均有巡视检查和教案检查。

- 数学教师群体是对时间和效率最为焦虑的群体。他们的口号是必须"堂堂清"和"日日清"，教师的课堂教学过程非常简练紧凑，除了必要的讲解指导，都当堂完成书上练习并批改。不能当堂完成的同学和需要订正的同学，课间老师会站在教室门口督促至完成。

- 助教在外籍教师的课堂上主要负责课堂管理，外籍教师也会边教学边管理课堂，比如外教让某位同学到教室后面去罚站，助教就会过去解释重申规则，然后让他回座位。部分外籍教师对纪律的要求很严格，与中方教师比较几乎没有差别，会非常生气地没收被当作玩具的学具，很大声地喊叫"one-two-three"让学生坐端正。

- 外籍教师在上语言课的时候，是按照教科书呈现的内容顺序逐一完成的，他们都使用教科书配套的资源，比如电子讲稿授课，没有任何发挥，与非实验班的课上起来几乎没有差别。

- 外籍教师执教的科学、数学有教科书，前者为引进国外教科书，后者由学校中方骨干教师编写。外教多次提出这两个学科的教学非常困难，希望作出改变。课堂上，外教都是先教新单词，反复带读，然后开始做实验或做练习。科学的概念学习太多，许多单词日常并不常用，学得不易，用得不多，掌握不牢，外教有深深的挫败感。

- 外籍教师非常喜欢体育、美术、音乐和信息技术课的教学。教学流程都是先用10分钟左右学习规则或者所涉及的单词、短语和句型，然后开展游戏、绘画、手工、唱游等活动。

- 音乐课上所教授的英文歌曲、歌谣部分来自英语语言教材，算是教材上音乐活动的深化拓展。其余学科的教学内容则完全由外教自行开发，寻找内容，设计并组织教学，受到外教自身的兴趣偏好和能力所限。比如美术课讲授色环、补色等知识，是国家课程美术中年段的学习内容，被放到二年级下学期学习，对于学生来说难度很大。外教的体育课都是玩一个游戏，活动区域大，孩子们在整个操场上奔跑活跃。
- 助教认为每周1课时的整理非常有必要，起到了查漏补缺的作用。英语阅读指导课有统一的阅读材料，但是学生们缺乏英文的自由自主阅读。
- 国际理解每周1课时。完全由教师自主开发，任课教师虽资深，仍表示压力很大，而且一周1课时完成一个主题，课时容量有限，似乎也做不了什么。

梳理和讨论之后，各方形成暂时性共识：

- 既然课程实验班的所有学生都没有短期出国留学计划，意味着需要在落实国家课程与完成英语语言学习目标上达成新的平衡，以缓解小升初和中考带来的压力和焦虑感。
- 外籍教师的优势是提供浸入式的英语学习环境，与学生建立与中方教师不同风格类型的师生关系，但是他们在落实国家课程的课程标准上，处于劣势。因此，扬长避短，确定外籍教师"教什么"和"怎么教"非常重要。
- 课程实验班的学生入学时并未经过特别的考核筛选，在语文、数学和英语语言的学习中，周课时数、教科书和配套资源完全一样，如果教学方法差别也不大，那么书面考试成绩的合理预期，应与其他班级相当，而非明显领先。

表2 某课程实验班调整之后的一、二年级的周课时分配表

能力课程	语文	自主阅读	晨诵/书法	数学	音乐	英语语言及整理
	7	1	4	6	2	5+1
综合课程	品德修养	科学	美术	科学	信息	体育
	中教综合 3		外教综合 6+3			
拓展课程	选修	校外实践				
	4	1（合并使用）				

● 母语授课：每周约 23+5 课时；英语授课：每周 15 课时。

在此基础上，调整了周课时的分配方案（见表1、表2），并重新规划课程内容和教学方式，试图改变课时过于零散造成的低效，重点通过综合课程建设，给予教师们更大的课程自主权，来提高课程的适应性，让教师在依据学生需要和兴趣设计课程中获得积极体验。

● 专业性较强的音乐学科安排中方教师任教。

● 将国家课程的品德与生活、科学与学校自主开发的专题教育、家长课堂、学生发展评价等合并成中教综合。将原来外籍教师零散的英语美术、英语科学、英语信息、英语体育合并成外教综合，其中英语体育的每周3课时属于不可侵占的单列部分，以保证学生的室外活动时间和运动量。连堂排课，并鼓励外籍教师以月为单位，弹性使用外教综合课的课时。提倡少量主题深度覆盖，让学生多参与、多体验，多动手做。

● 不再要求外籍教师写分课时教案，只需要以周历的形式，按月提交每日的教学主题和教学流程。关心教室里实际发生的事情，而不是教案本身。

● 外籍教师轮流担任每月专业发展活动的中心发言人，负责调查、整理、发布当月每位教师的最佳主题设计。通过分享促进专业发展，提高外教综合

课的质量。

- 外教综合课涉及的原有教材内容改为选用性质，提高教师的课程自主权。
- 邀请教学专家主持工作坊，让外籍教师以学生视角感受体验学习过程，提高外籍教师课程设计和实施的能力。
- 明确助教不负责维持课堂纪律，而是负责课堂观察和记录。特别强调要关注每一个学生，留存每一个学生的活动照片和作品。

关于实验班课程与教师发展，我专门写了一份报告，其中有几条具有普适性的建议：

第一，通过小班化教学的研究，体现小班额的优势。

晨诵的时候，A没有书，他看了看组内的三个同学，没有主动凑过去，而是搬起凳子移去另一组，很自然地加入进去。他自行解决了问题，因为学生数少，他的跨组并未造成教室里的混乱，老师没有制止。

整体来说，30人的教学班，教师上课时的嗓音比45人的班级更加轻柔，态度温和而友好，在课堂组织上会留给孩子们许多自己解决问题的空间。那些未经教师允许离开座位、讲话、玩东西而被教师指正的课堂行为，不论是强度还是频次都更低。

随机访谈中，也有教师谈到觉得课堂上举手响应的人不多，课堂气氛不够热烈。教师们也承认，课堂气氛热烈和热闹并不代表良好的教学效果，真实发生的学习有时就是安静而内在的。教师们感受到差别是好的开始，超越对热烈气氛的追求，利用好小班额带来的更多的时空，给予孩子更多自由自主学习的机会是今后需要研究和实践的一个重点。

第二，双师教学模式的探索，重新定义助教在课堂上的作用。

外籍教师上课都会有助教陪伴，实践中主要承担课堂组织管理的工作，但很多外教很自然地在教学中带入了组织管理教学行为，也就是说，课堂上会出现两个中心。一年级某班的课上，外教和中教各操作一个评价系统，外教主持的活动在黑板右边有个小组表现计分表，中教对学生表现的评价回应评分表在黑板的左边。两个人既有合作也有潜在的不被双方察觉的竞争。对课堂管理的焦虑情绪，使得有些中教急于制止他们感到不当的学生行为，客观上有时能起到帮助支持作用，有时则没有，甚至对课堂氛围有破坏干扰。

外籍教师的教学语言是全英文的，但是孩子们理解起来困难不大，需要中教讲解和翻译的频次让人意外的低，仅仅一两处甚至整节课一次都没有。

课堂上，外教请各组依次上讲台展示，到第三组的时候，他们出现了问题，4个同学完全弄不清每个人的角色分工，茫然地站在那里看着外教。C老师很自然地将4个同学带到走廊上，指导重新分角色，主持练习，等教室里第四组展示完毕的时候，第三组回到教室进行展示。"花开两朵各表一枝"的方式既解决了第三组的问题，又保持了教学过程的完整流畅。这种助教和外教的默契合作，是一种更高级的相互支持的方式。相应的，在有两位老师同时工作的课堂上，外教和助教可以在哪些教育教学活动中开展合作，有哪些合理且能收获更好的教育教学效果的互动模式和合作模式，是可以探索和研究的项目。

第三，教学方式多样化和学习方式多样化是后续的着力点。

我听过的课，单看都没什么问题，以40分钟为单位，教学目标明确，环节清晰，但是整理归纳就会发现，中外教师几乎都是一致的"复习—新授—练习"，或者整节课都是完成各种练习，教学方式非常单一。这当然可以培养学生比较好的节奏感和安全感，但是学习活动缺乏期待和惊喜，容易导致学生缺乏学习热情，应引起足够重视。

需特别说到的是外教执教的体育、美术这类在低年段非常强调身心体验的课，也都是语言学习的课堂模型："学习新单词、新句型——开展活动"。外教执教的科学因为教科书中缺少探索活动，课堂模型固定为："学习新单词、新句型——教师演示实验"。音乐课的模型则是："听、看视频，听我跟唱、表演——

跟我一起唱游——大家一起唱游"。外教非常投入热情，课堂也具有感染力，但是让教学方式更为丰富多样，让学生对未知具有更多的热情与好奇心，应该成为更为明晰的追求。

此外，以单课时为计量单位的目标确定方式，使教育目标陷入太过具体琐碎，缺乏整体图景的教师，特别计较一时一科的得失，教师在面对学生的问题时容易紧张焦虑。每节课目标都很清晰，看似"堂堂清""日日清"，却容易陷入一种高度筹划的低效，因为儿童的认知规律和成年人不一样，对于具体目标的执着容易导致教师忽视造成学生学习问题的原因，变得急功近利。

建议在部分学科的重要问题上，提供给教师一些整体性的目标清单，像学习方式的清单一样，提倡教师时常回顾、反省、调整自己的教育教学重心，把眼光从一节课扩展到一个学科、一个学段。同时，将目标研制过程看作一起学科学习、讨论、达成共识的过程。

在新的课程方案执行一年后，我再次对实验班的课程实施进行观察评估。这次受访各方不约而同提出的新问题是：教师之间能力及工作态度的巨大差异，导致的学生学习效果的巨大差异。

我则通过分析，指出过度依赖教师的个人素质，说明学校在管理和专业支持上需要更多投入。管理是帮助教师明确责任范围，知晓应该做什么，不应该做什么——这里要注意避免对教师教学的过度限制，进而妨碍他们的创造性工作。专业支持是帮助教师理解什么是好的，并提供各种支援，帮助教师把事情做好。两者要求取平衡，而不是强调某一方面。

因此，作为学校的课程领导，我们要做的不只是应各方诉求聘请更优秀的外教，而是首先要明晰外教及助教各自的职责，并于工作开始之前在双方在场的情况下，履行正式告知义务。其次，将对外教的管理纳入学校日常管理之中，帮助外教及时发现问题并调整，不将这一责任转给助教，他们不具有管理外教的正当性。第三，外教普遍不具有多学科教学的专业背景，因此在体育、美术、信息，特别是体育方面，需要给予专业支持。每月组织一次专业发展活动，每位外教发布自己当月最佳的主题设计，现场接受大家的质询，通过分享交流，提高大家的课程设计能力。由资深的体育、信息、美术专职教师，推荐当月活动主题，带领全体外教在参与体验中学习如何设计组织各个领域的学习活动。

学校课程设计与实施，是从采集和分析开始，努力建立整体、持续的反馈循环，通过与各方不断的互动合作，发现并理解有关学生学习的影响因素，重新设计学习任务的循环过程。

说个有意思的发现：与几十所学校开展课程实验的合作，实验班课程在学校管理者、教师和家长的感受中，与非实验班差别很大，同时，自己学校的教学实践与其他学校的差别也很大。但事实并非如此。

首先，从学校管理的角度，科层制、逐级下放任务仍是主流，因此仅仅部分甚至少部分教师参与课程变革，被动、内心充满疑虑非常普遍。

其次，教师的专业发展方面也是采取大学科组开展研究和实践，并未有针对性的专业发展支持。管理者的大而化之和一厢情愿，导致教师个人端获得的专业支持无效和低效。

第三，语文、数学、英语三科，使用范围最广的是人教版教科书，其配套资源也就是一套教学用PPT，运用率自述在80%左右，这意味着这三科在教学内容和教学流程上，城市与乡村、名校和普通学校乃至薄弱学校，差别并不大。而学生学习效果的差距，主要体现在教师对重难点的把握、教师对学生的理解力、教师责任心、学生学习能力、家庭支持力度、拓展活动的丰富性及质量等等因素上。

第四，学校自主开发课程集中在德育、阅读、艺术和乡土课程四个领域，呈现高度同质化。

在中国内地，不惜一切地择校究竟在择什么，真是耐人寻味的问题。而一厢情愿地把对教师的专业支持，主要落在如何上好某个课例上，则是对教育问题的简单化，事实上也确实收效甚微。

07

在其外与在其中

——以语文为例谈谈国家课程的校本化实施

更多更快更难

喜欢旅行的我,每到达一处特别之地,喜欢打开手机的指南针功能,用截屏的方式记录下自己所在地的经度和纬度。用经纬度标识所处位置具有唯一性,这是我在文字和照片之外的另一种记录行走的方式。当然,这种喜欢的前提是:我的脑海里有一副完整清晰的世界地图,从某个点向着四面八方都是什么我大致明了,此时经纬度之于我不是一组数字,而是一种情境,一系列的关系。

作为一个喜欢读地图的教师,我希望对于自己所处,心里有幅大致的整体图景,对自己正在做的,还想做的,那些优秀的同行们正在做的,还想做的,各自在这个图景中处于什么样的位置,与周围的关系如何,有所觉知。我以为这很重要。

中国内地的语文教学，教师绝大多数的时间和力气都用在阅读和写作教学上，二者再来比较，阅读教学用时着力更多。那就先说阅读教学，我从阅读对象的文本数量从一到多，体量由小到大，大致勾勒出整体图景。

一文精读精讲

一文精读精讲是我们最为熟悉的了。

首先，内容很熟悉。从我读小学开始，如今30多年过去了，以人教版为例，不少课文这么多年来一直被一代又代的学生学习着。我们可以从这一点看到语文实在是个非常注重传统的学科，被认作"经典"的文本不会也不能被轻易替换删去。

其次，教学流程很熟悉。先识字，把字音读准，课文读通读顺。老师再逐段讲解分析。最后布置作业，听写组词检查字词是否过关，填空、问答看学生是不是理解了字词和课文要义……到了高年级有时还有分段，概括段落大意，写中心思想。这时候的讲解分析就不再是按照自然段，遇到一些特别的段落，分段概括大意就得折腾半天。这种教学流程，随着作者的叙述线索展开教学，即使文章本身有独特的内部逻辑线索，结构布局特别，教法大多也还是线性的。不同的课文，教学的流程变化也不大。

现在还这么教，会被认为落伍。

首先是识字教学的变化。起先作为必须精确掌握的知识技能，拼音和拼读折腾新入学的孩子达半学期之久，后来经过多年的争论，好不容易弱化了，仅作为识字正音的工具。如果你再拿一张带拼音的生字卡片出来，指名读、开火车读、男生读完女生读、全班齐读，最后去掉拼音再来几遍花式认读，也不是不可以，但是更符合潮流的做法是：将这些字放在文本中，也就是语言环境中，去认识理解，这大大降低了对拼音的依赖。原来要求学生精确掌握字义，现在宽松多了，虽然还是教学生查字典，但是允许推测和凭感觉，书面考查时意思差不多也行，不再要求释义必须与教科书、字典上的一模一样。

这里要带出一个阅读教学的变化——"以读代讲"。不论是字词还是句段，时兴的做法不再提倡精确地逐字逐句解释、翻译，而是认为你读过或被老师引导着花式朗读之后，就能感受到作者或者教师希望你感受到的，理解教师希望你理解的。我们来体验一下"我理解了"——请读读这句话，试着把"理解"的感觉读出来。谁愿意再试一试？很好，老师听出来你确实理解了。

除了越来越注重整体感知，识字教学还越来越重视发掘汉字作为一个文化符号的历史文化内涵，教师开始带领学生学习字源。在文字学范畴内追根溯源，从一个构件、一个字，理解人们当初如何造字，如何为这个符号不断注入新的内涵，从历史和文化的角度发掘字的意涵，发掘识字教学的价值。以小见大，这种变化可以作为语文教学发展的趋势。这条路一直走下去，一个字或者一组字意味无穷，雪球越滚越大，然后变成以字率文的阅读教学和写作教学，很有历史感很文艺，我觉得也挺好的。

前面说到了阅读教学中的"以读代讲"，再说说"长文短教"。先交代为什么文本会越来越长。在有限的课堂时空里，挑战更长的文本——意味着难度更大，与体操界曾一度对难度系数的执着追求，与我们所处的时代对效率、效能的狂热，高度一致。也可以说，在知识爆炸的时代，快速处理大量信息是必须具备的能力。

在有限的时间空间里，挑战更长的文本，当然不能均匀用力，不留一处死角地逐字逐句讲解。找出本文中的关键句段，从此展开教与学，此时，教与学更多考虑的是教学的目标、重难点的确定，如何围绕教学目标和重难点确定详略、分配时间。这种注重分析文本内在结构、思维逻辑的倾向，可以作为语文教学发展的另一个趋势，越来越注重发展学生的高阶思维。

"以读代讲"赋予朗读教学更丰富复杂的价值目标，"读"从读正确、读出感情，发展到一种文化艺术活动，"读"的教学也因之显出多领域融合的特点。重视朗读训练，就是重视学生对字词句段篇的身体感受和感悟，而"诵""吟""演"的日益兴盛，则是试图将音乐、戏剧、舞蹈表演等形式，当然更重要的还是历史和文化融入语文教学之中。你看，我们的语文教学越来越具有肩负艺术、历史和文化传承的自觉了。

阅读教学里还有一个边缘领域——"听说读写"结合。这没有什么新意，但是非常重要，浓缩成"读写结合"大家可能感觉更亲切些。这个话题虽然并不够新，但确是可以不断实践，不断更新，并且值得深入挖掘其更大价值的领域。还是说效率追求，"读写结合"就是难得的省时省力，同时提高阅读和写作教学效能的好做法。后面我们描绘写作教学的图景时还会提到它。

群文互文阅读

追求提高阅读的难度、深度、广度，除了增加文字量的挑战长文，把内容或表现手法等方面具有某种关联的几篇文章形成群组，也是当下被认为的前沿的探索。换个说法，你可以理解为将原来比较放任自流的作为课堂阅读教学拓展延伸的课外阅读，纳入到课堂教学之中。

激进的群文阅读教学实践，完全就是教师自编语文教材，定主题，选一组文章，阅读教学实践中讨论几个关键问题，然后再优化。比如深圳的严凌君，他当年的《青春读书课》算是中国内地较早、质量很高的教师自编语文教材了。但这不是大多数公立学校语文教师喜欢的状态，因为他们既没有这个意愿，自觉也没有这个能力干这种累活，他们更愿意用专家们编撰的现成的教科书，心里觉得踏实，负担也更轻。

较为折中的做法，就是仍然以主流的语文教科书为基础，进行课程重建。一种是在某个局部添加删减，也就是尝试在一两个学生和教师有需要、有兴趣的主题单元内删掉不合适的，再另外增补，完成这个主题单元的教学。另一种是，还用这些课文，但是全部按照学生和教师的需要兴趣进行重组。有的是将某个年段某个学期的一册书拿来重组，有的则是基于小学六个年级全学段的视野，进行全学年或者全学段的重组。相当于把语文教科书作为一个文库，教师把一篇篇课文当作一个个碎片，按照自己的理解和设想进行编排。做得比较早比较深入的是蒋军晶。

这种试图体现学科独特价值，整体把握学科教学目标，整体把握教材，参与课程内容建设的努力非常宝贵，能走出过度拘泥于文本、过度诠释教科书的窠臼，朝向学科目标，探索更适合"我"、适合"我的学生"的教学方案。原有的教学方法、学习策略都可以继续用，原来觉得可用可不用的学习策略，也因此变得非常有必要，比如勾画批注。

群文互文阅读不再一味强调知识的精度，不再将文本大卸八块细嚼慢咽，在速度、广度、深度上有了不同追求，更突出强调比较、分析、归纳、推理、批判性思维等高阶思维的发展。此时，因为文字量成级数增加，因为追求速度，学生需在数个文本间快速跳转，原来仅作为语文学习方法教授的，不作为强制要求的勾画批注，变得越来越重要。学生需要通过勾画批注把握重点，将自己的感受及时记录下来。思维导图，这种思维可视化工具用来呈现文本的内在结构和文本之间的各种关联也受到追捧。不止语文，所有的学科都开始注重发展学生思维。其实，写作文提纲、解应用题时绘制线段图，也是一种通过思维可视化帮助理解和思考的策略，这方面我们不乏经验。

整本书阅读

真正的读书人并不喜欢读删节得来的精选文集。你可以认为精选因为浓缩删改，毁了原著，败了口味，如果全是最好的就无所谓好不好了；也可以认为精选损害了文学作品的丰富性、复杂性、节奏感，被剔除了杂质的阅读，不利于提高学生的文学欣赏水平。还有一个原因，就是少数更有雄心壮志的教师们认为只要文本合适，方法正确，从小学开始整本书阅读并非不可企及的难事。他们要带领学生读原著，读整本书，以此提高学生的阅读能力和文学欣赏水平。

这里我们不说具体的整本书阅读策略，而是说说专题研习。2001 课程改革启动，增加了一个很特别的学科——综合实践活动。这门国家课程，只有各种很难被落实在实践中的资源包，没有课程标准，指导纲要也迟迟未获得通过。早期它一直在试图分辨自己与校本课程和其他学科课程的关系，例如，语文学科的教师自己开发一个主题，用语文课的课时开展专题研习、研究性学习，其实就是让学生像大学专业研究者那样，细读文本、分析文本。这究竟算不算综合实践活动？我不想阐述这个学科存在的合理性和必要性，我看重的是，教师如果能够不再纠结一两个 40 分钟的教学流程设计，能够在一个相对更大更完整的时空里整体考虑更为丰富的教学内容，更为复杂的教学过程，是非常必要和重大的进步。

所以，当整本书阅读作为语文教学的创新举措被提出、被探索的时候，我并不急于厘清它与专题研习、研究性学习的关系，而是希望整本书阅读的探索能够被放在一个比课例研究更为丰富复杂的语境中来理解和推动。更为丰富复杂的学习材料，为课程与教学提供了更多可能。这里顺便向实践专题研习近 20 年的吴泓老师致意。

巴洛克风拼图块

绘本阅读教学得拿出来单独说说。

绘本的阅读教学在这十年里发展迅速，即便如此，原本适合所有年龄读者的图画书仍被大众误认为只限于低龄儿童早期阅读。虽然这个领域十分热闹，出版机构、儿童教育机构、作者、教师、家长、学生多元主体参与最为充分，单本精读、多本形成群落围绕某个主题阅读，阅读前根据封面猜测主题、角色，阅读中分析、预测、表达，阅读后情节、情感、思维延伸等多元阅读策略得到广泛实践，但其发展空间仍然很大，在我看来，绘本阅读在阅读教学中所占比例远远不够，我们对于图画书这种文学与艺术结合得十分美妙的阅读对象，仍可以寄予更多、发掘更多。作为一个好故事的图画书、作为艺术品的图画书、作为话题的图画书……其引发的阅读和由阅读再次引发的教育活动，比如疗愈，比如组织教学的功能等，还可以更丰富一些。

与穆培华兄交流得知，华德福教育和蒙台梭利教育以前并没有与公立学校对应的语文课。从低年级开始，学生学习字源、书法，有吟诵、背诵、默写诗歌，还有融入到其他各领域学习过程之中的听说读写实践，以历史、地理专题的学习最为突出……我们讨论的是：这样的母语教学不是文本细读、文学欣赏意义上的，也不在写作技巧上着力，那么低龄的孩子们因为识字量较少，影响阅读的兴趣和能力提升，是否需要改善？孩子们提笔容易写错字是否需要予以干预？2018年5月，我在郑州参加华德福教学大纲修订交流时了解到，主课中已经增加并突出了语文板块，以提高孩子们的语文素养。至此，要不要改的问题依然可以悬置，但实践中，华德福的老师们已然选择了更为平衡的方式，向本土长期以来对语文基础知识和基本技能的强调作出了妥协。

华德福教育虽然没有我们这样的语文课，却让所有的学习都与母语学习有关，而语文教学的创新者们从语文出发，试图涵盖越来越多的学习领域，这两种实践仿佛两极，又异曲同工。

加上这几块形状不规则的拼图，内地语文教学的整体图景就算大致完成了吧。

不拘于一城一地的得失

一位立志要在语文教学领域实践创新的内地同行，一定让我给他点建议。我从识字教学的字源学习，阅读教学的绘本阅读、群文互文阅读、专题研习，一路说到写作教学，最后发表了几句感慨。

从需求的角度考虑，写作教学前景更为广阔。写作教学比阅读教学的产出更难以预期和把握，而不确定性越大结果越不可期越难控制，教师和家长的焦虑必然越多，越希望获得帮助。

从数量上来说，阅读教学做得好的教师比写作教学做得好的教师多得多，看看每年的公开课课型，识字教学、写字教学（含书法教学）、写作教学、说话课等加起来远远赶不上阅读教学的开课数量。刚性需求加上竞争不激烈，从近年写作教学研究和实践发展的迅猛，大致可以预计写作教学成为当下和未来热点的趋势。

从质量上来说，围绕应试的写作教学，在校外培训机构的参与下，容易变成数字数、套路化的"表情+动作+对话+心理活动"，浮华的文字掩饰下思维和情感虚伪孱弱，与真正意义上好的写作相去甚远。对比阅读教学的异彩纷呈，写作教学还应有更为精细丰富的探索实践。

给中国内地写作教学描绘全景图，如下图所示：

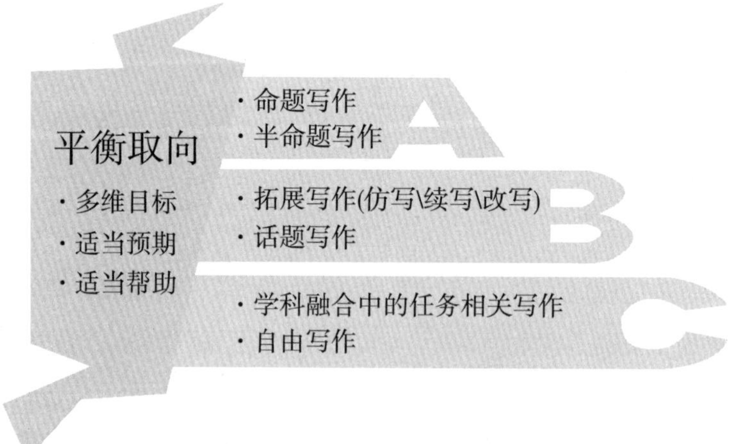

平衡取向
· 多维目标
· 适当预期
· 适当帮助

· 命题写作
· 半命题写作

· 拓展写作(仿写\续写\改写)
· 话题写作

· 学科融合中的任务相关写作
· 自由写作

图1　中国内地写作教学全景图

命题写作

仍然是从大家最熟悉的说起。写作，小学阶段主要还是命题和半命题作文，它们都是对写作内容作一个限定，都是命题。语文课程标准明确指出，小学阶段以记叙文为主，所以实践中不过是写物、写景、写人、记事。

写物、写景大多集中在起步阶段，抓住特点、按照一定的顺序观察和描写事物和景物。高年级再进一步，托物言志、借景抒情，只要情感态度符合主流价值观，物和景的特点与由此引发的思考和情感关联紧密即可。写物、写景属于并不难写但是很难出彩的类型，堆砌好词好句，一通比喻、拟人、排比可写出一般意义的"好"，想写出些作者的独特感受很难，所以多写几次容易发腻。

写人和记事关系比较紧密，写人一般都要通过二三事表现人物特点，记事过程中主人公的特点随着事情发展而得以展现。脑子空空不知道写什么，事情经过自己心里清楚却写不清楚。不知道"写什么"和不知道"怎么写"，这两个问题是最大的难题。帮助学生积累素材，指导他们怎样把一件事情的经过写清楚让人明白，是教学的两个要点。

教师的困惑在于：我指导得细致点，一段段讲，写出的作文千篇一律，我若放手让学生们写，能力强的学生还是各种好，能力弱的学生完全动不了笔，我究竟应该照顾哪一边？我身边主张放手的有之，主张精心指导的有之，不论教师向左还是向右，家长都有质疑：

"老师只管布置，可我们家孩子不会写啊，基本都是我们说一句孩子写一句，甚至我写他抄，我不知道这样教对不对、行不行，反正折腾得一家人都累死。"

"老师规定了写几段，每段写什么，写多少字，这样太机械了，限制了孩子的思维和表达。"

这个两难问题，等全景图画完，再来回复。

拓展写作和话题写作

先说拓展写作。如果将阅读的文本作为范例或者材料，我们模仿其写作的手法叫仿写，这是写作教学的一种方式。常用的还有阅读文本之后续写故事和改写故事，如果学生能够完成，说明学生既能够阅读理解文本，又已经掌握一些表达方式、写作技巧。这类写作任务，通常在语文教材课文之后的练习里出现。

再说话题写作。它只在语文教科书的单元习作里偶尔出现，因为材料（故事）可以多元解读，对同一材料，学生可以有不同角度的理解，算是对写作内容只作一个大概的要求，有时还允许学生自由命题。中考和高考的供料作文，也叫材料作文就是这一类型。将阅读的文本作为一个话题，在阅读教学之后谈感受、说理解，就是话题写作。

我将拓展写作和话题写作放到一起，从"读写结合"的角度来说。阅读教学中，必然涉及理解文章内容，学习文章的表达方式、写作手法，着眼于认知和理解的阅读，与需要输出自己认知和理解的写作结合，是再自然合适不过的事。写作还可以看作运用，用来评估阅读教学的效能，同时学生的作品又可以用来评估写作教学的效能。

如前所述，拓展写作和话题写作，看起来并不是什么创举，但"读写结合"在日常的教学实践中我们做得并不多，教师的理由多数是"我们没有时间"。其实，正是因为时间有限，而"读写结合"能够同时提高和评估阅读教学和写作教学的效能，因此我们才要更多地去做。

教师常常担心学生写不具体，所以总是在文章的篇幅也就是字数上作出硬性规定，事实上很多学生并不清楚教师的意图，却养成了为凑数没话找话、故意啰唆的毛病。拓展写作和话题写作，最初完全可以不作篇幅上的考虑，小练笔的标准是有话则长，无话则短，"我有意见要发表""我手写我心"。因为小，可以当堂完成，可以增加次数，将阅读教学中的通过教师讲解帮助学生理解转变为创造机会让学生运用帮助学生理解，通过"读写结合"将教学的重心从重阅读轻写作，挪到读写并重相互促进上来。

学科融合中的任务相关写作和自由自主写作

写作的重要性，应放在所有学习领域里去考虑，而不是像现在这样，连在语文学科教学里所占的比重都不确定，实践中老师们都或多或少地放任自流。

有香港同行整理了学校所有学习领域的各种学习活动（见表1），学生在这些活动中的经验感受都是写作的素材，问题是是否被有意识开发并积累下来。更重要的是，很多学科的学习过程中都有写作活动，如论文、研究报告、采访提纲和采访后整理的报道、剧本、影视脚本、活动方案、观察日记、实验日志、学习记录、自我评估……"写什么"和"怎么写"这两个难题，在学科融合的视野中将一并得到新的解决路径，问题是，教师意识到了吗？

表1 学生各领域学习活动一览

较传统、完全依靠纸笔			较多利用表现、过程及作品		
正误题	清单	口头提问	摄影作品	歌唱	日记及日志
配对	问卷	口头访问	美工展品	舞蹈表演	学习记录
多项选择题	阅读	说故事	计算机图像	乐器演奏	作品选辑
填充题	书评	诗词朗诵	录音带制作	主题活动	资料册编制
短答题	诗词写作	口头简报	录像带制作	运动	同侪教学
图表标示	建议书	讲解	计算机档案制作	推广活动	学习历程档案
抄写	论文	戏剧化演绎	模型制作	多媒体综合简报	自我评估
绘图示意	小说创作	角色扮演	实物制作	科学实验示范	检讨及反思
概念关系图	剧本编写	辩论	科学实验	戏剧演出	小区服务
数据图表	研究报告	小组讨论	多媒体集体创作	综合表演	社会行动

比如与科学融合的自然笔记，语文老师和科学老师各自为政。我分别看过科学老师指导的版本和语文老师指导的版本。科学老师指导的版本脏乱、潦草，学生大多态度敷衍，但能抓住关键特征。语文老师指导的版本比较文艺，学生的图文明显要精致许多，但是冗长的文字、过度的修辞，模糊或丧失了观察活动的科学性和实用性。如果两科教师合作进行观察和写作指导，而不是各自为政各自教学，首先能节省重复指导的时间，其次大家相互学习，会在科学性和文学性上取得更好的平衡，提高写作的品质。

任务相关的写作也可以叫"做中写"，明确的"为什么写"，令任务驱动下的学生对于得到写作指导的需求真实强烈，是值得开垦和探索的领域。

我在内地服务的学校还有一项特别好的做法，每天拿出 20 分钟时间让生自由自主写作，我称之为"像作家一样写作"。教师不干预学生的选题、写作内容和进度，但是会支持学生围绕某个主题开展长期持续的自由写作，并通过展示分享来鼓舞他们。这是真正的写作，学生因为喜欢而写，因为有话要说而写，持续且有足够的容量，因此丰富和复杂，充满活力和创造力。

其实，到了五六年级，学生中间就会出现秘密写作，他们创作小说、诗歌，私下流传分享，与其让那个世界与我们平行，不如珍惜孩子表达的意愿，珍惜难得的写作练习契机。20 分钟的自由自主写作坚持下来，教师的鼓励赞赏坚持下来，学生之间的交流分享坚持下来，学生的写作会发生令人惊喜的改变。

整体规划，平衡取向

回到前面搁置的问题，教师的写作指导究竟是宜放手还是宜精细？如果教师以为写作教学只是教教科书上每个单元的习作，那么这个问题没办法回答，因为学生确实不会，他们需要帮助指导，但教师的帮助确实也是对学生的一种限制。怎么选都不好。

但是，如果教师通过"读写结合"实践拓展写作和话题写作增加小练笔的机会，通过多学科融合"做中写"提高写作指导的实效，给学生机会，让学生"像作家一样写作"，整体规划和设计写作教学，那么我们完全可以把精细指导安心放在命题写作和任务驱动的"做中写"的指导里，把自由表达、创意表达放在小练笔、自由自主写作里，依据学生的需要和兴趣整体规划设计，不断优化调整。所谓平衡取向，就是努力实现多维度的目标，让学生在知识技能、过程方法和情感态度价值观方面，都获得更好的发展。

而写作教学实践越丰富多样，越能为与之一体两面的多元评估创造契机，越能令学生在写作能力、写作兴趣、社会性发展、自我调控多方面获得更为均衡的全面发展。

精细与复杂

月报表加季报表，最后按照时间顺序仔细整理一年的服务历程档案，撰写工作总结，在此基础上，大老板黎先生一一与交流人员面谈，同事安琪笔录。这样的工作方式，记录并可以随时再现我在港所有工作的过程和成效。但过程中繁琐细致的证据收集和整理，也占用了我大量的时间、精力，让我在工作中时刻注意搜集需要的信息，一言一行都难免几分刻意。

黎先生在面谈时，让我比较香港和内地的中文写作教学，判断孰优孰劣。我指出这个问题像是一个陷阱，因为两地完全不同的教法各有利弊，于我而言，在香港的工作经历之所以宝贵，是因为它让我看到完全不同的目标追求、教学方法的得失，令我在未来的实践中有了更多选项。我不认为需要作一个孰优孰劣的判断，能在实践中，增加哪怕一个乃至多个选项，应对其丰富复杂，创造更为复杂的系统使其更具适应性，更能体现平衡取向的中文科教学原则，便是对中文写作教学的增值。黎先生赞许，认为我的理解超出预期的好。

先来半打概念图、流程图

作为"内地与香港教育交流协作计划"的协作教师,到香港教育局之后我才知道,我隶属于中文教学支持组,本年度的教学课题是"评估",项目负责人蔡一聪先生早已将内地教师分成阅读和写作两个小组,我在写作组,第一时间拿到了教学课题的理念架构图(图1、图2)。在后来的课题研究与实践过程中我发现,自己的研究和实践有意无意都包括在这个框架之内,遂对香港同行特别善于做文献综述、做概念图,有了更深切的体会。

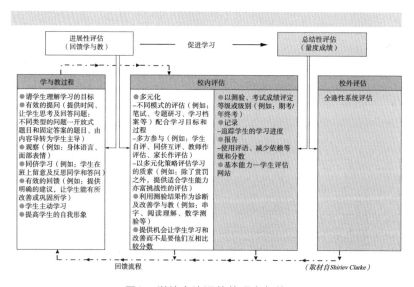

图1　学校实施评估的理念架构

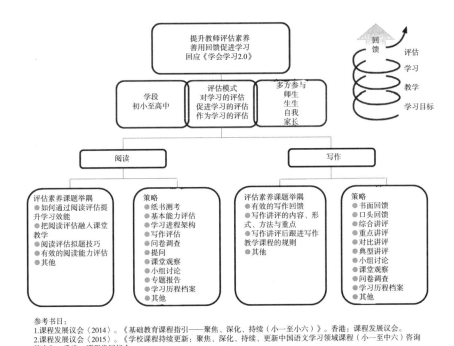

参考书目：
1.课程发展议会〈2014〉。《基础教育课程指引——聚焦、深化、持续（小一至小六）》。香港：课程发展议会。
2.课程发展议会〈2015〉。《学校课程持续更新：聚焦、深化、持续、更新中国语文学习领域课程（小一至中六）咨询简介》。香港：课程发展议会。

图2 教学课题理念架构图

通过之后历时半年多，课题组与协作学校的研究与实践，我对这个从天而降的理念架构的理解越来越深入，在将研究和实践成果进行全港分享的时候，课题组将"多元评估促进写作"这个专题的理念架构转换成一朵写作教学的"多元评估之花"（图3）。

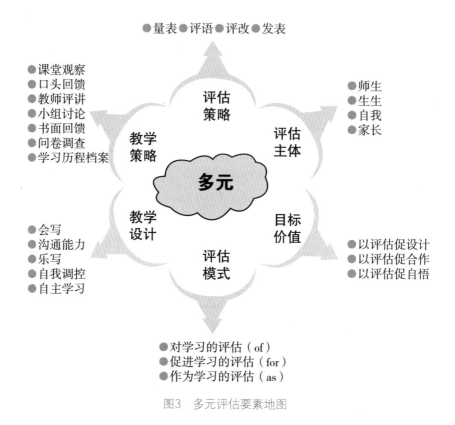

图3　多元评估要素地图

这个转换并不容易。因为香港的同行既喜欢要素图——理念框架，更喜欢清晰简练的流程图，也就是放在一个时间线上清晰地呈现操作步骤。而教育教学作为一个复杂事件，在总结提炼线状流程时，意味着既要将时间线上所有不确定和变式确定下来，又要将一些因素忽略排除。

在赴港工作之前，我认为好东西不应打折，作为实践者的教师必须努力理解教育的复杂丰富，这是不可推卸的责任，一时不懂没关系，先感受知晓，然后再在实践中琢磨体会，直至熟练运用。但是，香港人非常看重有用和实用，每次专业发展活动结束所有参与者立即填写问卷为活动成效打分："哪些经验你认为有用？""哪些经验你回去后愿意尝试？"……我并没有太多可能反复沟通，很多"有用"必须在当下,很多效果必须立竿见影。

于是,反复试讲讨论之后,终于有了一张符合香港同行预期的流程表(表1)。我试着分别从教师设计课程、师生互动、学生自主学习三个维度梳理分析多元评估在写作教学前、中、后三个阶段中的表现和功用,希望帮助教师从无意识地对学生学习进行评估,发展到有意识地主动运用多元评估策略促进学生学习,实现教师善教乐教,学生善学乐学的目标。

表1 多元评估在写作教学前、中、后阶段的目标追求

目标		前(理解)	中(互动)	后(自悟)
乐教善教乐写善写	促设计	●定教学(评估)目标、内容和方式	●流程优化	●策略提炼
	促合作	●学生理解学习的目标	●学生参与评估	●提高学生自我认同
	促自悟	●学生参与教学(评估)设计	●学生自我调控	●学生自我评估

首先,从教师层面,多元评估促进写作教学设计。

在写作教学开始之前,教师需要理解并评估外部的学习要求,具体来说,就是从理解《基础教育课程指引——聚焦·深化·持续(小一至小六)》(2014)和《小学中国语文建议学习重点(试用)》开始,理解教科书的编写意图、目标设定,再结合学生的学情,评估外部标准之于"我的学生"是否恰当,独立或者团队决策制定适合"我的学生"的教学目标,确定适合"我的学生"的教学内容和教学方式。

特别强调的是,教师在定教学目标、教学内容、教学方式的同时,须制订写作评估方案,即评估的内容和方式,将之作为教学设计的重要组成部分,教师运用多元评估策略促进学生学习首先应在这里充分体现。而目标导向式的评估将提高写作教学过程中教师的教学效能。这一阶段的评估既指对教学目标和

学生学情的评估，也指对教学过程中和教学之后学生学习的评估。

写作教学过程是教师与学生互动的过程，面对小学阶段的学童，即使是以学生为中心的写作教学，也不能缺乏教师引导乃至由教师来主导。这是一个充满不确定和生成生长的阶段，教师需要运用多元评估策略不断对学生的表现——知识技能、情谊表现、学习风格等进行评估，不断对原有的教学设计进行评估，并在评估的基础之上，不断对原有的教学设计及时调整，甚至有时候完全放弃原有方案，实时生成新方案，以满足学生的兴趣与需要。

在写作教学结束之后，教师还需要评估原有设计和课堂实践，通过反思、提炼，总结适合自己、适合学生的教学策略、评估策略，提高写作教学效能，提高自己的教学设计能力、实践能力。

其次，从师生互动的角度，多元评估促进教师主导的多方合作。

在教师开始写作指导之前，学生开始写作练习之前，让学生知晓并理解本次写作学习的目标，能促进学生学习，这也是师生合作的重要开端。将学生看作主动、能动的学习者，而不是一个被动、被评价的对象，让学生在写作教学伊始就愿意并能够和教师一起，朝向目标付出自己的努力，便能凸显评估促进学习和评估作为学习。

为了方便理解丰富复杂的写作教学过程，我们从中分离出"两种课型"写作指导课和写作评改课，并分成"三个阶段"：写作指导课上的教师指导，师生互动；学生写作练习以及之后，多方参与、多方合作的多元评估；写作评改课上师生共赏、共评、互改，学生修改作品（图4）。教师需要努力在各个阶段充分体现多元评估对学生学习的促进作用，在合适的时机让评估本身成为学习的一部分。

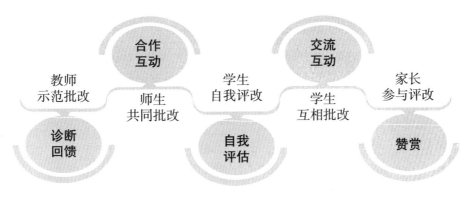

图4 多方参与评估

第三,从学生自主发展的情态,多元评估促进学生学习。

对评估的认识,有个逐步发展的过程。最初,评估被看作"对学习的评估",仅关注对学生学习状态和结果进行评价。随着认识的发展进步,教育研究者和实践者越来越重视"促进学习"和"作为学习"的评估。这容易导致一种误会,以为新认知是对原有认知的否定和推翻。事实并非如此。

例如写作教学之前,教师基于评估设计写作教学,是对学生过往学习结果的评估。写作教学过程之中,教师主导、参与多方互动,寻求多主体的参与和合作,通过多元评估促进学生学习,并将学习评估本身作为学习内容和方式,体现了"促进学习的评估"和"作为学习的评估"。还是在过程中,产生的纸质的,可以反复回看、分析、检讨的文字、符号、图像等实存,作为结果,则体现了三种目标价值的统一。

作为负责课题理念架构与实践对接的直接责任人,研究和实践过程中得到的大量信息,丰富了我对"评估"这个专题的理解:

● 将原来特别关注的"教育观察技术"和不乐意深究的"教育评估方法"深度关联起来。我意识到,之前对区域性调考、统考、抽查的反感,端在于将评估窄化为教育管理者对教学质量、对教师的评价,认为是各种工作压力和不得已之源，忽略了在陪伴儿童的过程中，在教学的前、中、后各阶段，教师必须主动承担观察评估学生之责，有意识地将收集的各种信息运用于课程与教学设计，优化教学过程，将教师对学生的观察评价同外部评价结合起来。

● 教师始终是与学生合作的姿态。即使在课程设计阶段，也就是教学开始之前的备课环节，教师所谓的独立决策也是基于学生学情，试图与学生合作的。这种看起来的教师主导、教师中心，如果能基于准确评估学生学情，实际是以学生为中心的。

这里需要提到一位理论研究者，香港理工大学的祝新华教授，他特别善于将专题拆解成符合教师实践经验的流程图、要素图，做的理念框架图特别周全简练，我在香港的研究和实践经常"遭遇"他和陈向明教授的表格、点列和各种图示。我也透过他们研究成果的好用和实用，理解了香港同行的偏好。

香港同行怎么指导写作

研制出的各种概念图、流程图，因为每一张图都从不同的角度、有不同的侧重点描述同一个专题，彼此之间必然层层叠叠、错落相间，这让初次接触的同伴感觉到虽然能够帮助理解，却很难随着讲述快速在不同的概念图之间转换，而我在其中之所以感觉游刃有余，得益于这些梳理提炼和基于大量的实践经验与收集来的信息。相较而言，面对同行，更方便分享的不是框架理念，而是实践中的经验碎片。

虽然香港的中文教科书上已有不少练习，配套的练习册也在使用，但香港教师仍然习惯大量设计使用工作纸。透过分析工作纸设计，我们比较容易窥见香港中文科写作教学实践的状况。

和内地教师一样，香港教师还经常为学生提供范文，用优秀的作品激发学生创意再写作，我称之为"示例法"。让作文起步阶段的学生先想象、绘图再写作，我称之为"图画法"。指导高小的学生，写作之前拟提纲、绘制脑图，我称之为"思维导图法"。让学生向同学和老师讲述或者表演将要写作的内容再动笔,我称之为"表演法",以戏剧创作和表演带动写作,符合学生的兴趣需要,很受学生欢迎。

通过分析学生的表现,对学生进行问卷和访谈,我们发现,香港教师的写作教学设计能很好地解决写作起步阶段学生不知道写什么(内容)的问题,如填空法、问答法、要素法的设计最为典型。点列的方法则帮助学生梳理了形式多样的表达技巧,改变了学生"一说到底""一想到底"的单调写作状态。(图5)

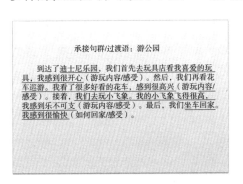

填空法

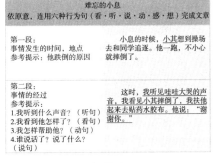

问答法

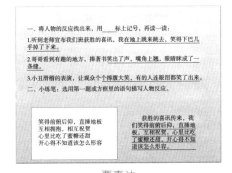

要素法

点列梳理法

图5　香港教师写作教学设计列举

教师设计的各种学习支架(工作纸),都对学生产生切实的帮助。但是,学习支架在提供辅助的同时,也限制了学生的表达。比如学生在完成《游公园》

这项写作任务时，四次关于游玩内容和内心感受的表述，虽然全体同学都能做到清楚通顺，但明显僵硬。《难忘的小息》这次写作，多数学生的表述与教师引导性问题机械地一一对应，通顺却不自然。

综观香港中文科的写作教学，教师的教学设计首先重视写作内容和方法的指导，次重视发展学生思维，但是在激发学生写作兴趣、想象力、创造力，提高学生自主学习能力等方面还有可为之处。为了直观，我又做了一个写作教学（评估）多维目标图（图6），肯定了香港同行在写作教学的实践中，特别是在写作起步阶段，为学生提供的形式多样的帮助，切实有效地解决了"写什么"和"怎么写"的问题。说服他们，在工作纸的设计中，引入多元主体参与评估，提高学生的自主学习能力，促进学生社会性发展，反省检讨那些习以为常的"好"，将全力教会学生写作转移一部分到提高学生写作信心和兴趣上来。

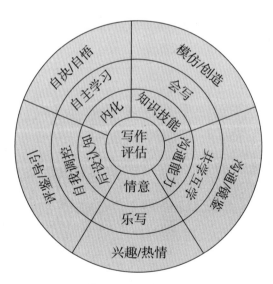

图6 写作教学（评估）多维目标图

复杂精致的评估工具和量表

做全港分享的当天，我仔细观察了一下与会教师，大家最感兴趣的是各种写作评量表。每个案例，还没等同伴分析点评，就被一大片举起的手机拍下来。我彼时想的是，即使反复强调"善用评估促进写作"所指的"评估"并不仅是学生写作之后教师的评改，这里的"评估"，关涉写作教学的全程，但听众的反应告诉我，知识观念的更新是一回事，思维惯性和行为惯性是另一回事。非常矛盾，越是复杂、精细的评量表，学校管理者和教师越觉得好，可一旦开始运用，需要消耗大量的时间精力，教师又会嫌麻烦。

在香港颇有影响力的全港性系统评估（TSA）中，对学生写作水平的评估其实只有优秀、合格、不合格三个等级，没有内地重要考试所谓"一分压一排"的惨烈。我觉得这非常值得内地学习，如果重大考试写作这一项的最终评价结果是模糊的，教师完全可以在平时的练习中对学生作文作一个模糊而非精细精确的评价，个人认为，这对提高学生的写作信心和兴趣非常有益。奇怪的是，TSA 的模糊并未改变香港学校管理者和教师喜欢精细、精确的偏好。

这所协作学校，为记叙文、日记、周记、说明文、议论文等都设计有不同的评量表，比如这份针对写景的记叙文的评量表（表2）。除了可供教师和学生每次写作之后评分、自评，更理想的是，在写作之前，教师和学生借此已经了解了本次写作需要达成的目标。

评量表百分制，共分七大项，只有第一、二两部分与本次写景的记叙文写作有关，其余五个部分，可以是针对这个年段任一一项写作任务的，涉及结构、文句、词语、字和标点。这份量表的精细精确让我惊叹，取"错别字"这个大项为例，要数着错别字字数评分，标点、佳词等项目也是，可以想见，实践中，教师需要一段时间适应才能熟练使用，而我这样心算能力不佳者，肯定会觉得很辛苦。

表2 写作评量表1
短文批分准则（记叙文/描写文类）（平时写作适用）

请以《美丽的迪欣湖》为题，写一篇不少于300字的文章，描写那里景物的特点。

评分项目	占分	得分	自我检查项目	我做得到
内容　选材（15%）				
未能选择合适的素材	5		能描写迪欣湖美丽的景色	
能选择大致合适的素材	6—10			
能选择合适的素材	11—15			
内容　表达（35%）				
内容贫乏且文意不完整	8—15		文章有明确的立意；紧扣景物的特点进行细致的描写	
内容空泛	16—20			
内容一般	21—25			
内容较充实	26—30			
中心明确，内容充实、丰富	31—35			
结构（20%）				
没有分段	0		能恰当地分段 能运用定点观察法/多角度描写的方法描写景物和组织文章	
分段错误	1—5			
未能按内容重点适当分段，条理欠清晰	6—10			
大致能按内容重点分段，条理一般（最少4段）	11—14			
能按内容重点分段，条理较清晰，详略得当（最少4段）	15—16			
能按内容重点分段，条理清晰，详略得当（最少5段）	17—18			
能按内容重点分段，条理清晰，详略得当，衔接顺畅，能互相呼应（最少5段）	19—20			
文句（10%）				

续 表

评分项目	占分	得分	自我检查项目	我做得到
文句不通	2		能连用书面语写作，文句通顺 能连用不同的修辞手法，如比喻、拟人等 能连用不同的句式写作	
大致能连用句子写作，文句有疏漏	3—4			
大致能连用句子写作，文句大致通顺、连意	5—7			
大致能正确连用句子写作，文句大致通顺、连意，句式多变化，如：连用恰当句式、语气或修辞。	8—10			
词语适用（10%）				
用词不当/用词贫乏	1—3		能连用恰当的词语表达 能连用恰当的词语作段落的开头，使段落之间过渡自然	
大致能连用书面字词写作，用词尚可	4—6			
能连用书面字词写作，用词准确（最少3个佳词）	7—8			
能连用书面字词写作，用词准确、丰富（最少4个佳词）	9—10			
错别字（5%）				
错别字很多（7个或以上）	1		我已检查全篇文章的字词	
偶有错别字（4-6个）	3			
错别字很少（0-3个）	5			
标点符号（5%）				
误用标点符号颇多（7个或以上）	1		我已检查全篇文章的标点符号	
偶有误用标点符号（4-6个）	3			
较少误用标点符号（0-3个）	5			
总分	100		写作态度认真，并能自行检查及修改	

再看另一所学校写作工作纸最后的评量表，可以算作是一个百分制的万用评量表（表3）。看起来也非常详细，包括五个大项的评语、赋分，和可讲述、

可选择的通用建议。取第四大项中"能正确书写词语"这个小项来说，我并不清楚出现一个错别字这一小项的分数是否就要全扣。翻阅教师的批阅，评分这一栏有许多涂改的痕迹，说明教师内心有许多不确定需要反复斟酌。访谈中有教师说道，会先打总分，回头再来凑各小项的分数。那么这份精细精确是否真的精确？是否促进了学生的学习？还是说在做什么事情都需要填表的香港，大家习惯性地认为，看起来精确精细就是更好的？

表3 写作评量表2

项目	内容	结构	文句	字词	标点	总分
评语	□切题 □丰富充实 □取材适当 □描写生动	□有条理 □完整 □段落分明 □结构严谨	□通顺流畅 □修辞恰当 □用词恰当 □语句优美	□能连用所学词语 □能正确书写词语 □能连用成语 □字体端正	□恰当连用标点符号 □正确书写标点符号 □书写端正	
占分	40	20	20	10	10	100
评分						
老师的话：						
	老师的期望： □小心审题 □确定文体 □丰富内容	□内容能表达主题 □恰当组织内容 □注意篇章结构 □注意文句通顺	□注意格式 □注意错别字 □要适当标点 □多练习修辞		□要用心书写 □多看课外书 □避免用口语	

众多供教师勾选的项目，一方面减少了教师的书写工作量，毕竟写作中的许多问题具有共性，另一方面，也引导老师和学生从内容、结构、文句、字词、标点这五个方面着力。我翻阅了这所学校选用的中文教科书，这些项目与教科书中所附的写作评量表的项目一致。

评量表3（表4）看起来更复杂，可以借此引导学生写作之前拟提纲，订定写作目标，写作之中依提纲展开，并自查完成目标的情况，写作之后通过同侪互评，督促对照目标完成任务。评估与写作指导结合，教布局谋篇，运用佳词、复句、修辞手法，以及在总结时使用格言、谚语。评量表能够清晰体现"对学习的评估""促进学习的评估""作为学习的评估"三者的结合。我关心的是，这份精心设计的评量表，是外在于教师的"不得不做"，和学生一起只是完成，还是教师认同的好做法，学生也特别需要和感兴趣？

表 4　写作评量表 3

写作三部曲		1. 订定目标	2. 学生自评 （勾选并填写）	3. 同侪互评 （勾选）
引文 交代时间、地点 及人物 交代事情背景	写作大纲：	我会连用（　）个 四字词语/佳词	□我已完成目标， 包括：	□同学已经完成 目标。 □同学未完成， 请修改。
			□没有完成目标， 我会修改。	
正文 交代事情的发展 过程	写作大纲：	我会连用（　）个 句式，如： 因为……所以 除了……还 不但……而且 我会连用（　）种 修辞手法，如：反 问/设问/排比/ 对话	□我已完成目标， 包括：	□同学已经完成 目标。 □同学未完成， 请修改。
			□没有完成目标， 我会修改。	
总结 交代事情的结果/ 教训 交代个人感受	写作大纲：	我会连用（　）句 格言/谚语	□我已完成目标， 包括：	□同学已经完成 目标。 □同学未完成， 请修改。
			□没有完成目标， 我会修改。	

我担心面对这份周详固化的评量表，如果只是疲于应付、流于形式的多元主体参与评估，形式化的评量过程并不能实现"对学习的评估""促进学习的评估""作为学习的评估"三者的结合，刻板的评量过程甚至会伤害到教师教学的热情和信心，学生写作的热情和兴趣。

图 7 是我为协作学校写作起步阶段设计的学生自评内容，主要针对学生写作之后不修改和不知道怎么修改的问题，虽然我个人对作文起步阶段是否需要要求学生修改作文持保留意见。前四项旨在帮助学生通过自评学会如何修改作文，体现"作为学习的评估"。最后一项，则是鼓励学生有自己的喜好，也就是把"我"的感受置于和教师、同侪的评价同等的位置。

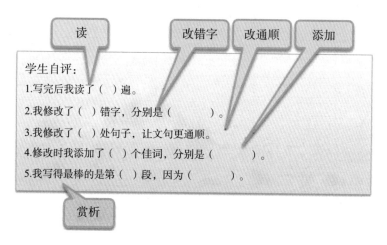

图7　作为学习的评估

最可贵的是协作的统筹钟主任的态度，她认为要想有效，必须循序渐进地推进，一下子增加五项，教师和学生都很难基于理解来运用，她选择先在工作纸上增加第一项，带领学生从写完多读几遍开始自评和修改，一段时间之后再增加项目、提高对教师和学生的要求。

赞赏可以更多一些吗？

和内地一样，香港中文教师几乎从不给学生作文打满分，日常的批改也多是"血淋淋"的。这背后是巨大的工作量，虽然各校班额都在 30 人以下，但教师们一样害怕批改作文。

我们拿出一份教师日常批改的作文一起分析,发现批改和评量表的内容一致,内容、结构、文句、字词、标点五个方面一一指正(图8)。当我们分析完"改什么?",进而思考这样改"有效吗?",所有的研究者和实践者虽然所持观点不同,但都认为这样铺天盖地地指正收效并不明显,"其实下次还犯一样的错""很多学生只看一眼分数,没有仔细看老师修改了什么,为什么修改"。

"写作的不确定性太多,不是好好教了就都能写好,教师反而特别希望能够控制。"教育局同事俊文的小结,引发很多共鸣。精心设计的学习支架(工作纸),精心设计的评量表,精心的批改,这一系列的精心,是香港写作教学习以为常的好,但香港学生很多和内地学生一样,觉得写作很难,怕写作文。

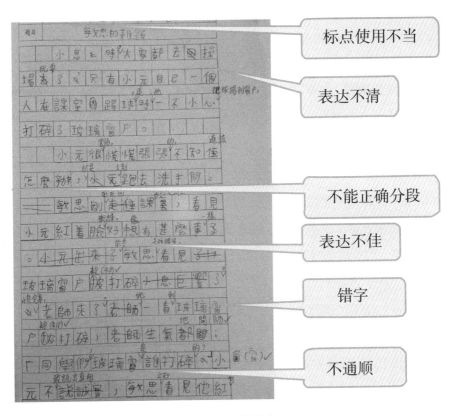

图8 教师的批改

这样的"精心"让教学收获了什么？又失去了什么？学生怕写作文，香港和内地皆然，有趣的是，我给香港同行的建议，与给内地同行的建议一样。

首先，中文科教师对写作教学进行整体规划设计，走一条更为多元的、平衡取向的道路。可以坚持原有的在命题写作和半命题写作方面的精心指导，此外，重视"读写结合"，即在阅读教学的过程中，将精讲课文作为写作话题或者学习对象，通过仿写、续写、改写等增加学生练笔的机会，这部分不必再精细批改。发掘"做中写"，尝试与其他学科的教师协作，将各学科学习过程中的真实体验和真实任务，作为写作指导和练习的极佳契机，通过跨学科合作提高写作教学的效能，将写作作为实际工作的一部分。鼓励高小的学生"像作家一样写作"，自由自主地确定自己的写作专题和订立写作计划，教师不断为他们"像作家一样写作"的行为加油鼓劲。

写作教学方式、路径丰富多样，让教师的适度设计、适度使用评量工具、适度批改成为可能，教师可以在不同的写作任务中，对自己、对学生订立不同的目标，既有精心指导、精心评改的部分，又有放手让学生自由发挥的部分，不再盯着几篇命题作文纠结：多指导还是多放手？多批改还是少批改？

写作教学方式的丰富多样，还能为与之一体两面的多元评估创造契机，综合不同写作任务中学生的表现，更能找准学生的需求和兴趣，选择更加适合个体需求的教学方式，令学生在写作能力、写作兴趣、社会性发展、自我调控等方面获得更为均衡的全面发展。

其次，对于学生作文的精细批改，从多指正转为多赞赏。除了部分老师认为非改不可的错误，像表达不佳、表达不清这类问题，尽量少改甚至只批不改。要有意识地对学生精彩的词句、段落和奇思妙想大加赞赏，借此告诉学生，什么是值得肯定的。重视正确的而非错误的，才能给学生方向和信心。

为什么而教

当我向香港同行描绘、介绍内地语文教学的整体图景时,提及的是在我看来比较重要和比较好的做法,目的是希望通过分享,激发思考,激发教师生发创造的意愿。当我回到内地介绍香港的中文教学图景时,则非常谨慎,除了归纳提炼两地实践的异同,还刻意提及香港同行所面临的问题与挑战。这种差别对待,是因为我对两地教师面对新资讯的不同状态有所察觉。

香港教师多数时候是起点处自愿自觉,某种做法是否可用、实用,喜欢的话自己就去实践,尝试之后如果觉得有效果,一定当面表示内心的喜悦和感谢。这往往引发我们之间新一轮的交流、实践和回馈。在内地,我遭遇过多次,当所谓的新做法、新观点被学校管理者接收,他们会硬性规定教师必须付诸行动,教师在变革起点处的不甘愿和愤怒,导致后续少有持续的良性互动。强制推进变革的学校管理者并不实际承担变革的"麻烦",那些问题和挑战随着任务一起转嫁给了教师,所以容易被忽视。

比较有趣的是,在香港,我感到自己是协作者,努力提供帮助和支持,但因为外在强制力微弱,变革的响应者寥寥,缓慢艰难又丝丝缕缕绵绵不绝。在内地,我时常分不清自己是协作者还是"助纣为虐者",巨大的外在强制力让变革一路高歌猛进令人热血沸腾,又容易风流云散后船过水无痕。

我在香港协作的学校大多数属于社会团体办学,接受政府资助,也就是香港人眼中实质上的官办学校。占学校总数10%左右的国际学校、特色学校、名校,不是公认能代表香港教育创新和改革成就的,但他们都非常尽心尽责地做教育,在规范的基础上不乏个性和亮点。

我虽然论及两地异同,却并没有半点一较高下之心,如果因之误会我过度贬低香港教育,过度褒扬了内地教育,实非本意。

TSA 的影响力

中文教学中，写作如果是痛点，阅读就是重点。香港的小学，每学期的期中考试和期末考试为期三天，中文科分听说读写四项分别考查。虽然四个单项的考试都记入总成绩，但和内地一样，中文科绝大多数的教学时间还是用于阅读教学。

考试由自己学校的教师出卷，可以"教什么考什么"，我服务的一所学校会将试卷提交给该学科的全体教师审读，大家书面提出修改意见，不断完善。我感到不可思议的是：这样安排教师们不就是在考前就看到考卷了？我询问后得知，成绩需要上报教育局，关涉升中的小六评估三考试，试卷竟然也是这样出出来的。只是在监考和阅卷上更严格，集体阅卷。

在内地，一场有公信力的考试，一般出题人未知，任课教师不能监考自己的班级，交换流水阅卷——阅卷人未知，统计分数上报公告的人未知。别说高考、中考这些高厉害的考试，就是区域性的统考、调考，能够在考前看到考题，自己阅卷、总分上报，都是绝不可能的。我在内地服务的学校为了保证公信力，连学校自行组织的期中考和期末考，也时不时地秘密命题，跨年级交换流水阅卷，交换总分、作质量分析，分管教学的副校长在阅卷现场督导。内地的老师有时感慨：要考试了，为什么作为教师我比学生还紧张焦虑？因为从出题到阅卷，太多不可知和不确定了。

我看了下协作学校的中文科阅读卷，题型完全模仿小三和小六的全港性系统评估（TSA）。但是在内地，首先什么时候统考、调考，统考、调考哪些年级都是随机的，也就是说所有教师和学生都在这种不确定的压力下学习和工作。其次，出题异彩纷呈，多是负责出题人的个人偏好。每年，在看到试卷的一瞬，所有的任课教师都在分析预测哪些内容讲过，哪些题型做过，掌握情况如何；哪些考题的内容和形式教学中完全没有涉及，只能听天由命。被出题人的天马行空惊吓是常态。

　　作为曾经的出题人，压力之大也是极难承受。一个人或者两个人的认知总是有限，面对参差多态的老师和同学，题目是否经得起各种旁逸斜出，真是难以预料的事。每年集中阅卷时有种特别的欢乐，就是把各种意外拿出来展示。香港老师们集体审卷、共同完善的做法，让我特别惊奇。

　　香港的学校可以自由选择教科书，所以TSA绝对不会出现组词、按原文填空这类紧扣教材内容的考题，和PISA一样，它是跨学习内容的水平评测。当我尝试完成一份小六的TSA阅读卷时，第一题就耗费了不少时间。（图1）第一次遇到这种题型，我紧张地在文章中筛选词语，担心自己遗漏，即便抓获了需要的词语，又担心后面还有更加适合的，便继续阅读后面的文字看是否需要替换。完成之后，再次阅读全文确认。紧张和不确定等情绪很耗费心力和时间，我的生疏甚至让我开始怀疑自己的阅读能力。但当我第二次做TSA阅读卷，这种紧张和不确定感就没有了，我非常清楚自己需要做什么，安心地扫读文本提取信息。也就是说，我的阅读能力是比较稳定的状态，但在初次遭遇时，题型本身成为能力表现的障碍。那么一份着重考查学生阅读能力，而非适应能力的试卷，应该避免题型变幻造成的表现不佳。我由此理解了TSA各项试卷题型固定，评测指向固定的意义。联想到在内地，神神秘秘的出题人，随着出题人变化而变化莫测的题型，一定程度存在的刻意追求题型创新，所谓的出题必须贴近教材导致的教师紧跟教材布置大量的听写、默写任务……每个出题人的个人偏好对于测查结果的巨大影响被忽略了，当我们在为"题型创新"自得自满的时候，意识到这种"创新"可能对学生的能力表现产生干扰了吗？意识到自己的偏颇了吗？当我们以紧贴教材的名义考查学生精确记忆的时候，意识到教学中因此产生大量机械记忆任务和压力了吗？

从文中找出适当的词语填在第1题的横线上，使句子的意思完整。

1. 这间餐厅坚持用正宗手法烹调菜肴，虽然经历时代变迁，仍然 ＿＿＿＿＿＿＿＿＿ 不倒，深受食客欢迎。

2. 文中哪一个四字词语有（使美好的事物更加美好）的意思？
   ＿＿＿＿＿＿＿＿＿

3. 根据文章内容，下列哪一幅图画是作者看到的（旅行家树）？

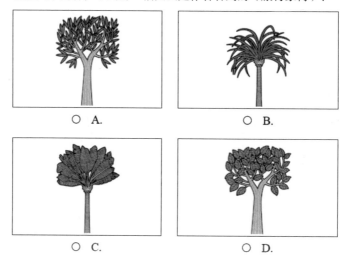

图1　2016 TSA小学六年级阅读分卷—1

图2中的第5题为概括段落大意，内地教师非常熟悉，这一题和图1中的第1题，同是香港老师认为学生普遍能力不足的部分。TSA的结果每年都会以报告的形式发布，逐题分析检讨得失。教师们则非常务实地在课堂教学、工作纸和期中、期末测试中针对得分低的题型展开训练。因此，外界批评的过度操练，争议并不在是否存在操练，而在是否"过度"上。比如当教师透过TSA的报告，意识到学生概括能力不足，能想到的改善方式就是在日常的教学中增加

"概括段意"的练习次数。这种应对效果如何?至少教师认为是必须的和有用的。是否还有其他提高学生概括能力的路径与方法?教师没有想过。既然 TSA 要考概括段落大意,我们就时常练习。很直接。

5.第二段主要的内容是
　○A.介绍(旅行家树)的种植方法。
　○B.指出作者寻找(旅行家树)的经过。
　○C.描述作者出现(旅行家树)的特点。

图2　2016TSA小学六年级阅读分卷一2

很多人因此认为高利害的考试是祸首，认为评价方式改革是教育改革的瓶颈或者关键，只有改革评价方式才能够改善教师的教和学生的学。变革哪有这么简单。比如 TSA，虽然一再降低对学校、教师的压力和不良影响，一再强调自己的诊断功能，但实践中的应试操练依旧积重难返。可以想见，取消 TSA 之后，操练会依旧，只是从操练 TSA 的题型变成更加随意的操练罢了。我认为，即便彻底取消所有高利害考试，那些习以为常的路径和方法仍然不会改变，因为并没有教学方式和内容的更新发生。

和 TSA 相比，香港教育局提供的《中国语文教育学习领域课程指引》（小一至中三）和《小学中国语文建议学习重点（试用）》，以及我查阅到的《中国语文课程学习进程架构》和《中国语文课程第二语言学习架构》（香港专为非华语学童制订的学习目标）这类课程发展文件在中文阅读教学实践中的影响力几乎可以忽略不计。帮助教师把视线焦点从 TSA 转移到这里，是十分艰难，收效缓慢，但最有价值的道路。

教科书的影响力

初到香港，项目负责人蔡一聪先生建议我可以分享一些经典的板书设计，因为香港同行会很喜欢。一段时间之后我才明白，香港同行偏好的是写在黑板上或者投影在屏幕上的各种图示，将文本整体结构框架及内在逻辑可视化。

我之所以选择一篇文言文的解析作为例子（图 3），是想对照王荣生教授在《阅读教学教什么》一书中论及的不同文章体式应有不同阅读取向的观点。香港同行这种对所有的文章体式一视同仁的阅读取向——把文章结构和表现手法作为重点来讲解，甚至在低小阶段就表现出非常明显的单一阅读取向，令低年级的阅读课也多是讲授和讲解。

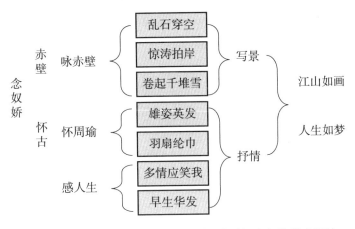

图3 香港教师喜欢的苏轼《念奴娇·赤壁怀古》的板书设计

这种单一,与"把所有的东西都放到教科书里,希望每一个人都从中有所收获"有很大关系。香港教师最常烦恼的是"没有时间",教师用书特别细致精致,配套资源无所不有。设计得太过周全的教学流程和丰富完备的资源支持,让教师很难以个人之力超脱,因此,教师多数照书流水下去,这意味着教学过程缓慢、漫长。教科书上的练习加上练习册,再加上课堂工作纸,感觉时间总是不够用。与内地2～3课时完成一篇课文的阅读理解相比,香港的同行至少用6课时,很多时候还觉得一些重要的没有讲到。

在离开香港前召开的意见和建议征集会上,我说,最想做的事情是和协作教师们一起研读《中国语文教育学习领域课程指引》(小一至中三)和《小学中国语文建议学习重点(试用)》这类课程发展文件,再就不同的文章体式的教学要点展开讨论,也就是进行基于课程发展文件的教材重建,帮助教师从无所不包的教科书里解脱出来,看到学生的需要和兴趣,有意识地选择更富多样的教学方式。学科重建的意识和能力,对于两地的教师而言都非常重要。

香港的同行做事勤勉踏实,有种不惜一切一定做到的坚韧,即使我一再表示五个句子的排序对于二年级的孩子太难了可以缓一缓,他们一面承认这个难度超出了学生的能力水平，一面坚持虽然这对教师对学生而言很难，但教师还是要通过更多的练习，让学生学会。

给钱发展的影响力

我查阅了香港教育局和协作学校的部分档案，了解到香港教育局和一些机构每年向学校发布项目清单和项目介绍，学校依据自己的需要申报，获准后由政府资助来开展项目研究的情况，即所谓校本发展的过程和效果。香港一直为"大社会小政府"感到自豪，香港的学校有极大的办学自主权，政府和教育局都不能够强制贯彻自己所认为的好，于是凡事校本化，给钱学校自己发展。

这份来自协作学校的教学设计（图4），反映了许多近年的项目信息。比如港版的"三维目标"知识、态度、能力，"四个关键项目"则是教育局课程发展的四个重点从阅读中学习、专题研习、德育和公民教育和资讯科技互动学习，再加上合作策略、创意思维策略的选择，可以说以上全都是香港教育局和一些机构近年发起并实施过的项目。

香港人非常注重实效，项目运行过程中会有形式多样的支持，实践中所有证据都需要留存和提交。项目周期一般为一年，既然政府出资，那么申请项目的学校如何使用这笔钱，这笔钱花得有价值吗？整个项目实施的过程和效果必须接受纳税人的监督和质询。操作往往非常直接，落实在学校活动中、教师的教学设计里或者学生的工作纸上，以及各方的问卷回馈中。有意思的是，三年之后的教学设计纸上创意思维策略的选项没有了，可以推测出，这个项目结束了，学校接了新项目。

一个好的教育研究项目，从做计划到出成果，需要在实践中不断调整原有的目标、策略。难得的是，从理念到实践由外在的影响转变为内在的自觉，也就是当干预的外力减弱、消失，这些积极的变化与教师的行为情境依然协调，能够持续发挥作用。做得好的要坚持，做得不够好要改进，没做过的要尝试。

坚持才能看到变化，而所有的问题挑战，都将促进项目更好地生长发展。

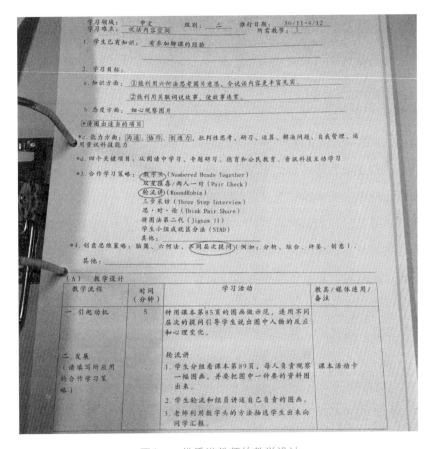

图4　一份香港教师的教学设计

在校支援期间，我感到许多很好的项目周期太短，往往实践者刚有些心得体会，刚看到一点成效，这个项目就终止了，学校转入了下一个项目。比如图画书的阅读策略、戏剧课程、活用高层次思维、踊思悦读策略、喜阅写意课程、i-read 阅读计划等，都在教育局或学校的资料里留下了痕迹证据，有非常扎实精彩的案例集。但当新的项目启动，外力消失，除了部分参与项目研究的骨干教师会将过去的经验带入自己的教学工作，相当一部分普通教师则随波逐流地放下，开始新的旅程，只剩下"我们做过"的隐约印象。

如果支持的时间再长一点呢？是否会有更多的教师深度参与其中，从被动执行到主动选择？而当教育局就此征求项目学校意见时，统筹主任普遍认为以一年为周期还是最合适的——因为和学校工作计划与总结的周期一致，因为项目差不多一年就能做完了，因为……突然联想到，在内地以五年为一个研究周期的自己，常常是在结题的时候才大致明白了要做什么和怎么去做，看来我认为的问题只是我个人的问题。于是我又建议，项目结束之后，保留一个回访机制，持续支持继续研究和实践的学校。而学校也鼓励该项目研究过程中涌现的骨干教师继续该项目的研究和实践。鼓励教师结合自己的个人风格和兴趣选择适合自己的项目，作长期专业发展规划。慢慢的，教师们因做过的项目而形成小群落，这些做过的项目也没有被放下，而是经由自由选择成为教师自己的方向和专长。

无论如何，给钱发展和凡事校本化，毕竟充分尊重了学校和教师在变革起点处的自愿自觉。项目运行中有两点特别值得我们学习：一是支持的具体"有用"；二是过程和记录的真实完备。在香港做教师专业发展活动，最受欢迎的形式是工作坊，也就是专家带着教师们做一遍。退而求其次，最好提供详细清晰的步骤说明。比如教学计划中的合作策略部分，每一种策略都有具体的流程图，以下图的"数字头"为例（图5）。

图5 现代教育研究社《现代中国语文》教师用书参考资源

说到过程和记录的真实完备,教育局组织的专业发展活动简报、项目成果等所有文件资料都放在教育局网站上,供需要者随时下载使用。学校保留了项目研究的所有过程性资料,放在办公室四周随时可以翻阅。近年还通过校园内部网络,上传共享各种资源。我的协作学校申请了一项针对非华语学童的帮助计划，几万元的专项经费要在项目运行期间用掉，过期作废，而学校总共只有两名非华语学童。怎么使用这个专项经费，让这两个孩子获益？我们讨论决定购买一体机，在走廊上安装语言学习软件供同学们自主学习，提高两文三语水平。统筹钟主任特别强调，项目资金的服务对象是这两名非华语学童，所以学校要为他们制作优先卡。当他们想使用时，永远不用排队，优先获得使用权。

不弄虚作假，不挪用专项经费，是一种诚实守信，即使有时看起来有些笨拙低效，但是这些真实发生的事情本身反映了香港教育的普遍态度，那就是在实用主义大行其道的香港，规范有时甚至比实用更重要。

附　一份资讯科技互动学习项目观课手记

喇沙书院，一所信奉天主教的男校，作为接受政府资助的学校，每年仍然向学区开放，接受电脑派位的学子，令普通人入读名校成为可期。400米的标准运动场、游泳池、手球场、篮球场，中学每个年级7个班的规模，这样的配置和规模在香港的学校中绝对稀罕。

课前与同伴打赌，我推测执教者是男性，因为刘基的《卖柑者言》不会是女性喜欢的文本，同伴的依据是愿意执教公开课的以女性教师居多。我胜出。

20多名花样少年，穿着校服列队安静入场，与老师和观课者互致问候。执教的冼博士一开口就让我失笑，他说昨晚9点多还在提醒大家交功课，言下之意竟然仍有人不交。——"你有没有上公开课的自觉？不能提前几天布置作业，让同学有更好表现？再不济也得在开课前催齐功课啊。功课没交齐，你还在公开课上数落学生？"

说完这番话，冼博士才转身在黑板上板书这节课的流程：朗读—评主旨—评结构图—分组工作—总结。好吧，我们的惊喜也没有了，全都清楚知道这40分钟要干吗了。课前告知这节课学习的内容及流程，方便学生依据学习目标进行自我评估,是项目研究带动实践的一个例子。

学生用广东话齐读课文,朗读齐整,字音正确,断句无误,说明正音和理解文本都已经很好地落实。

接着,老师在 GOOGLE CLASS 上调出学生昨晚提交的功课——归纳的文章主旨,让学生自评、互评。指名站起来的第一个同学自信满满,评价自己归纳得最好,因为最简练。老师显然是爱挑事的,点了比较冗长的第二个同学来评价,这位同学竟然也表示自己的最好,因为说得够清楚明白。老师便叫起第三个同学,让他公断,然后自己加入进行评点综述。有要点和要领,但没有标准答案。

绘制文章的结构图是昨晚的第二项功课,冼博士显然对不交功课耿耿于怀,坏笑着引用文中的"金玉其外"来调侃。——"喂,你公开贬损学生不怕被投诉啊。"老师继续毒舌,"交来的功课也不太好!"我被彻底绝倒。冼博士拿出三份典型的作业评说,最终板书了最好的那个——他自己的结构图。

分组工作时,老师给了10分钟。4~5名同学一组,共5组,讨论写作提纲,要求用上借物喻人的手法,提交到 GOOGLE CLASS 平台。这个环节很具挑战性,我担心10分钟同学们完成不了。因为发现时间不够,老师中途还宣布减掉3分钟,最终有四个组匆忙提交了作业。

分享交流时,各组有一位代表发言,老师点评。时间匆促,但老师仍不忘调侃。当同学说高考像瓶颈阻碍了很多有潜力的同学继续发展,老师响应"就像你这样的"。我再次低头掩面。

老师很随意,从头到尾一副自在洒脱的样子,即使后来发现时间不够,要求缩短小组工作的时间。课堂上也用到定时器,但是并没有在内地听课时让我那么反感,应该与课堂氛围有很大的关系。全程笑面毒舌,甚至毫不在意地自曝其"短",几乎没有对学生的肯定和赞美。

我会假想内地对于执教一节成功的公开课的惯常做法。通过试教和群策群力，对于学生可能出现的问题作充分的预期，然后在课前消灭掉各种"无关"枝蔓。比如提前布置作业，保证交齐功课。比如为了课堂上的精彩和惊喜，与个别同学进行一对一的交流，课前帮助他完善自己的想法。记住这些同学的名字，甚至设想好发言顺序，保证课堂交流时同学的发言有层次，高潮迭起。老师在点评时给予更多正面积极的肯定。小组工作时，拟一个借物喻人的写作提纲，这类复杂的任务，即使不落于笔头，也会让同学提前想一想，一是让课堂上的交流点评环节更容易出彩，二是可以节约课堂上的时间，让公开课显得更紧凑、不散漫。务必做到教程紧凑完整，重难点突出，课上时不时有精彩惊喜，树立老师和同学积极正面的形象……

第一个问题，我们的公开课要不要那么"完美"好看？

第二个问题，我们各自对于好课的追求意味着我们究竟在追求什么？我们更看重什么？

分组讨论交流的时候，我谈到公开课的结束是执教教师和听课者思考的开始。

先说时间引发的焦虑。10分钟一个4~5人的小组完成一份有难度的写作提纲，可以预想，连每个成员充分发言都不够。如果考虑到全体参与，需给予更多的交流时间，但课堂容量是有限的，那么是否需要之后增加一个课时？或者课前布置大家先想一想？但课前布置任务意味着增加课后作业，从两项课前任务增加到三项，是否有必要？学生思考的时间是花在课前、课下还是课上？

还有一个办法实现更多同学的参与：缩小小组的规模，采取两人一组讨论，损失交流的丰富性和复杂性。

让更多同学参与交流的问题还可以在这节课被搁置，因为教学是个连续的过程，只要教师意识到有同学没有充分表达自己的想法，而又希望他更多与同学交流，可以在一个更长的时间里，比如一个学期内，采取中心发言人轮换的方式，让每一次小组工作被不同的同学主导，从而避免话语霸权。

教师也可以不把全体参与当作需要解决的问题，一直搁置，因为那些不爱公开发表意见的同学并不是没有想法，不发言或者没有充分表达自己并不表示他没有参与，不爱说话只是他的特点偏好，不需要教师通过教学设计去干预去影响去改变。

同样的时间焦虑也体现在分享、评点主旨和结构图的环节。给予学生更多的时间让思考更细致深入、交流更充分成为可能，"少即多"的课程设计原则背后，是相信除了知识目标的达成，还需要有更丰富复杂的雄心。时间是关键要素，在有限的时间里做什么？如何分配时间？什么是更为重要更值得追求的目标？什么样的达成度是合理预期？……时间的焦虑是有限带来的压力，但是也是最容易引发思考的因素。

关于翻转课堂和善用信息科技提高教学实效也说几句。将翻转和信息科技相结合，把个别的学习更多放到课外，让课堂上更多的多方互动，是当下教育创新领域追逐的热点。不论是从翻转课堂的角度理解分析，还是从善用信息科技教学的角度理解分析，自主学习、差异化教学、合作学习这些元素必然都具备。冼博士通过团队合作，举重若轻，给予我许多启发。围绕着教学活动，选择最轻便的技术，而不是让新技术造成新的压迫，成为教师和学生的负担。好东西并不一定要多么复杂先进，这一点在冼博士的课上得到了很好的强调。

随意自在的清晰，温和幽默的犀利，冼博士的课让听课的人很是舒服。

08

几种合理性的碰撞
——内地课程发展热点评析

很多时候，我不得不在短短几分钟内，回答诸如"你认为课程变革的关键是什么？为什么？"之类的大问题。后来，因为被反复地问到这些大问题，我就归纳总结了一系列"教师最爱问的问题"以及系列答案。比如课程变革的关键是教师，因为所有好的理念都需要正确的人去做出来，一个好项目中有一个合适的人，这件事基本就成了。比如教育中最困难的事是理解儿童，好的教育会在合适的时间、以合适的学习方式带给儿童合适的学习内容。教育所有的好意，都必须基于对儿童的理解，而低龄儿童自我表现和自我认知尚在发展之中，这让我们的理解总透着一种自以为是和不确定。比如最有价值的课程创新是基于你自身，基于你所在的学校的现状，朝向行业最高点的努力，朝向更开放更多元的努力，目标能够实现固然好，即使不能实现，它依然会带领你向前！向前！向前！还有一些热点问题，姑且说说。

小组合作学习的关键是合作和学习发生了吗？

被誉为"现代管理学之父"的彼得·德鲁克的自传名为"旁观者"。作为在某一领域有开创性的大师，其卷入之深毋庸置疑，但他却以旁观者命名自己的自传，令人颇觉有意味。是取不论是对自己还是对所关注的对象，深入其中又跳脱其外，才能更加全面深入地认识和理解之意？

女儿班上从五年级开始推进小组合作，作为一个专业的旁观者，难得有这样亲近的样本持续观察、记录和分析。

"该死的，我当组长了！"

每天上学和放学路上，女儿都会和我分享当日学校生活的"大事件"，那天是以一句愤愤的"该死的，我当组长了！"开头的。接下来她满脸郁闷地给我讲述经过——"今天老师让每个组自己推选组长，我们四个人互相看了看，提名C和D，你知道他俩的状况，一定会被老师否决，那么只能是在我和A之间选一个了。A说当组长麻烦死了，一堆乱七八糟的事情，做不好还会被老师骂，我也这么认为。当老师询问我们组决定谁当组长时，我刚准备开口说A的名字，A嘴快，你知道他的嘴有多快，他先说出了我的名字，我就成组长了。"

小组里的四个孩子我都非常熟悉了解，当女儿给我讲述的时候，画面感极好的我仿佛身临其境看到他们的表情动作，忍不住大笑起来。"好吧好吧，老师没有反对说明你还行。回家好好练练反应速度，下次老师让你们回答的时候，争取比A嘴快点，这样就是他当组长了。我也觉得A比你更适合当组长。"

女儿仍有深深地挫败感，"比A嘴快？好难啊。"

时下，推进小组合作学习多是"自上而下"的，大会小会再三言明"不留死角"，各种培训、督促。教师们应要求组建四人小组，最初考虑的顶多也就只是强弱搭配，这样在小组之间竞争中，能大致保持总体实力平衡，避免某些组总是落后。四个孩子围坐到一起最初并不是基于学生表现出需要或者教师认为需要，而围坐到一起之后究竟要干什么，很多老师抱持着走一步看一步的心态。

起始阶段，老师们能做的常常就是让四人小组讨论得到某个结果，譬如组长人选。教师们很难意识到，"关键的问题由谁提出？""谁来决定合作完成任务的方向？""谁来主导对整个合作效果的评价？"以上所有问题的答案都应该是学生。小组讨论形成某个决议，多数时候根本算不上以学生为中心，因为三个关键指标最终的裁夺都由教师控制。高年级的孩子已经在多年的师生互动中学会了尊重老师的权威，他们有能力理解老师的意图，社会化水平较高的孩子会主动选择较少冲突的相处方式，顺着教师的喜好走。有时候他们的"热情参与"是一种非常复杂的互动现象，并非表达自己的意愿。不要轻易说"他们很喜欢"或"他们很积极"，过程中的积极和热闹不能佐证良好的参与和互动。

小组合作学习中的教师是"辅佐者"而不是"主宰者"，教师帮助学生去发现意义，而不是一言堂或控制所有的活动，这是许多积极主张小组合作学习的教师和教育管理者希望达成的理想状态。事实上，孩子年龄越小越难实现，因为各种能力不足。在大家都没有准备好的时候，如果教师只是袖手旁观，一切就会陷入混乱。很多时候，教师明明想做个"辅佐者"，觉得自己是个"辅佐者"，实际情形却是教师是个不折不扣的"独裁者"。事实上，在实践中，教师只能是在"独裁状态"和"混乱状态"之间不断求取平衡。因此，保持内在的张力比追求外在表现的悦目更可靠。

"我好累！"

抱怨归抱怨，爱操心着急的女儿起初都是独自将小组任务带回家打算自己一个人做。"C和D不靠谱啊，他们连自己的作业都常出状况，如果小组任务忘记做或者做不好，我们全组都会一起挨骂挨罚。""A呢？""A住在出租房里，没有电脑，也不能上网，而且他总有很多理由说自己没法做。"因为女儿时常问计于我，又知道她有些地方确实能力不济，所以我都会大力支持，帮她慢慢接受新方式新角色。有一天，她一面感激地看我帮她做任务，一面叹着气说："我觉得小组合作一点都不好，我好累！"

"你以后可以试着分配任务让大家一起做，这样或许轻松点，就算是C、D不靠谱忘记做或者做不好，也是大家一起挨罚挨骂，这对每一个人都是压力，他们或许能变得越来越靠谱。"

"不止是做这些任务很累，妈妈，我们经常吵得不可开交，什么都做不成。A很固执，一个人说个不停，什么都不干还让我们必须按照他的意见做。C几乎不参加我们的活动和讨论，一会儿说个笑话，一会儿跑到别的组去看热闹，各种捣乱，严重影响大家干活。D一声不吭坐在那里，没意见，不参加。我更喜欢以前，老师讲我安心地听，有事大家各做各的，很公平，我觉得那样学到的东西更多，做事也轻松多了。"

"你知道吗，这或许就是你未来工作时的情形，其实这也是妈妈现在日常工作的情形。大boss给你一个必须完成的任务，你和自己没法选择的几个性格各异、能力各异的人一起，必须在规定的时间内交出活来，有的人说得多，有的人做得多，有的人不做事还捣乱，有的人什么都不做。妈妈的经验是，只要能解决问题，各种方法都可以试一试。甚至你如果不愿意一个人做很多事情，选择一起挨罚也是一种和与大家互动的方式。不要觉得你必须做什么你就会轻松很多。"女儿听完很沉默。我继续劝慰："有些事一个人做不了，还真得几个人一起做。"

小组合作学习是非常有难度和挑战性的，并不是布置给小组全体成员一个任务，然后检查、评价任务完成情况就能产生小组合作。一个小组从组建到顺利运转起来必然有一个或长或短的磨合过程，推己及人，连成人世界的小组长们也难免有各种烦恼和能力不济，何况孩子们。此外，有些任务确实只适合独自完成，勉强大家合作只会让参与者不断质疑合作的必要性。

女儿的班主任很快意识到任务总是落到组长的头上不合理，有的组还常常出现组长安排后无人响应的情况，便将每个组的四个成员编上序号，在布置任务时明确每个同学的职责。比如每周每组需要提交的一周小结，这周由各组1号同学完成，下周就自然流转到各组的2号同学，以此类推。这样明确的轮换制度和教师直接分工在小组组建之初非常有必要，因为让每个人都有事情做，首先是教师的责任。只有当每个参与者都在做任务的过程中感受到分工合作的必要性，并拥有了分工协作的意识和能力，由小组成员自行分工才成为可能。小组实施个体负责制，小组的成功必须依赖于小组所有成员的个人表现，不能是空头的要求，要通过教师落到实处。

"因为喜欢或有意义而去做！"

有一段时间女儿陷入对"小星星"的狂热。小组中哪个成员的某个行为连累小组被扣掉星星，她会各种烦躁郁闷。我可以想象以她特别沉不住气的个性，一定会当面斥责，或者在对方还未做出某种行为时就喋喋不休地提醒、嘱咐。我不喜欢那样的她。

我反复提醒她："管理、教育学生首先是教师的责任，即便他或她做错了，作为同学你也不可以这么对待他们，你没有这样的权力！"她会因为完成某个任务得到小星星而激动兴奋不已，某个任务能得到很多星星而无限热情热衷。我笑她小财迷，问她："如果没有星星你会这么开心、认真地去做吗？"星星的魔力太大了，她显然没有特别入心，还是继续唠叨各种扣掉星星和得到星星的事情

> 经过，各种兴奋和喜悦。我拉着她一遍遍讨论星星的目的和意义："你是为了星星本身而去做的吗？星星是什么呢？""做这件事情本身没有价值和乐趣可言吗？""如果贴星星的目的是奖励好的行为和去除不好的行为，你觉得目的达到了吗？""你恶劣的态度本身是不是也在摒除之列？恶劣的态度奖励了好的行为、去除了不好的行为吗？"

上述引文中小星星这类代币，或者与之类似的积分兑奖的方式是基于行为主义的理论，而对于行为主义的局限和消极影响需要引起足够的重视。高年级的孩子更多地需要了解规则背后的意义，体会做这件事情过程中的乐趣，遵守自己认同的行为准则。简单的奖励物、评分兑奖未必能让学生产生好好表现的内在动力，所谓的变化或许只是霍桑效应——那些意识到自己正在被别人观察的个人具有改变自己行为的倾向。对于奖励物的渴望，置换了对事情本身意义和乐趣的追寻，容易造成过度关注奖励物本身，从长远看对兴趣、动机都有消极影响。所以到了高年级，越来越多的孩子表现出对奖励物无动于衷："老师，我可以不要吗？"他们的潜台词是，不要奖励是不是就可以不用完成老师交付的任务？不是孩子大了不好糊弄了，而是孩子大了开始思考行事的价值和意义了。

对整个小组的评价奖励，会给予小组成员更多外部刺激和压力，这种刺激有时激发了好的行为，比如大家为了奖励物齐心协力，但有时也会加剧成员之间的紧张和敌对，比如失败时的相互埋怨、指责。是否会造成永久的伤害很难判断，唯其如此，教师才更要格外谨慎小心。

设计、安排能满足学生需要和兴趣的活动，一起感受分享过程中的乐趣，满足一颗颗日渐成长的心灵对意义和价值的追求，才能真正保持孩子们内在的动力。如果你真的很喜欢用小星星，你也笃信小星星的魔力，我建议你在面对孩子们值得肯定的行为时做个健忘的老师。有时给奖励物，有时忘记了也就忘记了，不给奖励物也不再补发，然后俏皮一句："你是为了小星星而表现得这么优秀的吗？"研究发现，不规律出现的刺激物，能让期望的行为保持得更久。

"我爱星星，但我更爱D"

一年之后，最初的四人小组如孩子们所期进行了调整，之前他们有很长一段时间以此相互"威胁"，"你要是不好好表现连累大家，小组调整的时候我们就投票把你踢出去！"好吧，固定分组让孩子们没有选择的余地，必须与老师指定的其他成员合作，调整的许诺总算留下一线希望："我说不定能和我喜欢的谁谁在一起。"

我也很期待这次调整，因为在一个已经彼此非常了解熟悉几乎固化的小组中，能注入新的异质的成分，对每个孩子而言都意味着新的挑战和收获。我唯一担心的是小组组建和调整过程中对那些能力较弱、参与感较弱的孩子的公开评点可能造成的伤害。

女儿回来描述，过程还算平和，调整也不大，多是举手提出自己想去哪个组的意愿，正好那个组也有人表示要离开，就个别地换。乐于表达的C想去好朋友所在的那个组，对他而言更好玩有趣的组，表达能力极强的A抓住机会争取来了他最好的朋友E。早就下定决心要离开这个组的女儿，却没有表达自己的意愿，我问她为什么，慢热的她说，过程很简短，还没来得及想好去哪个组，一切就结束了。

这次她很快就适应了变化，虽然偶尔新加入的E也会连累小组扣掉星星，但总的来说他为小组挣得了比C在的时候更多的星星，得失之间女儿觉得"还行"。一年半的相处，女儿和D成了最好的朋友，和班上曾经交往密切的同学来往明显变少。她会不停地感叹："有D真好，你知道吗，她有轻微洁癖，因为有她在，我们组从未因为脏被老师批评和扣星星。"女儿从不会因为D扣掉星星而抱怨指责，"A每次斥责D我都站在D这边，A说我毫无原则"。"我要是生气了，

> 就和 D 一起吃东西，不分给 A 和 E，他们就乖乖服软听话了。""轮到 A 当组长，他说'太好了，你们都得听我的'，他现在变得特别想当组长。""我希望 A 天天都请假不上学，这两天他不在我们组清静多了，E 说那些恶心话我和 D 都不理他，他觉得没意思也就不说了。"……

小组合作的方式带来师生关系和生生关系的改变。以前基本全是教师一对多，生生之间的互动相对比较简单，也比较散乱和随机。随着小组成员之间因为任务频繁地合作交流，小组成员之间，也就是生生之间的互动越来越丰富复杂，如图 1 所示。

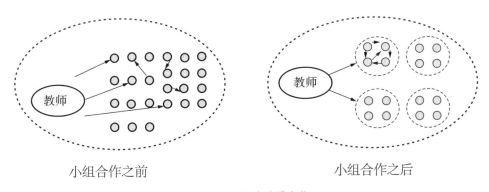

小组合作之前　　　　　　　　　小组合作之后

图 1　师生互动关系变化

两种互动方式都有其优势，单考虑知识传递的效率，后者并不优于前者。在推进小组合作学习时，并不是要全盘否定、禁止教师直接讲授，也不应当将这两种不同的策略视为代表着两种有尖锐冲突的教育哲学观念，而应看作是在不同的时期为了不同的目标所运用的互补的策略。教师要做的是灵活地运用两种方法并知道什么时候用。要相信，教师将信息主动传递给学生时所采用的有效策略最适宜帮助学生理解、吸收以及运用新的概念和技能。

小组中的部分成员被排斥并不是因为有了小组合作才出现的问题和挑战，

但之前也需要应对的问题和困难在小组合作的情形下，确实有可能被放大，因为小组成员之间的关系显然比之前更加紧密。正因为作出调整非常困难，所以会同时寄希望于教师的努力和学生的成长。教师与孩子们相处得越久，越是不带判断地观察他们，就越接近这一复杂，越了解他们，越能在具体的情境中识别问题和可能的原因，进而作出决策——"立即干预还是再观察一下？""我需要怎么调整一下活动的设计和安排？"不要太紧张，良好的师生关系会为教师所有的决策提供很好的弹性空间，反省时你若感到还有更好的应对方式，你还有许多的机会容你改进策略。

在教师培训中，我会提供一个比较复杂的小组合作学习的观察工具（如表1）：

表1　小组合作学习观察工具一种

作用	张三	李四	王五	赵六
提供主意				
鼓励他人				
耐心倾听				
分担工作				
验证理解				
组织任务				

建议在互相听课时，每位听课的教师负责观察一两个小组，记录每位同学在具体某项合作中担任的不同角色，发挥的不同作用和工作中的动态，并在听课结束之后，负责向小组全体成员进行回馈和点评，告诉同学们什么样的行为是教师认为非常重要的、好的。表格中的六项指标还可以增加、删减，以符合教师对学生的期望。即便在没有同伴协作的情形下，执教的教师也可以在布置完任务，进行教学组织之后，加入某一个组进行观察，然后反馈自己观察和评

估的结果。这份细致持之以恒，就能提高学生的小组合作学习能力。

我最关心的是，除了因为应付"自上而下"的强制不得不做小组合作学习，当外力消失之后，你也明确知晓，小组合作学习在知识技能的掌握方面并不比讲授、演示的方式更佳，只是在学生社会性发展维度提供更多更好的机会，而后者是书面考试无法考查的维度，你还会选择这么深入细致地尝试吗？

PBL 是最好的教学方式吗？

2017 年初，透过 Aha 社会创新学院顾远发起支持的"群岛社会化学习城市论坛"，《极有可能成功》这部教育纪录片在许多城市热映，影片向大众展现了美国 High Tech High 学校采取 PBL 教学模式获得的成功，带动了中国内地教育圈的 PBL 热。周贤在《为什么 PBL 本质上是关于自由的教育》一文中介绍，PBL 首先出现在医学教育领域。他强调不论是问题导向学习（Problem-Based Learning），还是项目导向学习（Project-Based Learning），都是围绕问题组织学习过程将问题作为起点，并尝试回答了几个重要问题：什么样的问题更有价值？什么样的学习更有价值？如何开展协作？如何总结评价？

进一步考究，PBL 的基本原则不只是"问题导向"，至少还应包括："学习过程中允许学习者自己作出多种决定""程序知识和内容知识的统一""必须让学生有大量的操作"等诸多方面。此外，研究和实践 PBL 关涉一系列专题：如何实现杜威主张的"做中学"、如何进行弹性适应的教学设计、如何设计建构主义的学习环境、如何开展小组合作学习等等。我最不乐见的是，任何一种模式的兴起，纷纷效仿的往往是程序步骤，而常常被忽略的，是对基本原则及其核心价值的考究。

就像小组合作学习，并不是几个人团团坐之后，合作学习就自然发生了。

几个人聚在一起，可以做团队项目，一起做实验，展开头脑风暴，进行角色扮演和有指导的小组讨论等等，也就是说小组合作学习能够容纳很多教与学的方式，而判断教与学方式是否合适，则需要进行教育观察，评估不同的教学方式作用于学习者，令不同的学习者以怎样的方式学习什么内容，合作和学习的目标是否达成，合作是否对学生学习有所助益。

PBL 也是，实施过程中必然有大众偏好的学习方式——探究、小组讨论、清晰表达、表演展示、反思，也有传统的教学方式——教师示范、指导、提供学习支架……如果我们缺乏教与学方式的基本知识，一味挑拣、放大我们偏好的学习方式，在复杂的实践中只关注流程，就很难作出专业判断——什么是真正有价值的学习，并给予学习者积极地回馈。而当预期的学习没有发生，预期的目标没有达到的时候，我们也很难作出适当的调整。

在长期的教育观察中我发现，教育实践中普遍存在教与学方式单一的问题，且并不因为推行 PBL 就必然发生实质性的改变。

在主持教师专业发展活动的时候，我让教师们写下自己常用的教学方式，他们往往需要许久来思索，一是感到很难将教学方式和学习方式区分开来，二是感觉自己日常使用的教学方式有很多，但一时想不起来。也就是说，教师实际使用的教学方式远比他们能够意识到的要多，教师在选择教学方式的时候更多的是凭着经验直觉。正是因为鲜少"刻意"，教师个人的受教育经历和工作后的行为情境，特别容易让教师形成路径依赖，陷于单调重复。

为了帮助教师们"刻意"选择更为多样的教学方式，我将常用的教学方式列一个清单，请教师们勾选频次，然后将很少、从不使用的教学方式专门提取出来讨论，大家一起作归因分析："为什么我们很少甚至从不选择使用这些教学方式呢？"

"很少""从不"的背后，有自身知识技术方面的不足："我不知道这种学习方式""我不会使用这些学习方式"；有外部条件限制："这种教学方式需要更灵活的课程安排，我们 40 分钟为单位的教学几乎不可能完成"；还有学生能力、兴趣方面的顾虑："我的学生年龄比较小，这种教学方式不适合他们"等等。这种讨论是有益的，让教师从无意识地选用到有意识地学习专业知识，拓展经验，分析、比较。活动的最后，我会建议教师们将这张清单贴在备课本的扉页或者末页，"刻意"地创造条件，将那些之前觉得可能不合适、自己从未和很少选择的教学方式付诸实践，并记录。

之所以强调教师"刻意"的选择，推动教学方式多样化，是因为，其一，没有证据显示哪一种教学方式是最好的，每一种教学方式都有自己的优势和局限，都有自己的适用条件。其二，教学方式多样化能够提供丰富多样的学习经验，满足不同风格学习者的学习需求。其三，在不同的学习活动中，学习者的不同表现，能够帮助我们更好地观察和评估学习者的能力水平。

一个常识——PBL 不能直接等同于"先进的"和"最好的"教学方式。

事实上，好的讲授式教学优于差的 PBL，有研究表明，中华文化背景下，即使是大量的讲授式学习，也不会抑制学生自主学习能力的发展。一个能够理解并满足学生学习需求的优秀教师，用讲授式教学，同样能极大促进学生自主学习能力的提升——含学习内在动力这个维度。

PBL 只有在实践中体现其许诺的价值才是好的学习方式。当 PBL 成为教育创新热点时，不能忽略，即便大量采用 PBL 的教学方式，实践中同样普遍存在教与学方式单调，学习目标和学习内容散乱的问题。只是从过度关注知识技能的掌握，转为过度关注课程组织形式的变化和完成既定教与学流程。虽然课程形态看起来完全不一样，但是对于师生而言仍然是糟糕的体验。

需要谨慎的是，激进地把所有的学习内容都放入 PBL 的框架中施行，把所有学科主题的学习，全转为基于问题解决的跨学科学习，从一个极端走到另一个极端，不考虑适切性，并在这样的"一刀切"之后，再将教与学的丰富复杂简化为机械的步骤流程。作为一所公立学校，执行国家课程标准，使用统一教科书，是没有多少讨论空间的变革前提。统一的课程标准、统一的教科书、常态的孩子和老师，在教与学方式没有多少变化的情形下，仅仅把全部学习内容整合到一起，就能大幅提高教与学的质量？这不可能。

且大量教师要在不熟悉不了解 PBL 流程及价值时陪伴孩子支持学生学习，不断作出调整，这种身心压力导致的混乱是相当长的时间里需要面对和克服的挑战，这个压力必须控制在一定范围内，才是积极促进变革的力量，而不是长期习得性无助导致的全面溃败。

相较而言，在教师培训领域推广 PBL 的教学方式，其实更为迫切。我特别希望，对教师的专业支持帮助不再是主流的讲座，而是用 PBL 的方式，专家和教育管理者持续地和教师们一起工作，运用多样的教与学方式，和教师们一起解决教育教学中的实际问题，实现内容知识（专业知识技能）和程序知识（解决问题的过程与方法）的统一。其实，教师和学生一样，也缺乏 PBL 的学习经验，只有通过参与和体验式学习，在解决问题的过程中学会解决问题，才能更好地完成知识技能的更新。

PBL 的推进，还必须伴随着整个组织责任与权力的重新分配，只做做教师工作坊，之后如果缺乏学校系统性的整体变革，PBL 渐渐就会只落皮相。只有管理者逐步将学校的事务，将学校管理运营的责任，特别是决策权，分解到具体项目中，落到具体的项目负责人也就是教师身上，通过学校整体的变革，实现持份者多方角色和责权的变化，才能体现 PBL 的核心价值。PBL 看重的应是在有组织的无序状态下解决问题，管理者有意识地推动有序与无序的动态平衡，从自上而下单向的管理，转变为管理者和教师的相互调试，以获得更好的工作表现，这样，得到足够决策权和自主权的教师，才会真正把决策权和自主权赋予学生。

查尔斯·M·赖格卢斯在美国西北大学学习科学研究所的报告《做中学》的前言后面，作了这样一句评注："为基于项目的学习的所有主要方面提供了行动纲领。"这个前言部分，是罗杰·C·香克、塔玛拉·R·伯曼、金伯莉·A·麦克弗森团队开发的一个教学构架，称作基于目标的场景（goal-based scenarios, GBSs）设计要素。推荐给致力于践行 PBL 的同行，以资借鉴。

从教学设计到课程设计什么变了？什么不变？

称自己为课程设计师一直很忐忑，2013 年之前我烦恼的是该如何用最简省的语言回答"课程设计师是做什么的？"2013 年之后，则担心被归入蹭热点的骗子行列。我问过很多同行，"从教学设计到课程设计，你认为有什么不一样？还是说，这个词显得先进，不想落伍，你们就跟着把教学设计更新成课程设计？"回答都说不一样，觉得课程设计更加丰富复杂，再追问丰富复杂体现在哪里，他们就不大有勇气作答了。其实，我也不确定丰富复杂具体体现在哪里，但我总是试图让人更清晰地感受到变化，感受到丰富复杂。

读师范的时候学过教学设计，工作之后备课也是做的教学设计，写教案通常就这几个部分：课题、教学目标、教学重难点、教学用具、教学过程、板书设计，二次备课，课后反思是近年的要求。从一开始我就在琢磨，所谓认真备课，也就是做一个像样的教学设计究竟要考虑些什么？

首先要熟知课程标准，明确学科、年段目标，清楚要教授的内容在整个目标体系中的位置，与各部分的关系。其次，了解学生的状况，订立符合学生学情和需求的具体目标，选择符合学生年龄特点的教学方式。第三，熟悉教科书的结构体系，能够对教材作一些恰当的处理。第四，以上都是"我"的理解和决策，并最终由"我"来实施，因此，教师的观念、技术、个人风格，能够利用的各种资源等也会对教学设计产生影响。回望我们迷恋课例研究，公开课、说课流行的那几年，能仔细考究课程标准、学生学情、教科书的编排体系和教师的个人特色这四个因素，真的足够了。换个说法，教学设计主要考虑目标、内容、方式和对目标达成情况作出评估四个要素。

　　大约是 2006 年前后，当我们正非常煎熬地尝试自主开发课程，并无数次怀疑自己所做的事情是否有价值有意义的时候，华东师范大学从事教育理论研究的同行在读书会里正共读埃德加·莫兰和迈克尔·富兰，讨论复杂性理论，展望当下和未来的教育改革。我是孤独的编外，跟进网上发布的只言片语和论文后面列的参考文献，按图索骥读完所有译介过来的著作。这对于当时的我来说，的确遥远，但也带来朝向"越来越少"和"越来越多"两个相反方向的进益：第一，我意识到教育中最根本的问题和关键因素并不多，比如教学设计中的目标、内容、方式和评估；第二，从任何一项教育政策或一个教育问题来看，影响因素远比我们日常意识到的多得多，这些因素之间的复杂关系充满着不确定，可能都与问题的解决有关，并为变革所需要。变革中的意外不可避免，而每一次意外都将促使我们重新理解和解释课程。

　　既然"没有人能够计算出这种相互作用"，那么再去看自主开发的课程产品，在衡量其价值和意义的时候，重点就不再是它算不算"创新"，而是试图发现更多影响课程与教学的因素，并充分挖掘每一个因素中可能蕴藏的提高课程与教学品质的机会，把出现的问题看作创造性解决问题的起点。

　　派纳在《理解课程》中说：课程开发卒于 1969 年。派纳对我最具启发性的是，他指出课程领域有一个从课程开发范式向课程理解范式的转向。香港中文大学的李子健教授根据哈贝马斯的分析，将课程范式分为技术性范式、实用性探究范式以及批判性范式，他对课程概念的剖析，于实践者而言则更具有启发性——

　　以泰勒为代表的技术性范式，将课程作为学科、学程、计划、目标，强调工具理性，为我们提炼出了一些课程设计的步骤，使教育实践者注重学科的结构、探究方法、教材的更新，促使教师注重目标与能力的关系，努力通过理想的计划为学习者提供各种学习机会。

以施瓦布提出"实用性"课程设计观点为标志的实用性探究范式下，教师与学习者就像一对伙伴，对教学过程中涉及的知识进行磋商，反映一种互动的立场。知识本身是主观的、个人的、独特的，通过学习者的诠释和理解而建构起来。

以弗莱雷为代表的批判性范式，以解放经验为目的，认为知识的界定并不是以专家学者的意见为依归，学习者拥有知识真确性的最终权威，而非教师和课本。教师和学习者应自觉成为研究者，自发地重组和重新建构现存知识，追寻新的知识，共同改造现实而非复制现实。

李先生认为，不同范式之间并不存在竞争的状况，是互补而非互相矛盾。以课程为解放经验更符合教育的理想，但在实践方面，批判论所引申的实践方式较难实行。因此，从事课程设计和实施的教育工作者可以考虑选择性地将不同的范式和意念整合起来。也就是说，课程设计是一个混合态，除了工具理性，还应兼具弹性、偶然性、问题化，应鼓励师生在沟通、创造力和赋权感方面的发展。

需要作个小结吗？从教学设计到课程设计，究竟哪里复杂了？哪里丰富了？试着列几个方面——投入时间从一课时一学科到中长期计划，活动类型从调试教材到创造新活动和建构课程经验，参与人士从部分教师到全体教师、学生、家长、社区人士，所涉范围从正式到非正式和潜在课程……还要考究认知兴趣、人类旨趣、社会组织、知识论观点、本体论观点、理论与实践的关系、政策制度……个人经验，从泰勒模式开始展开课程理解和课程实践，是非常好的进路，然后是回顾梳理教育史得到的启示。

课程并不是个筐，什么都可以往里装，但它又确实呈现出某种"混乱"，可这又有什么不好呢？用多样性和复杂性打破扰乱既定的流程、秩序。德勒兹说，连词"和"（and）优于动词"是"（to be），"和"表示不确切的关系，额外的但也是内在的存在，帮助我们放飞术语和集合，创建新的航线。"正是沿着这条航线，事物得以变化，变化得以发展，革新得以形成。强势的人不是那些站在这一边或那一边的人，权力存在于边界上。"（Deleuze&Parnet,1997）

因为分科所以统整？

说说课程统整。相较而言，国家课程的校本化尚有课程标准、教科书作为讨论基础。多元主体参与课程建设也容易操作，各种形式的家长课程、社区人士（专业人士）课程、学生课程已经很常见。学校特色课程不论是采取外包或者引入专业教练，用社团、选修的形式非常普遍。难度或者说争议比较大的探索，是如何在科任制教学为主的当下，给予学生更多跨学科、基于问题解决的学习经验，作为领域特定的主题教学的补充、平衡或替代？没错，PBL 也属于跨学科、基于问题解决的学习范畴，但理论模型远不止一种。

如图 1 所示我在内地所服务的学校最初的探索在 A 区附近，我们称之为学科联动。首先选择恰当文本，确定学习主题。比如围绕经典文本《青蛙和蛇》《金字塔》《彩色的非洲》，语文、科学、数学、体育、英语、艺术、品德与社会等多个学科组的教师，可以用本学科的知识和技能开展教育教学活动——阅读、实验、运动、测量、表演、会话、游戏、讨论……我们都认为执教者最好是同一个人，但是在专业素养方面，各学科的专职教师们优势更为明显。最终的实施方案是用几个单位时间，由多位优秀的教师共同完成"走进非洲"这一主题的教学活动。对学生而言是持续、完整、丰富的学习体验，对教师而言是跨学科专业知识技能和协作能力的挑战。

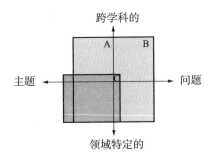

图1　学习焦点示意图（[美]查尔斯·M·赖格卢斯，2011）

后来跨学科组尝试移动了一下重心，在 B 区周围探索新案例《运动会》。围绕因运动会产生的一系列现实任务（问题）：场地规划、入场式班级方队的表演、选派运动员、成立拉拉队和服务组等，开展师生协作。品德与社会、科学、美术、音乐、信息技术、综合实践活动六个学科组的教师，带领学生一起订立行动方案，共同完成这些任务。因为不是为了展示和竞赛，所以教师们自行调课，形成了更为松散的教学组织方式，有的部分一位教师执教，比如场地规划和设计，有的活动两位教师协作，比如入场式彩排，有的时候课题组全体教师加入进来帮助学生，比如测量记录运动员的成绩、心跳和呼吸……作为项目主持人，我很喜欢看到大家朝向同一个目标，各自做着自己觉得应该做和有价值的事情，我认为这样能够走得更好更远。

2008 年秋季之后，我自己带课程实验班做课程实验，同时承担同一教学班多学科的教学工作，采取弹性课段的课程组织方式，自主权和自主空间更大，也开始反思为整合而整合、多学科拼接式的课程统整，觉得僵化统一的程序和产品，只有多少的差别，没有课程理解上的提升。

说说我在 C 区的尝试：把不同学科学习内容的关联面整合在一起形成学习主题，以课程计划中占有课时、交由学校自主开发的课程为载体，通过课程自主开发，将部分基于知识传授的教学转变为基于问题解决的学习活动。比如将四年级品德与社会科的"农业与我们的生活"与科学科的"食物与营养"整合成一个主题课程，使其在学习目标、学习内容、学习方式三个重要的指标上都发生了变化。还生成了"如何看待不同的除草和杀虫方式？""如何看待对稻米的精加工？"等非常贴近学生生活实际的问题。让我惊喜的是，代表农民的学生和代表普通消费者的学生，通过对这两个问题的交流、讨论，各自阐发如何看待人与自然的关系，反省时下主流的农业生产方式以及现代文明，重新理解人与人的关系，萌生了在道德崩溃的现实中进行道德重建的意愿。（见表1）

表1 课程整合后对应课标点的变化和教与学实践

形式及主题	关涉教科书中内容	关联面	主要学习方式	整合后增加的学习方式	对应课标点的改变
跨学科整合：农业与食物	鄂教版品德与社会四年级下册第四单元"农业是我们的衣食之源"。教科版科学四年级下册第三单元"食物"。	农业是衣食之源，人类农业生产方式折射出人与自然的关系。基于知识习得的人文教育。	实验法：辨别食物的主要营养成分，分类、比较、观察等。间接经验：基于课本所提供的资源，补充图文、视频资料，以讲授为主。	讲座：自然农民的农耕实践。讨论。思考：农业生产方式如何影响人类生活？如何看待人与自然的关系？实践活动：什么样的食物是安全的？	保底： E6 简要了解我国的农业生产，以及农业生产与人们生活的关系，知道农民付出的辛勤劳动与智慧，尊重他们的劳动。 健康生活之一：生理与健康。 1.1 了解人类需要哪些营养及其来源，懂得营养全面合理的重要性。 健康生活之三：良好生活习惯。 3.1 了解影响健康的各种因素。 增加： D4 学习选择购买商品的初步知识，具有初步的消费者自我保护意识。 D10 了解本地区的生态环境，参与力所能及的环境保护活动，增强环保意识。 F5 初步了解科学技术与人们生活、社会发展的关系。
					F6 初步了解全国的环境恶化等状况以及各国餐区的相关对策，体会"人类只有一个地球"的含义。 物体与物质之四：物质的利用。 4.1 知道物质分为可再生和不可再生，认识保护资源的重要性。4.3 意识到物质的使用会给环境带来正面和负面的影响，人对环境负有责任。

续表

形式及主题	关涉教科书中内容	关联面	主要学习方式	整合后增加的学习方式	对应课标点的改变
跨年段整合：家乡	鄂教版品德与生活二年级下册第一单元"我们生活的地方"。鄂教版品德与社会四年级上册第三单元"我的家乡"，第四单元"家乡的变化"。	两个学段关于家乡风情、名胜古迹、物产、小吃、家乡变化等内容相同或相似。目标都是了解自己的家乡。	间接经验部分：基于课本所提供的资源，补充图文、视频资料，以讲授为主，外出的实践活动放到课外去完成。直接经验部分：师生交流。	基于问题解决的学生自主学习、生生交流，听取其他同学的意见和建议，以改进方案。设计教学及实践活动，进行分工。实践活动。总结与反思。	保底： D2 了解本地区的自然环境和经济特点及其与人们生活的关系；感受本地区的发展和变化；了解对本地区发展有贡献、有影响的人物，萌发对家乡的热爱之情。 D10 了解本地区生态环境，参与力所能及的环境保护活动，增强环保意识。 增加： 计划并组织一个事件或一次活动：在计划并组织事件或活动时，应对从事件或活动的开始到结束的整个过程的各方面负责。充分利用人力、时间、财力、物力和工具等资源。

对 A、B、C 三区域的探索，与我们原本就很擅长的领域特定的主题教学、领域特定的基于问题解决的教学结合起来，组成我认为更为合理的课程体系，我称之为学习焦点的扩散。这些不同的学习经验带给学生不同的收益，各有好处，但也各有局限。课程设计中，最困难的也是最重要的部分，是从见树木到见森林，但这个"见森林"不能简单地等同于努力把更多学科统整到一个主题之中，而是将过去经验中有价值的部分和新的探索结合起来，整体规划，整体优化。

如果说，2001 年课程改革之前的课程与教学实践，时间精力主要分布于深色区块的话，那么 2001 年课程改革之后的课程与教学实践正试图移动重心，将学习焦点分散于浅色区块。这个移动不是对深色区块的取消，而是求取更大更丰富更复杂的整体格局，求取一份均衡适当。因为偏置在将优点优势极大化的同时，也将其问题缺点放到最大，这个提示也适用于试图从一个极端跳到另一个极端的人们。因此，我总是强调，课程改革不是对原有经验的全盘否定，而是加入异质的成分，促成更丰富复杂的理解，从而改进实践。

2017年下半年，从香港回到内地后，我继续自己的课程实验，这次是致力于"把语文教没了"，拿着一本科学书教着"科学+写作"，在完成科学学科的教学目标的同时，提高学生的阅读和写作能力，进行"做中读写"的尝试。肇因是学校发展变化和人事更迭，我被安排成了"科学老师"。

在带领学生观察身边的动物、植物，探索物质世界奥妙的同时，通过画图、用恰当的词语记录特征、比较异同、尝试用一段话描述、拓展阅读，指导学生观察、讨论、写作和阅读，发展学生的观察能力、沟通表达能力、分析综合能力、阅读和写作能力。

就他人限定的角色"科学教师"而言，科学知识的学习一点不耽误，同时还将自己对课程的理解转为更丰富复杂的课程实践，把学习焦点扩散到发展学生思维能力和写作能力上。于不自由不自主处觅得自由自主，是因为总试图在各种境况中找到并确定更丰富复杂、更有价值的事情，即在学习焦点扩散之后，接受知识焦点的模糊和不确定，不那么清晰准确，才是创新生长的地方。

我在内地服务的学校在分科教学上有明显优势，各学科的骨干教师都是区域性的学科带头人。在这样一所学校作学科统整，首先应该考虑的不是如何把学科教学领域的优秀教师全都变成跨学科教学实践的精英，而是将原有的分科教学的优势最大化，再从丰富学校课程形态、丰富学生课程履历的角度，从课例、项目研究、项目群组，转向寻求一个虽然偏向分科教学，但不乏跨学科、基于问题解决的学习设计的课程平衡点。而我所支援的另一所学校，这个平衡点则更加靠近专题研习。在这里之所以不用学科统整合跨学科之类的概念，是因为这些学习主题从一开始就不是基于试图把分开的学科整合到一起，而是直接从学生需要和兴趣出发，基于问题解决的学习设计。

"混合模式""动态平衡"是实践者立场，我反对在实践领域，为了贴合学理，从概念到试图证明概念的教条主义。

多了！

当下课程发展的热点是什么？

阅读——"得语文者得天下"？我认可母语学习的重要性，怎么强调都不为过。只是在阅读中学习不能简化为"得天下"，它应具有极其丰富美好的有用的以及无用的价值。任何一个学科，利害大到影响升学乃至学生的命运，并非该学科发展之福和教育之福，某一个领域的知识技能是决定性的，否定了人多元发展的可能，同时，也因其高利害，必然导致过度追求精确精致。

发展高阶思维——一起画思维导图？

开设哲学课程、逻辑思维课程（批判性思维课程），让学生学会思考，能够并愿意"讲道理"，这很好。只是，我们是否充分考虑了低龄学生的需要、兴趣和能力水平？

资讯科技互动学习——技术改变了世界，也改变了我们，这是事实。只是，究竟应该是技术改造人，还是技术成全人？如果技术成为新的压迫，提高的是对学习者的控制，增加了教师和学习者的学习负担呢？

研学旅行——走出教室，走进世界，在世界、生活中学习，很有必要。只是，当高度筹划的紧张从课堂蔓延到世界和生活之中，课程整体的过度计划筹谋，带给学校、教师、学生、家长的未尝不是日益沉重的压力和负担。

传统文化进课堂——知来知往，继承接续，传播创发，非常重要。只是，穿上汉服，唱着京剧，背诵《三字经》和《弟子规》就是继承传统？就能发展创新传统文化吗？传统不是简单的回到过去，我们当然无法回去。

自然教育、营地教育、生命教育、性教育、心理健康教育、民族教育、乡土教育……都很好，都有价值和意义。只是，我们在课程开发、课程建设方面最大的志向，始终停留在编教材、进学校、进课堂，聚焦的是产品和运营，从没有想过，学校、教师、学生的负载是有限的。多了，多了，却还在一直努力做加法，任何减法都会招致对相关课程重要性和必要性的强调。

我们最缺的不是 XX 教育和相关产品，而是从整体入手进行的中长期课程规划，从整体入手进行的持续的课程整体优化，是想清楚大问题后的行动。

当政治哲学领域一直为自我、自由、民主聚讼不已的时候，教育领域关于课程的理解之争也从未停止过。这种各自的努力，需要通过课程研究者和实践者的合作，以整体把握帮助形成"集体意识"和社会共识——不同学校学习领域（学科）之间的关系，某一学习领域（学科）内部不同观点之间的联系，课程与世界、生活的联系。而课程工作者对于实践者最大的帮助，是厘清教育发展历史及其对课程的影响，阐明课程标准的制定及其哲学、心理学基础，基于社会学研究方法的课程需求分析与选择。

熟稔之后，我向尹弘飚老师发表了一句感慨，近年课程理论领域与课程实践领域的交流协作，远不及新媒体与课程实践领域的交流协作多。作为最早的国家级课程改革实验区的实验学校，我们早年还和课程理论专家多有合作交流，讨论、争论甚至一起做事，现在只剩下我们是盆花，供同行观摩、赞美、学习了。

香港的中小学会特别强调自己与大学有项目合作，表现自己具有专业水准，但注重实用的香港同行不喜欢理论，更喜欢具体的操作步骤和方法。华中科技大学教育学院的余保华教授说，区政府、区教育局出资聘请他们去有发展潜力且亟待发展的学校做长期到校支持，但因为是政府主持的外包服务，并不是所有的参与学校都有很强的合作发展意愿。无论如何，这也比热衷于和新旧媒体合作，热炒 XX 教育、XX 模式，倾力打造教育家办学的典型学校和典型人物更具专业精神。"你不需要对所有的事情发表意见"，而现实是，所有重要的事情只有经过媒体热炒，经过极少数重要人物表态，才被认为达成了某种共识。

课程实践领域很少从整体入手关注和改变课程领域的问题，很遗憾，绝大多数学校基本算是一个与课程理论领域分离的世界，现有的课程机制所支持的仍是教师以学科为中心的分科发展方式，教师们仍然只想了解那些确定的步骤、方法。课程实践中，各种好被层层叠叠地加上去，在我认为行将倒塌的时候，居然在已然垫高的一层上又开始了新的叠加。

下编

一个人的合唱

自由不是一种恩赐,也不是自我的成就,而是一种共同相互的过程。

——弗雷勒

对于我而言，关于自己的工作，最难回答的问题是——你是什么老师？

看我上课，有人问：

"你是科学老师？"我答："是，也不是。"

"你是科技制作活动老师？""是，也不是。"

"你是品德与生活、品德与社会老师？""是，也不是。"

"你是美术老师？""是，也不是。"

"你是书法老师？""是，也不是。"

"你是语文老师？""是，也不是。"

"你是综合实践活动老师？""是，也不是。"

"你是班主任？""是，也不是。"

"你是大队辅导员？""是，也不是。"

"那你是什么老师？"

我的课堂是探究的、合作的、自主的、分享的、经验的、注重感受的、审美的、自由的、开放的、行走的、真实的……

我要为不同的班级量身定制适合这个班级特点的课程。

我做的是以连堂课为载体的跨学科主题式教学的尝试。

我要给予学生自主选择自己喜欢的学习内容、适合的学习方式和进度的机会。

我要在学生完成学习任务之后，给予他们自由支配自己时间的权利。

我要帮助各班建一座一流的班级图书馆。

我要带着孩子们认识身边的花鸟鱼虫，分享对这世界的好奇。

我要保护学生创造的热情，让他们感受创造的快乐。

……

09

慢慢知道我可以是谁
——我的课程观

作出变化以回应变化

一个人作出变化,是为了回应变化。

——乔万尼·萨托利

从教以来,每年学生评教评学活动反馈来的信息都是我忝列孩子们最喜欢的老师,可是,我对自己不满意。从语文老师转做副科老师,对学生的控制力大大减弱,最大的困难与消耗在于课堂管理——一节课常常需要在课堂管理上花去四分之一乃至三分之一的时间。要抓住孩子们的心,最常用的办法是精心设计课堂上的每一分钟以吸引学生,但教学内容不会总能表现出有趣,在孩子们专注不足时,我不得不一次次跳出来组织教学。在一个时间、空间、内容、目标相对确定的场景中，与孩子的差异性、独特性打交道很难，况且我还清醒地知道，教学目标的确定不能只考虑学生的兴趣和需要，但动态地把握学科自身发展、儿童的兴趣和需要、社会对于教育不断改变的要求三者之间的平衡谈何容易。

我极不喜欢流水线上的自己——从 10 点 45 分到 11 点 25 分，46 个心灵同时专注于植物种子的内部结构，下课的铃声响起，我们对这一科目、这一内容的兴趣必须应声戛然而止，短暂的休整之后，孩子们全都要在语文老师的要求下专注于识字、阅读练习。随着铃声一次次响起，孩子们在一条高效流水线上以 40 分钟为单位不断转换注意力、思考力……"他们的全体一致真是奇妙！"——但如果仔细想一下，确实十分可笑。

我所在的学校，一个副科老师的满工作量是每周 18 节，每周每班 1～2 个课时，也就是说每周必须面对至少 8 个教学班，近四百名学生。此时，认识并了解每一个学生漫长而艰难——几乎是不可能完成的任务，常常是教了一两年后，只能叫出班上表现最突出的孩子的名字，其余才混了个脸熟。当课堂教学缺少了师生感情和精神世界的参与，缺乏心与情的流动，也只好优先执行既定的教学计划，耗时耗力于控制课堂、控制学生。在不断提高教学设计水平的路上遭遇了瓶颈，我才意识到，需要找到其他解决问题的路径。我愿意回到自己，而不是埋怨社会、家长、孩子的不重视，抱怨人们不了解这些学科独特的价值，我想尽自己最大努力在力所能及的地方作出哪怕极其微小的改变。

当初离开语文教师队伍开始教副科，是为了兼做学校的教学管理及课程研发工作。学校 30 余年的研究一直聚焦在课程领域，十多年来，我一面参与学校课程建设的理论和实践研究，一面教品德与社会、科学、美术、书法，一面教校本课程、综合实践活动、科技制作活动……面对"你教什么"这样一般性的问询，往往只能付诸一笑，因为一言难尽。

从教的头一个十年，曾为此彷徨感伤，什么学科都教等于所有的机会都与自己有关也无关，可晋级评先总得确定在某个学科领域里吧，起初我和大家一样，努力在某个学科中攒证书、攒人品，等到时机成熟集中兑换成荣誉称号。从优秀青年教师到学科带头人，再眺望一下骨干教师和教育家型教师，盯着评比的条款，就得在一个学科的圈子里过活，珍惜各种机会，惦记着发表文章，多上公开课、竞赛课、展示课，多出去交流、作报告，和学科领域的一干权威混熟，最好获得其直接的欣赏、喜爱。可时下，为了促进"教师发展"，随意设置、给予的奖赏琳琅满目，挺像玩游戏时打怪升级的心情——没完没了的妖怪，没完没了的关卡。我退却了，部分是由于失望，部分是无法在其中得到真正的安慰。真不想将自己所有的心思气力都耗费在迎合某个外在标准以及讨好卖乖上，我明白，但凡以职称、称号为目标的加法只会以失败告终，因为总有人比你幸运。看着自己以及同行日益加深的挫败感和虚无感，我心戚戚。迎合、邀宠会虚耗太多的时间、精力，可怀抱虚无主义什么都不肯做、打定主意混日子的人一样可怖、可恶——我真的想做点什么。

我们所有人一起创造了这部机器

  在我谈到崩溃的道德环境时……我是指我们每一个人。因为我们全都顺从这个制度，都把它当作不可改变的事实，从而维持了它的运转。换言之，我们每个人都不同程度地对这个制度的存在负有责任，没有什么人只是一个受害者。是我们所有人一起创造了这部机器。

——哈维尔

  我在研究和实践中发现，自 2001 年进入课程改革以来，在课程理论和实践层面，一直是用分科化的思维方式思考学校的课程，待综合实践活动课与其他学科课一样，各自展开研究，缺乏将它们作为一个完整的课程整体进行整体设计。课程改革启动后，课程计划虽然作了调整，但在课程计划的执行过程中，因为师资、相关配套资源等问题，实际开设的课程门类比课表上呈现的要多得多。比如我所在的区域，只是名目上把信息技术、劳动、科技制作活动全部并入综合实践活动，各校仍是老人上老课，分科开展研究与实践。基础课程改革纲要和新的课时计划想努力体现的"小学阶段以综合课程为主"的思想并未触及传统课程体系的实质部分和教师的教育观念，教学内容和课时划分的零散使课程缺乏综合性和弹性，之前由于师生之间难以建立积极的关系所导致的课堂管理与教学的诸多困难也未见任何改观。

于是，从2008年秋季开始，我以包班的方式，承担了一个教学班的品德与社会、科学、综合实践活动、校本课程四个学科的教学工作，一年之后又增加了美术……保证我在每班的周课时数达到6～8节。在完成现有课程计划和各学科课程标准要求的基础上，以课程计划中占有课时、学校自主开发的课程为载体，通过教师跨学科协作组的合作将多个学科交叉重复部分的教学内容整合编排，通过课程自主开发将部分基于知识传授的教学转变为基于问题解决的教学，开始了以连堂课为载体的多学科主题式教学的尝试。

我从孩子们眼中的"超级老师"变成了一名"学徒"——阅读，从各学科的课程标准、课程标准解读、经典教学论开始，伴随着一贯的广泛涉猎。同时，作为科学课、美术课的新手跟着师父听课，他们上一节，我琢磨一节，跟着上一节，一再为教科书的编写、教学的设计向他们求教。关注并主动了解各学科发展的前沿，最新的理念、技术，最有争议的问题——几年来，逐步涉及小学阶段所有学科课程。其实，在一个比较大的图景中，了解某个学科的学科特性和内在的知识体系后，掌握某一学科常用的教学方式和教学流程，需要的周期并不长，教师"专业化"发展不等于"学科化"发展，进入一个新学科，虽然充满挑战，却能帮助我拥有更开阔的视野、更丰富完整的知识结构，进而克服我对教学设计考虑太多而对孩子们考虑太少的问题。这才是真正令我感到欣慰的地方，将教与学的重心从关注学科领域发展慢慢向关注学生的兴趣和需要移动一点又一点。

因为承担同一班级多个学科的教学工作，我可以将不同学科课程之间的关联面整合在一起，适应现代课程日益提高的整体性和整合要求，减少了不同学科教学内容的交叉重复导致的大量无效学习。比如有一个学期，我将四年级品德与社会科的"工农业与我们的生活"同科学科的"食物与营养"放在一起做一个主题。我们如何看待除草和杀虫？如何看待对稻米的精加工？这个问题，品德与社会教科书交代得非常简单，科学课上也仅关注每种营养成分对人的生命生长起到的作用，而实际上，真正有价值的是通过对这两个问题的回答所体现的：我们如何看待人与自然的关系，对时下农业生产方式以及现代文明的反省，对人与人关系的理解和进行道德重建的意愿及努力。视野决定高度和质量。

以连堂课为载体的多学科主题式教学，使学习活动不再被时间表划分得七零八落，教与学的活动得以自然伸展，孩子们在一个比较充分的时空内完整地经历"发现问题（提出问题）—分析问题、提出解决问题的设想—验证假想—自评与互评"的过程，使课程缺少综合性和弹性、门类多、课时多、难度大、分量重，课程设置与教材内容强调知识自身的体系、重理论轻应用、缺乏与社会生活现实问题的联系等问题得到一定程度的解决。

我很清楚一个由个体推动的研究与实践，必须经得起伦理诘问，单靠理念和热情以一己之力颠覆现有的课程体系，这已不是勇气的问题，而是自我认知障碍问题。量力而为，细致的理论建设，以及悉心培养实践的智慧与耐心，比大词大话更重要。基于这样的认知，我要求自己必须以达成那些有正式颁布的课程标准或课程实施建议、有统一的国家教材、有统一的区域书面考查的学科所规定的学业要求为前提，比如科学科和品德与社会科。于我而言，这并不难。毕竟作为品德与社会教科书的编写者和使用指导者，我熟知课程标准的要求，长期从事课程自主开发的经验令我的课程意识和实践能力具有较大的开放性和适应性。

这项个人研究更大的意义与价值在于，在多学科整合的主题式教学格局中解决了课改以来一直存在的校本课程、综合实践活动课推进、落实困难的问题。将科学课、品德与社会课上因课时限制不能充分展开而学生们又十分感兴趣的主题活动放到综合实践活动、校本课程的时空中充分展开，召开专题辩论会、讨论会，另开专题开展探究活动……这样既避免了为课程开发而课程开发带来的各种弊病，又提高了学生的学习兴趣，学生真正做到围绕某个主题认知、实践、探察、创造、设计、解决问题。——距离课程随学生的兴趣和需要不断变化又向前迈进一步。

同样是每周 8 节课，我要做的还远不止达成学校和区域的教学质量要求，远不止努力上好每个学科的每一节课。做过班主任的人最明白"教学是一种人际过程"，包班之后，和学生在一起的时间多了，理解更多，一厢情愿的强制减少，彼此终于可以因相互"理解"而"默契"，因相互"信赖"而"坦诚"，课堂管理的压力小了，好的课堂氛围让师生的合作互动成为可能。

从第二个十年开始，我渐渐觉得用别人刨一口井的工夫这样整体推进的特别经历对我而言实在宝贵，毕竟胸怀和眼光比实际利益的得失更令我看重和爱惜。

以他的眼光审视他

只有当我关心他超过关心自己，并且以他的眼光来审视他的时候，我才能够真正了解他。

——弗洛姆

越战期间，美国男子穆司提每晚都点一根蜡烛，站在白宫前表达其反战立场。一个雨夜，终于有记者忍不住问他："你真以为你一个人拿着一根蜡烛站在这里，就能改变这个国家的政策吗？"他回答说："我不能改变这个国家，但不能让这个国家改变我。"作为一个基础教育从业者，日常工作琐碎而芜杂，特别容易陷入感性的不适与烦乱之中，职业对人的负面影响使教师往往有一副刻板面孔——絮叨、强势、混乱，不想被这个职业缠缚，就得从革别人的命回到革自己的心。

每个教师都难逃这样的局限，以爱的名义有意无意之间将自己以为的好加诸学生，沉醉于学生的喜爱、信赖、依恋，欣慰于学生的变化、教育的效果，义正词严而鲜少或从不反省。其实，心中没有犹疑、问题的人没有力量。

早先与同行讨论过如何减少班级生活中"走失的孩子"的数量，这些孩子有着共同的特征：学业不好不坏，从不主动举手答问，从不惹是生非，他们是"抓两头带中间"这种带班策略的产物。所谓"抓两头带中间"，就是控制住存在行为偏差的问题学生，切实做好培优和补差的工作，令好的更出色，差的不掉队。班级的优秀率和合格率得到保障，做任何事情基本步调一致，因此高效，集体的整体快速进步也就是可期待的了。从教之初，我就是这样费尽心思气力斗智斗勇收服那些处于"两头"的孩子——时刻警醒优秀者戒骄戒躁，令他们勤奋不怠，为了看到效果甚至不惜下重手说重话；时刻盯着行为有偏差、学业有困难的孩子，恩威并施，循循善诱。攻坚战一旦胜利，班就特别好带，孩子们也会样样事情都给你长脸。

可当我接触了一个又一个活生生的孩童之后，慢慢感受到处于班级"两头"的孩子大多自我能量超常——拔尖的要么极有天分，要么家人一以贯之精心教养；有行为偏差的问题学生无一不是曾受过巨大的伤害，有的来自家庭亲人，有的来自所处的境遇。若读写困难到畅畅、阳阳那样，学到第三个字，第一个字就忘记了，完全无法理解应用题的题意，就算你不依不饶地补课、督促，没有多少成效的同时徒增孩子的痛苦，他们原本安生的日子被反复的听写、计算挤兑得泪流成河……当这一个和那一个再不是某种类型，而是年复一年留在心里的名字、面庞、眼神、笑颜和眼泪，当我通过阅读、思考开始琢磨人是怎么一回事，我自己是怎么样的一个人，他、她的父母来历如何……每多一分了解，对这所谓的"两头"就生出更多敬畏、疼惜之心，对自己以为的一厢情愿的好便生出许多动摇，"狠抓"的手段不仅日益谨慎地祭出，大部分还被自己断然否定——先看看再说吧，别轻易磨灭了孩子的天性、热情；再想别的办法吧，总不能他为恶你便以恶制恶，以反教育的方式教育孩子。既教导他们宽以待人，那就从师者开始，看不顺眼、看着别扭请反省一下是不是自己的偏好与定见在作怪；既教导他们好好相处，那就从师者开始，打开自己，彼此信赖、尊重、扶助、合作；不为了自己的争强好胜而勉强孩子做违背他们天性的事情。

"憋着"自己不大动干戈、不较劲、不摧毁，更多力气便倾注在班上总是默默无闻的孩子身上：同他们没完没了地说话，没完没了地对他们微笑，逮着机会没完没了地夸奖，鼓励他们完成一些对他们而言更有挑战的任务——或一再督促，或明里暗里地指点。不知不觉，我找回那些原本失落在群体中的一个又一个，并一一将之点亮，我喜欢看到他们越来越明亮的眼神，从安静承受到主动参与的情态。这样做其实并不比以前轻松省力，但不知不觉我和班级中都多了些安详宁静之息。

高超的技艺和因之获得的广泛赞誉并不表示我了解他们是谁、我自己是谁，行收服、征服之实，流于技术与智力上的满足表示我只是一个解决问题的人。其实教育从业者的第一要义当是"不伤不服"，除了解决问题，教师工作更重要的是理解、照拂孩童的身体和心灵。美国纽约东北部的撒拉纳克湖畔，著名医生特鲁多墓碑上镌刻着这样的墓志铭：有时，去治愈；常常，去帮助；总是，去安慰。从中我读到、悟到教师应有的教育之心。

追问为何会走到这里

我们被一种隔离教师和学生的等级系统分离,被学科分门别类的知识领域分离,被教师和学生都得提防的同辈竞争分离,被一种使教师和管理者产生意见分歧的官僚主义分离。

——帕尔默

旁观《细节决定成败》这类伪管理学、成功学的书籍泛滥,"自上而下"的"精细化管理""变革"举措呼啸而至,置身越来越热衷创新、追求高效的人群,经历"应该由其他标准来确定的事情,却要按照效益或'代价——利益'分析来决定;应该规导我们生活的那些独立目的,却被产出最大化的要求遮蔽",痛感教育行业对个体的理解、专注、耐心日益缺乏和整体的道德崩溃,觉得在公立学校(据说私立学校一样甚至更糟糕)保持精神独立,做一个有坚守、持续思考教育价值的教师越来越需要耐心和力气了。

回望,我确实感到了自己的变化——对孩子,重心从试图改变他们到尽力理解他们;对课程,从关注开发课程新产品到关注课程理解。这背后有阅读的支撑,有对个人、具体情境的一再反思,有谨慎大胆的实践。而这十几年,除了用心教书、读书、写书,我从未间断盘算辞职的诸般可能。

清点背囊,所有的思考和曾付出的努力让我在打算放弃的一瞬,一再追问自己为何会走到这里,于是一而再再而三地陷入迟疑。

10

在明亮的房间里点燃烛光
——我的课程实践

工作的第四个年头,我被安排在教导处负责管理学生学籍和全校大课表,因为教务繁杂,也是惯例,我离开语文教师队伍转教"副科"。

2000年,社会与思想品德还没有合并,我做了"社会人"。那时候社会科偶尔还会有期中抽考。一次考前,我向学校申请只参加期末统考,期中不考查我所任教的班级。理由是为了减少新接任班级课堂组织和管理的压力,我将最难上的第二单元和比较有趣的第四单元进行了对调,先学习师生都比较感兴趣的学习内容,建立积极的相互支持的关系再去啃难度较大的第二单元。

学校的态度非常坚决,概括起来的意思是——你没有权利擅自调换单元顺序,作为一个资历尚浅的青年教师,你最应该做的是严格执行既定的教学计划,而不是有太多自己的想法且自作主张。

教育管理者常常强调要关注学生的需要和兴趣，表示鼓励教师形成自己的教育教学风格，但在管理者的经验和实践中，统一更容易保证质量和提高效率。

作为现代化核心的工业化进程是现代教育发展的背景，现时的教育显然是越来越热衷于追求标准化和高效率，鲜少自省和自控。今天的状况是教师的空间一再收缩，"教师作为课程开发者的角色在晚近历史上的公共决策中已不再被思考"。

那时候，学校的大课题是校本课程开发，作为课题组最年轻的成员，上创新课、概念课舍我其谁？一群人绞尽脑汁出创意，再通过反复试教颠覆，没完没了地拍脑袋从头再来，横竖要整出一个前无古人、开天辟地的新课例，还得自圆其说，给出有理论高度的说法解释。

我们通读各种版本、各个学科的教科书、课程标准，试图找出所有学科都没有涉及的学习内容和学习方式，费尽力气说服自己，使出浑身解数证明所开发的课例是基于学生的需要和兴趣，所做的站在教育乃至时代的前沿。但这些自主开发的"精彩""经典"课例在日常的教育教学实践中面对巨大的课堂组织和管理压力，难以常态化，结果是老师们直斥其"太假""太理想化"。

多年课程开发的经历导致我对教育管理者、教育专家、同行、把教育当作自己兴趣爱好的人等的口味有了深深的不信任，对所谓创新的过度热衷常令人迷失方向、丧失判断。

不喜欢这样的教师——在短短一两个 40 分钟里有意无意地征服、感动观众，试图屹立于潮头浪尖引领潮流，刻意制造新意启迪他人……如果和孩子们每天的相处都是这样，孩子们还是被一种外在的企图心控制，教师仍然是将满足自己的需要优先于满足孩子们的需要。

派纳在《理解课程》一书的导论中宣称课程开发发生于 1918 年，卒于 1969 年。他特别提请我们注意，随着年代的流逝，在教育的日常语言中，"课程开发"（curriculum development）一词慢慢衰变为缩略语"课程"（curriculum）。他希望通过对课程历史的梳理，让我们感受到从课程开发范式到课程理解范式的转变过程。

课程领域从来聚讼不已。2001年以来中国内地的课程改革，"校本课程"一直指的是学校自主开发的课程，撇开了国家课程校本化实施，更谈不上将两者作为一个整体来系统考虑优化。很多专家都不能接受我们赋予校本课程的三层内涵，即国家课程的校本化实施，学校自主开发课程，和将之作为一个整体进行考虑优化。"既然约定俗成的校本课程指的是学校自主开发课程，你们一所学校、一个团队的坚持，并没有多大意义。"真的没有意义吗？"国家课程的实施质量都无法保证学校还要自主开发课程？""自主开发类课程很难常态化实施怎么办？"我很早就意识到，这类问题的症结其实就是没有将课程作为一个整体来考虑优化，因此学校自主开发的课程成为凭空多出来的部分，无法常态化运转。

2002年我开始参加国家教材品德与社会、品德与生活的编写，断断续续12年，其间一次新课标制定（2002），一次课标修订（2011），我亲历一些字词的斟酌、推敲、替换，几个句子的消失，亲历课标中的一句话在无数次讨论、争论、妥协之后演绎成教科书中一个单元的几十个页码，亲历琢磨国家大政方针走向、评审专家的口味偏好并作出相应修改调整，难忘以读书写书为业、从不和孩子们一起生活的评审专家反复说，"这个例子离孩子们很远，不是孩子们的真实生活"。

在短短几年时间里，我先后参加五套地方教材的编写，涉及公民教育、生命教育、民族教育、书法教育、研究性学习。

这些教科书有的是应时应事而生，有的只是印证某个课题的成果进行了推广运用。作为主编和作者，我首先考虑的仍然是迎合评审专家的偏好顺利通过评审。其次，是让多数老师不用费脑子拿起书就能上，但最终仍有许多连作者自己都知道无法在课堂上实施的内容被编写进教科书。最后也是最重要的，一定要在报告里用力强调说明，一切都是为了满足学生的需要和兴趣。

2001年启动新一轮课程改革，最重要的一个大事件是教科书编写资格的放开。

虽然教科书的版本越来越多，但教科书选用仍是区域性统一的。区域性统一的考试、考查以某一版本的教科书为准，轻易就将师生的教与学牢牢地捆绑在了教科书的内容和知识体系之上。而教科书的编写过程，实际是多方博弈、最终妥协的结果，满眼尽是明明可以更好却不得不如此的权宜。

作为教师，被这样的教科书绑架怎能甘心？"自上而下"的全局安排，而对具体个人难免笨拙。

我想挣脱——专家、教育管理者永远的振振有词合情合理，教科书的压迫，还有自己以及同侪对"创新"过度的渴望和追逐。如果教育中的所有问题都是因"试图满足学生的需要和兴趣"而起，作为整天和学生一起生活、距离孩子们很近的一方，教师就要能读懂学生的需要和兴趣，并可能去满足，分辨、摒弃那些以满足学生的需要和兴趣为借口的蛮不讲理。

2008年秋季，我申请承担同一个教学班多门副科的教学工作，采用连堂排课的方式将分散的课时打通使用，走出摆脱班级授课制时间、空间、学习内容限制的一步。我试图做到：

其一，用足够多的课时数与孩子们相处。

一个副科老师的常态是每周每班1～2节课，一周七八个班走一两趟，一年下来，连学生名字都叫不全实在太正常了。如果认识并了解每一个学生漫长而艰难，怎么可能实现从学生的需要和兴趣出发而选择和安排教育教学活动，动态地去把握学科发展、儿童需要、社会需要三者之间的关系？

精心设计教学吸引学生是解决问题的一个方面，当教育教学缺少了师生情感和心灵的参与，多数时候也只好优先执行既定的教学计划，耗时耗力于控制课堂、控制学生。尽可能多地和孩子们在一起，观察进而理解他们，作出更适合他们的课程设计与安排，是解决问题的另一路径。

其二，弹性的教学时间容纳更为多样的教学方式。

教学是可以预设的，但意外难免，孩子们的状态也是不断变化的，不可能总是热情专注。如果这个学习内容是孩子们不感兴趣的，作为教师，我是否可以结束这个主题，或者另择合适的时空展开？如果这个学习内容激发了孩子们的热情，我是否可以给予他们更多的时间和空间去体验和探索，30分钟、40分钟、80分钟、120分钟乃至更久行不行？

当我可以把一个主题的学习内容集中在一个下午、一周或者一个月中渐次展开，可以在一个学时的教学活动之后转换到另一个学习领域、另一个主题，不再为课表所限，把时间、空间划分得七零八落，让学习活动得以自然地伸展，按照学生身心发展规律、学科规律，弹性地分配时间就成为可能。田野旅行、自由开放的小组讨论、访谈等在40分钟内不能或者鲜少能开展的教育教学活动终于可以开展起来。

其三，用好国家课程、地方课程、校本课程三级课程管理政策，将三级课程作为整体来规划安排，整体优化。

作为公立学校，执行国家和地方的课程计划是分内之责。国家课程意味着有统一的课程标准，多数都有经过国家审定的区域内统一的教科书。语文、数学、英语因其具有基础性，又有眼前的高利害，在课程推进中内外动力都十分充足。

于是，我选择以一个班级的课程为单位，从支持不足、课时少且分散、质量价值备受质疑的"副科"入手，用好政策允许的由地方和学校自主开发的课程的课时，将国家课程、地方课程与校本课程作为一个整体来进行规划和安排，突出学习内容的综合性和对学生个性化需要的适应性。

关注者按照已有经验叫我包班教师，"江苏省和武汉市的初中都曾开设科学课，因饱受质疑而取消，也就是失败了，你知道吗？""一心多用，你会不会因此降低了这些学科的教学质量？""一个老师教几门课究竟是你的个人兴趣、个人成长路径还是学生的需要？""不具备开足开齐课程的边缘薄弱学校，也是一个老师上所有的课，你的创新在哪里？""没有自己的学科就是没有自己的专业，职称晋升怎么办？"感谢一路的质疑，是各种问题而不是赞美带领我想得更多，走得更远。

当下中国基础教育的主流是一名教师负责一个科目的科任制教学。在某个领域受过专门训练的教师专攻一门，在学科知识上具有专业性，随着组织和管理经验的积累，他们越来越善于提高单位时间的教育教学效率，保证学生的学科知识扎实牢固，基础学力稳步提高。

国外基础教育的主流是级任制教学，一名教师负责一群学生所有科目的教学，在一个相对稳定和广阔的时空里与学生共同学习和生活，与学生建立彼此关心、相互信任、相互支持的关系。

随着人们对两种学校组织模式认识的深入，对二者的不足也有越来越多的批评，相应的调整改进从未间断。事实上，国内外成功的课程组织模式都不是单一的，而是学校管理者和教师团队有意无意地在实践中选取多种组织模式复合的方式。与其说多种组织模式复合能更好地体现每种模式的优点，不如说这样能更好地消解单一模式存在的问题和明显的缺陷。

希望更多的同侪了解，我既不是采用级任制教学的包班教师，也不是采用科任制教学的学科教师，我有意识地在课程组织模式上选取更加灵活、多元的复合模式：

级任制教学：给同一班级学生上科学、科技制作、品德与社会、书法、美术、心理健康等课，与学生建立相互支持的关系，辨别学生喜欢的学习方式，并帮助学生辨别和选择适合自己的学习方式。辨别学生的个性化需要，辨别每个学生学习某一个学科的最佳时间，并通过课程整体规划，设计更适合学生的学习类型。

科任制教学：对于科学、品德与社会、美术这类国家课程，充分利用各学科现有的资源，在有需要的专题学习中，采用分科教学的方式，提高教育教学效率和质量。

弹性课段教学：依据学生的需要和兴趣，主动应对外部的各种变化，灵活安排调整课段，让学生通过充分的体验和探究活动，发现并发展自己的兴趣和特长，发现并选择适合自己的学习类型。

协同教学：邀请其他教师、家长、社会人士共同负责学科教学和某一活动主题的设计、实施，充分利用同伴、家长、社会人士的力量，灵活地与学生个体和学生群体互动，提高教育教学的实效。

连续性进步教育：通过开设可选择课程，鼓励学生依据自己的学习兴趣和特长，按照自己的学习进度学习自己喜欢的内容。

努力让更多人理解，我不是 XX 学科教师，课程规划设计与实践才是我的专业。

你是谁？

在我看来，45 人的班级规模已算是令师生身心负荷过载的大班额，精确到分钟的一日作息时间表将师生一齐牢牢地钉在了流水线上，加上对整齐划一和高效的一味迷恋，教师使出浑身解数有序地完成既定的教学计划，追求看得见、可检验的教育教学成效。

大班额、班级授课制、分学科教学，这些教学组织形式为师生之间建立积极的关系设置了无数时空障碍。当师生之间相对更加松散自由的相处和交流被一再压缩，教师渐渐成为离孩子的心最远的人。

接手新班级，始业课上，我会给孩子们每人一份问卷，告诉他们老师希望了解他们学习和生活的感受、想法和愿望。

看过问卷，我得到一份特别关注名单——参与感、归属感和自我认同感方面都需要给予关怀帮助的孩子，我还会特别留意在日常教育教学过程中、交往中需要小心谨慎的方面，或者某种亟待干预的班级整体的趋势。

我会立即安排与每一个觉得"同学不怎么喜欢我"的同学聊聊，了解状况后，留意他们在人际交往过程中遇到的困难，提供帮助、安慰。对于三年级的孩子而言，这是非常困难和重要的事情。

D在特别关注的名单里，当他在课堂上和同学打成一团，被我制止后还一面继续追打同学，一面梗着脖子大叫"不公平！是他先打我的！"时，我虽然也感到意外，但并不觉得难堪和被冒犯。我知道他的感受，他觉得同学、老师不喜欢他，都和他作对，所以对自己的出手不善和出言不逊毫无半点不安和歉意，满心只有对可能出现的指责、压服的戒备。

作为教师，我除了必须应付眼前的危机，更要明白，怎样才能真正地帮到他。根据经验、问卷和访谈结果，我不仅能解释他为什么这样，还做好了这样的一幕会一再上演的心理准备。基于这层了解，我对D的期待不是收服他，让他迅速转变，和其他孩子一样知道界限、自律自觉——这是不恰当的。我期望的是他逐渐同父母、老师和同学建立相互关心、相互关照的正向的关系，有更多内在的力量主动约束自己，认识到他人的存在，在意他人的感受，在这个过程中发现并感受到一个更好的自我。

有了这层了解，我的力气便不会放在立即分出对错上，只要双方不再动手，等到情绪平复，再来帮助他理解别人的感受，告诉他这样处理问题不被接受。我当然不是在放纵他的问题行为，也不是宽容，而是怀着另一种期待——他愿意约束自己、明白为什么要约束自己比他服我、怕我更重要。

我在他有兴趣且能做好的任务上给予他机会、鼓励和肯定，同他的父母沟通，希望父母给予他更为宽松、有更多理解和支持的家庭氛围，建议任课教师主动避免与他频繁地发生激烈冲突……

他还是常会有和同学打作一团的行为，可次数在减少，再没有当面顶撞老师的现象，老师喊了停，他无论多么委屈难过都会停下手。对老师的信赖、喜爱让他更容易接受老师的指正，且会自省——那天他喜滋滋地拿自己的作业单给我看，面对赞许，得意又不好意思地说："可惜我字写得有点不好。"

通过问卷、访谈和观察及时发现问题并干预、确定适当的目标，这些比空谈的理解、宽容、激励让我更踏实、从容。

当同伴问我，问卷分数低是不是表示这个孩子不正常的时候，我一再解释应如何看待和理解问卷数据。问卷不是诊断书，问卷的目的不是为了得出结论，给孩子们贴标签——谁谁心理不正常、某某心理素质特别好，问卷是为了帮助我了解并理解孩子们的体验感受，以提供及时适当的帮助。

对于三年级的学生而言，问卷获得的信息并不准确，唯有在各种活动和事件中长时间地相处，你才能更多地了解他们。在我看来，教育过程实际是一个较长周期的质性研究过程，教师在其中与环境、孩子互动，你必须用眼用心时时看到他们，提防着自己大脑的懒惰、心里的偏见，才能作出更好的决策。

我者和他者

整个9月的重心都是师生彼此了解、适应，安排的内容是科学第一、第二单元的学习及其拓展——认识、观察校园里的植物和动物。

绝大多数三年级孩子喜欢这门新开的课程，学生学习兴趣浓厚，意味着课堂组织管理的压力相对较小，容易建立师生之间积极正向的关系。这样安排是为了尽力给孩子们更多对人对事的惊喜和期待。

在实践中，科学老师们为三年级科学课学时分散且不足而苦恼。比如观察大树，一个课时内既要交流指导又要外出观察，回来还有一轮交流。这样的课堂不容忍任何意外——对于制造意外的孩子，老师立即要给予严厉的批评，力求用最短的时间消灭节外生枝者。

老师当然容易显出紧张和严苛，因为实在没空去了解孩子们怎么想，今天状态如何，赶紧走完这个课时的教学环节，其余的哪里顾得上。第一阶段交流指导的时候孩子们若不在状态，老师就会按捺不住地着急生气，站队外出的时候孩子们一旦推推挤挤、打打闹闹，老师想到观察之后不能回来展开第二阶段的交流，下一个课时在一天、两天甚至三天之后，孩子们会遗忘，前后衔接很困难，而且后面的课时还有既定的学习内容，紧巴巴地不容侵占，便会气急败坏。

现有的课时数并没有留出足够的时空给教师组织管理教学，硬拉教学流程的结果是：孩子们越来越松散，课堂组织和管理的压力越来越大，教学效率低下最终会导致师生关系紧张、学生学习兴趣下降。在中年段的科学学习中增加一些课时数，让教育教学活动简单清晰完整，让孩子们的心情、状态有时间安放调整非常必要。

而且我非常反对把科学等同于实验研究（科学），尤其在小学中年段，应该突出科学的博物传统，让孩子们多与自然打交道，学习通过对动物、植物、矿物、生态系统的观察得出可验证的结论的思维方式。

我会花很多时间和力气带孩子们认识身边的一花一木、一虫一鸟，观察并记录他们的特点和变化。一天天慢慢积累的自然日记当然包括用各种感官有顺序地观察，用简图、维恩图、气泡图、表格等形式整理、归纳、总结植物和动物的特点，但更重要的是对身边的植物、动物充满好奇心，对未知充满热情。

孩子们从此便会习惯把花事、果事、虫事、鸟事第一时间报告给我，分享他们的发现和激动的心情，我和孩子们，我们和它们——花草虫鸟融为一体，我们有一个共享和值得反复分享的世界。

提供可选择的课程

每学期开学我都设计一份自选课程清单放在孩子们夹作业单的"活页夹"扉页，10个主题中总有一项创意作业，涵盖孩子们觉得有趣、乐意与大家分享的所有内容。其他9个主题有的是与本学期学习内容相关的长期作业，这类作业可以拓展和加深学习体验，有的是基于这个班级的状况量身打造的主题，还有一些诸如种植、养殖记录、运动日记、垃圾减量日志则是固定不变的主题。把运动作为生活方式，把资源的回收再利用作为生活方式，通过种植和养殖活动平复内心，收获踏实安宁……每一个主题背后都有一份用心。

我也会因时因事临时增设项目。但开学初的始业课上，大家已经约定好，这些全是自主选择学习主题、自主安排学习进度、自主选择学习方式、自主选择呈现形式的学习内容，完成后随时提交作业单，或与我预约发布展示时间，我期末会给予总评加分。

孩子们可以一时兴起一蹴而就，也可以长久谋划点滴积累，可供选择的课程鼓励孩子们做自己喜欢的事情，做自己愿意做的事情，按照自己的意愿安排进度，这是连续性进步教育带给我的启发。

一周上完一本书

每周1课时的科技制作活动属于地方课程，每学期约16课时，提供的教科书上一般有11个左右的主题，允许教师自主安排教学内容，自主设计考查方案。按部就班，一步步教学生制作最是吃力不讨好，往往是一部分孩子忘了准备制作材料无所事事，一部分孩子上课的时候懒得跟随胡闹捣蛋。

同样是在始业课上，让孩子们花几分钟通读教科书，选出自己最感兴趣的

3个主题回家准备制作材料。拿出一周6个课时，全部按照所选主题分组，和兴趣相投的小伙伴一起阅读书上的步骤说明进行制作。缺制作材料就互相借用，不明白的地方就一起切磋，实在不行就找小伙伴搭个手，完成制作后一起反复调试、修改。

基于共同兴趣的合作学习，让课堂组织和管理变得轻松简单，孩子们会自发解决以前全部依赖老师帮助的各种问题。而我特别看重制作完成后一起对自己和同伴原来的设想和作品不断修正、调试的过程。最后带着自己的作品与小伙伴合影就算是提交作业、接受考查了。

"少即是多"是课程设计的重要原则，3个主题6个课时而不是3个课时，让孩子们有足够的时间解决制作方法问题和交往合作问题，这比老师一路催促强制要让彼此愉快得多，孩子们的体验感受也深入持久得多。

设计一个鸡蛋保护装置，让一枚生鸡蛋从二楼或四楼落下不碎裂；用报纸和透明胶制作一座高塔，再不断刷新它的高度；设计制作一座纸桥能承载自己不垮塌。孩子们最喜爱的这三个主题活动一般都安排在家长开放日，或者学校大型活动前后和假期调休期间孩子们普遍比较低落倦怠的时候。

即便孩子们有时会因为过度兴奋而疏于反思总结，这种高峰体验对于孩子们的积极作用也能保持很久。设计制作课之后孩子们念念不忘，有的班甚至向我提出再做第二遍，他们向我保证"这次我们会表现得比上次更出色"。

班级课程定制

有老师向我申诉3班的课上不动，我笑着回应："是啊，他们是我教过的最温吞的班，除了吃，其余什么都难以让大家激情四射、发光发亮。"

发动无数次，自选课程一个学期仅4个同学参加；无论你怎么气急败坏，作业单永远稀稀拉拉交不齐；无论你反复强调多少遍，仍是大部分人带不齐学具……但我很喜欢他们，和他们吃吃喝喝了三年，开心而难忘。

学习观察方法，我买来各种苹果吸引全班的眼球，看、闻、摸、听，大小、形状、颜色、味道，维恩图比较相同与不同……一个苹果分到44张嘴巴里还有剩余，一个个一轮轮地尝。

学习传统节日和民俗，我带着孩子们搓汤圆、煮汤圆、吃汤圆，自带电饭锅四处搜罗杂豆杂粮，带着孩子们煮腊八粥、喝腊八粥，给他们讲为什么要把月饼切成莲花状，然后一人一瓣过中秋。

讲家乡物产，讲秋天是丰收的季节，一个人发一粒生板栗，随你细细剥还是使劲啃。柿子上开十字口，一人舀一勺，多数孩子舍不得一口吞下，那些吞得太快的后来被同学投诉"他的勺子都要吮化了"。

3班的自选课程清单里永远有学做一种主食、点心或菜品这一项，每个学期我都会拿出一整个下午做班级美食节，安排孩子们轮流去学校小厨房完成食物烹制，捧到班上来展示分享。

满足孩子们对食物的热爱帮助我找到了进入混沌一团的情感世界的路径。自我服务带给孩子们良好的自我感受，帮助他们从那个混沌的自我中慢慢分离出来，逐渐具有独立自主的意识和能力。我后来取笑他们："是不是一看到徐老师就会流口水啊？"

5班的家长对孩子管得又多又细，比如开放日那天我们做亲子活动，任务全被一群爹妈包圆了，他们热火朝天地干活，任由孩子们一旁无所事事打打闹闹。过度关心、保护、替代的结果是，孩子们缺乏自主能力，放出去不会自主活动和游戏，同学之间一点点小事情就不知所措地哭天抹泪，普遍为同学交往中的问题感到有压力和焦虑。

6班的孩子因为学业落后，主课老师不得不长期轮流在班上苦熬苦练，学业上的过度用力，造成孩子们大面积厌学，还练就了不怕不顾的性子。

刚接班那会儿，上课铃响过，班上没几个人还吵闹不休。有一次，我边管理课堂纪律边等待，课时过半还有5人没到，我把孩子们反映的信息碎片费力拼合起来——一人被反锁在厕所隔间；两个同学在操场打架，一人留下观战；一人上节课朝同学扔石头被老师留堂。他们班的课必须上5分钟，组织管理课堂纪律5分钟，如此交替直到下课。所谓组织管理就是一顿劈头盖脸地吼叫斥责，除此之外油盐不进——可怜我的嗓子。

两个班情形不一样，但我开出的药方是一样的。

回想，这两个班是室外活动时间最多的两个班。只要天气晴好，我会尽力设计组织室外的教育教学活动，或者努力简化室内课的教学流程，留出时间让他们去户外自由自主地玩耍，我则坐在一边等孩子们主动过来找我说闲话，随时准备解决同学之间的矛盾纠纷。

渐渐地，5班学生能自己玩得开心尽兴，自己解决一些或简单或复杂的交往问题。6班则是通过奖励室外自由活动，生出内在的动力自我约束，厌学和对老师的抵触都有所缓解，从而减轻了课堂组织管理的压力。

2班的孩子是因为父母太忙，家中无人照料而选择在校时间特别长的日托班。一早送来，晚上接回家洗澡睡觉。缺乏社会生活和人际交往的孩子心境眼界难免局促，我特别希望帮助这个班的孩子增广见闻。

和他们共处的两年，我设计安排了许多开放课堂的活动。邀请各个领域的奇人、专家来执教相应的主题；煞费苦心地安排访问社区、博物馆等校外实践活动；设计跨年段、跨班级的教育教学活动；为了让他们明白志愿者、公益组织的概念，我甚至带他们一起申请了国际绿色基金会的项目，邀请基金会的督导给孩子们分享自己的人生经历和感悟……

每个孩子不一样，每个班也不一样，我试图通过不同的课程设计和安排来回应、解决孩子们成长中的不同问题，即便是同样的主题活动也常常指向不一样的目标，有着不同的希冀盼望。

儿童社会化发展项目之自由自主阅读项目（FVR）

经过研究我发现，整个小学阶段，二年级学生的向师性最强，到三年级陡然下降，问卷和访谈结果反映，他们开始指出"老师从来不笑""老师不公平""我没有得到我应得的表扬"……

三年级的孩子，自我意识越来越强，逐步从混沌一团的感受中分化出自我和他者的概念，师生交往、生生交往、与父母相处都特别容易觉得委屈、愤怒。多花些力气帮助他们厘清、分辨，明白老师、同学、家人并无恶意，针对具体的人和事教给他们一些简单的处理人际交往问题的方法，是此阶段儿童迫切的需要。

后来我将问卷、持续访谈、个别辅导归入到儿童社会化发展项目，并增加了一些子项目推进，其中被误读最多的是 Free Voluntary Reading 项目（简称 FVR）。

我发起并推动建设一流的班级图书馆，将最新最好的图书第一时间放入班级书架，让孩子们随手就能拿到自己喜欢的书籍。我通过项目前测、培训、分享、答疑，说服家长和班主任，孩子们不需要写读书报告，不用回答问题，不喜欢不用勉强读完，因为一个热爱学习、热爱阅读的孩子，只会学得、读得更多更好。

我通过日常观测说服家长，与全体任课教师达成共识，当孩子们当堂完成学习任务之后，完全可以立即获得自由自主的阅读时间——不经过老师允许在教室里走动，去书架拿书、换书。我尽力与学校协商，允许我引导同学们自由自主选择午休方式，允许孩子们依据自己的情况选择午睡或自由自主阅读。

事实证明，只要给孩子更多自由自主的空间，把更多的好书放到孩子面前，没有孩子不热爱阅读。

允许孩子们在当堂完成学习任务后，在不打扰他人的前提下，自由地在教室里走动着拿书、还书，不仅不会影响课堂秩序，干扰教育教学活动，还能改变原来教师控制、强制过多造成的学生学习倦怠，缺乏内在动力的问题。项目后期，孩子们已经习惯完成当堂学习任务后，在不打扰他人的情形下，安静做自己的事情，是否投入阅读老师也不干预。

这个儿童阅读推广项目在提高阅读兴趣、阅读能力和写作能力方面的作用是值得肯定的，而项目更大的意义在于丰富教师和父母对孩子的认识与理解，帮助老师、父母、孩子重建相互支持和信任的关系，使师生、亲子之间的关系由单向管制逐步过渡到双向协商，从而通过改善师生关系、亲子关系帮助孩子更好地完成社会性发展。

书法课不只是教写字

在武汉市教育局颁布的课时计划中，校本课程每周 1 课时，完全由教师自主开发、实施，起初这块真正的自留地正好被我拿来贴补科学课时。后来学校获评书法特色学校，引进专职书法老师，安排利用校本课程的学时学习软笔书法。

可以想见低龄的孩子在小小的课桌上摆开笔墨纸砚、悬肘悬腕多么混乱，衣裤、手脸、桌椅、地面、墙面、走廊、洗手台全部墨黑一片。书法老师困惑于一周一次的 40 分钟效果不佳，刚刚组织好，就差不多下课了，很难静下心来习字，羡慕我可以集中安排 2～3 周完成书法教学。

而我想的是，语文老师已经教过笔法，不能熟练运用的孩子多是对硬笔的控制力不足。每天 10 分钟集体练字的时间里，多数老师还会讲讲间架结构。笔法、间架结构练习只见树木不见森林，大量重复容易让孩子们感到枯燥无趣，生出厌烦。虽然冗余也有必要，但孩子们对笔的控制力，有意识地表现线条、布局之美，尚需力量、心智的成长，不全是方法指导之功。整体感受体会书艺之美，比苦练笔法、指导间架结构更容易激发学习兴趣。

4班是我教过的班级里软笔书法普及程度最好的班，一半孩子都在校外书法班学习隶书和楷书，我不统一内容和进度，给予他们选择权，可以在书法课上习练自己的字帖，我重点教授、指导章法，让他们体会完整书法作品的整体之美。条幅、横幅、斗方、扇面，不论你字写得好不好，书法的味道出来了就会有惊喜。

3班的孩子总是带不齐学具，我建议他们用水彩笔、水粉颜料、国画颜料习字，家里有什么学具带什么学具，连油画棒都行，把学习重点放在习练象形字（东巴文）和大篆的书法作品上，和他们的心智水平、偏好一致。五颜六色的书法作品，每个字的画面感和整体的画面感都很强，加上一点章法的知识，孩子们"玩"得很开心很有成就感。

6班和8班缺少秩序感，我为他们选择了秀丽笔，比毛笔更轻便好操控，未来肯定运用范围更广。连带的好处是，能减少泼墨事故，减少了生生之间和师生之间的冲突。同样是教章法，我会花很多时间带他们打格子，告诉他们打好格子就成功了一大半，因为格子就是整幅作品的设计图，图设计得好能弥补单个字的不足。我会特别强调不涂改这一项，落笔无悔，必须想好了再下笔。第一次交作品的时候，很多孩子都觉得难以置信，"我竟然能创作出一副这么像样的书法作品！"

我还为没有一点书法功底的孩子设计了画画的练习活动，关于布局均衡、笔画均匀的观念都通过他们喜欢的活动让他们慢慢体验和感受，书画同源，不必拘泥。

每个学期花上半个月体会软笔的特点属性，感受书法的形式之美，了解书体的演变历史，最重要的是很多孩子因此喜欢上了书法艺术。足矣。

从看电影到讲故事

以前班上没有安装投影的时候,我常常费力地借场地、买光盘带孩子们看电影。后来学校每个班都安装了投影设备,我却很少用了。

因为方便,很多老师上课都用电子讲稿,教室里的空间有限,总有几个孩子距离屏幕特别近,总有几个孩子斜着看屏幕侧面的人影幢幢。想到孩子们在校时间长,加上逐年增长的近视检出率,学校开始经常安排看电影的活动,我便尽量不用投影,把以前的电影课变成课前或课后讲故事,把长片换成短片——奥斯卡历年的获奖短片就是不错的选择。

课多从故事开始,一些故事指向新的主题和专题的学习,其余则指向学生日常行为和学业中存在的问题,这些问题可以通过故事带出来。

讲植物的叶,听《一片叶子落下来》。

几个孩子在故事开始时还说,这本书家里有,早已读过。讲着讲着教室里越来越安静,只闻弗雷迪的一个又一个疑问:"为什么我们会变成不同的颜色呢?""我们全都会死吗?""我们死了到什么地方去呢?""既然我们要飘落下去死掉,我们干吗生长在这里呢?"讲到丹尼尔落下去了,弗雷迪这最后一片叶子终于也安静、轻飘飘地往下掉,他第一次看到整棵大树。他睡着了,不知道春天将要到来,雪将要化成水,不知道他这片无用的干枯叶子将跟水混合起来,让这棵树长得更强壮。他睡在树下的土里,不可能知道,春天来时,新的叶子将要长出来。

教室里有几声轻轻慢慢的叹息,"我好感动啊。""我已看过,但老师讲出来让我觉得很感人。"了解植物叶的结构、生长变化不难,难的是在了解叶的生长和衰老之余,对生命体有心灵层面的感受,这一点,故事可以,因为故事里的形象有强烈的感染力,让抽象的道理变得可感易感。

我一再给学生讲述、带领学生回顾《尼尔森老师不见了》,讨论师生的互动关系：所有的学生都会期待遇到态度温和、爱笑的老师，为什么这么好的尼尔森老师会"不见了"呢？老师其实也很希望和学生好好相处，这会令工作更加轻松、愉快，老师当然应该为此付出努力，只是作为学习者，你们做到自律、自觉了吗？单方面向老师提要求显然是不合理的。

课堂有时难免会出现对表扬和批评都无动于衷的嘈杂，无法逆转的涣散很快就会让课堂陷入混乱，用强力当然可以，不一会儿孩子们便又故态复萌，此时要么彻底停下教学整肃，要么任由此种模式循环下去。而我常会选择讲一个故事，这个故事一定要有许多细节的描写，有细腻温暖的心情感受，比如金波的《两只棉手套》、汤素兰的《红鞋子》。

故事一旦开始，教室里便立即恢复了秩序，且越来越安静，眼见着孩子们的眼神越来越明亮晶莹，他们会因为小松鼠在棉手套中安身轻轻笑起来，会因为小老鼠说孤单不是肚子饿轻轻笑起来。那笑声既有怕打扰故事的克制，又非常自然甜美，整个教室里缓慢流淌的是故事传达出的温暖和煦。

当故事讲完的时候，总能听到几声满足的叹息，之后是半响静默。然后，你可以继续讲课，或者安排做练习，只是须尽力延续听故事时的呼吸节奏，那种舒服的感觉会让孩子们更专注于课堂上的学习。

真的会有奇迹。

让孩子们寻找并观察蜗牛，虽然一再嘱咐要爱护小动物，虽然说过只需要一两只，但大部分同学仍克制不住地抓了一只又一只，永不觉满足。我稍稍改动了一下古希腊神话中弥达斯的故事，细数弥达斯心爱的那些有生命的物与人随着他对金子的无限追求而死去。许多孩子听完故事，留下一两只蜗牛，余下的全送回了当初发现捕捉之地。

很神奇，说了那么多道理，却是一个故事更加引人觉知、觉悟。"故事的神秘和强大力量常常被人们忽视。它们以无形而潜移默化的方式，影响着你的心灵和内在自我的方方面面，在改变你的同时成为你的一部分。"澳大利亚资深幼儿教师、"故事医生"苏珊·佩罗称之为故事的疗愈功能（healing，使达到平衡，变得健全或完整）。

故事也一次次帮助我从高度紧张工作带来的情绪风暴中逃离出来。很多时候，讲完一个故事，看孩子仍沉浸在故事中若有所思、若有所悟，由衷对孩子笑笑，再无须多说什么。满腹愤怒——我当然会因为孩子们的"不受教"而难过——随着故事的流动而消散，我的期许随故事抵达。故事时间也是自我平复、修复的时间，召唤理智、理解、体谅回来的时间，让我免于因情绪失控堕入更深的沮丧。

当道德不再作为纯粹的知识

我对所有执教过的书面考查科目都做过这样的实验，开学初先拿上届期末考试的卷子考一遍，看看哪些是不用教孩子们就已经掌握的知识和技能。

一方面，考试结果稍作分析，可以用作课程设计的依据，哪里不会学哪里；另一方面，可以将学期初和学期末的考查结果相对照，了解通过一个学期的教育教学活动，孩子们在哪些方面有所进益，哪些方面仍存在问题和不足，用来验证、反省自己的课程设计。

最有意思的是对品德与社会科的考查，从卷面上看，学习之前和学习之后分数的差别不大，很多知识不用教孩子们也是知道的，而有些东西即便你用心教了，孩子们还是没有完全掌握。中年段的教科书中知识点不多，读一遍就知道，读几遍就记住。中年段一个学期近 40 个学时用来做什么最有价值和意义？

其一，以主题为线索，鼓励家人之间、师生之间、生生之间多交流、多沟通，比如姓名的来历、他人眼中的我、采访学校工作的人等。

其二，多做体验活动，比如采访在学校中工作的人、半日体验残障人士的生活、超市购物行、班级跳蚤市场、博物馆系列、开放课堂系列等。

其三，多作开放性的讨论，比如逐条讨论班规的合理性、在困难面前是再坚持一会儿还是另择道路、热点时事新闻酷评等。

总之，设计各种活动让孩子在其中去践行毅力、自控力、好奇心、责任感、勇气和自信，去解决具体的问题。实践活动给他们愉快而持久的体验，我也因此获得意义感和价值感。

把语文教没了

母语教学的重要性怎么强调和突出都不为过，但某些强调和突出会成为母语教学发展的局限甚至障碍。离开语文教师队伍多年，偶尔和熟悉的朋友开玩笑，我说作为曾经的语文老师，我现在的努力是致力于把语文教没了。

我也教学生阅读和写作，不过不是基于现行的语文教科书，而是基于学生学习活动的需要和兴趣。在主题式教学、项目制学习、自然笔记、STEM+、田野旅行等一系列活动过程中，孩子们自然而然地需要拟定采访提纲、做自然观察笔记、写研究报告、写剧本、出设计方案和修改设计方案……他们在任务进行中的阅读、写作，正是当下主流语文教学缺乏的跨学科阅读、非虚构类写作、非连续性文本的阅读和写作。作为一个非学科身份的课程实践者，我是有心将母语学习融入所有的学习活动中，而不是相反。

比如在自然笔记的活动中，除了让学生反复实践运用多种感官观察，看形状、颜色、闻气味、尝味道、用手触摸体会感觉、听声音，我还让学生在用简图、词语两种不同方式记录特征的同时，试着将词语连缀成句子。有观察方法的指导和帮助，学生就明白如何去观察，什么是写具体。有词语的拓展积累，能帮助学生丰富语言。课内写作练习，则是帮助学生熟练准确地运用语言。

我们还做过色彩练习，请孩子们在一棵深秋的乌桕树上找出至少20种颜色，并用词语记录下来。孩子们一面观察，一面记录，不停发出惊叹，"乌桕树上落了彩虹吧"，从深浅不同的绿、深浅不同的黄，到深浅不同的红、深浅不同的蓝……原来观察就是认真地看，真的看见，而不是每天熟视无睹地走过，脑海里的树永远是褐色的树干，绿色的叶子。

但凡设计一个装置，一定要有一个图文结合的设计说明书。画示意图，列出材料，记录每个部分的功能，改进之后还要说明原因。

我们还有一个长长的博物学书单，博物学是最佳的跨学科阅读方向。这些博物学家们的渊博、宽阔，不只是对学生知识的扩展，更是写作的典范和一种情怀心性的提升。

跨学科阅读、非虚构类写作、非连续性文本的阅读和写作，是我在课程实践中有心尝试的专题，在我看来这些方式试着从非语文教学主流的路径解决"读什么"和"怎么读"，"写什么"和"怎么写"的问题，和当下的主流语文教学形成一个互补的整体。

而如何将自己曾经的学科背景转化为自己的优势，即将自己曾经的经历作为有价值的背景知识而不是终身的桎梏，恨不得将遇见的一切好东西全塞到某个学科的框架里，这是一个学科教师与我这个课程研究者和实践者最大的差别。

合　唱

学校北面是五幢老房子——原两湖书院斋舍。这里多数时候都很僻静，绿荫掩蔽中抬头即是白色瓷砖敷面的五层教学楼——我对国人热衷于在建筑内外一律敷上瓷砖十分无奈。走廊在朝南的一面，管理者探头探脑突如其来的巡视和同事来来去去有意无意地窥视都能落入教室内师生的眼里，多少有些让人警惕，只北面五排规整的四方大窗因为悬空，让人踏实放心。

孩子们拖腔读书、大声号叫地齐唱、嘈杂中几声"老师来啦"和随之突兀的爆笑，老师经微麦扩大后声嘶力竭的电声讲解、话剧一样抑扬顿挫的讲课——我仿佛看到她前倾的体态和生动得有些陌生的面庞、厉声训斥某个或者全班学生，播放的电影热闹的对白配乐从劣质的音响中轰隆而出……

你看不到教室里整洁美观的布置，五颜六色的作品展示墙，孩子们正襟危坐，或迷惘或清澈的眼神，老师美好的仪态仪表……这是学校的另一面，无人看顾的一切从整饬的铝合金窗子里涌出，汇成一体。这便是"课程是一部合唱"的意味。

课程研究领域是"社会理智的公共体"，这个系统和其中各个部分"会话"是在时间的长河中积累和变革的。面对实践中汹涌澎湃的嘈嘈切切，我常觉微妙有趣，感叹其中理智的部分太少。置身其中仔细分辨、大胆尝试、不断反省修正，正是我作为一个课程规划设计者的志业。我知道，有时候我的声音也会从其中几扇窗子中涌出来，和所有的声音合为一体。

朋友让我拟一个"好孩子的标准"，毕竟颇受进步主义的影响，"让孩子长成自己的样子"之类的观念总还是在价值格序中排位靠前的，第一反应是拒绝。一转念，虽然这个领域经年聚讼不已，但每一种教育实践都难以回避对教育目的和教育哲学的思辨，遂勉强为之：

我具有专注力和好奇心，在不断的尝试探索中了解自己、提振自己，努力成为更好的自己。我为值得的事情倾尽全力，只因我喜欢或者认为这是有价值的，而不是为了获得父母的爱以及他人的奖赏。

我有自控力，自己规划管理时间和个人的事务。

我热爱运动，关注自己身体的变化，主动选择健康的生活方式，懂得保护自己。

我既合群又爱独处，我喜欢我自己，有自己的兴趣爱好。

我试图理解他人、善待他人，并乐于为他人提供力所能及的帮助。我善于合作。

我遵守规则，有自己的准则并奉行不悖，乐于通过沟通与人共建规则。

我对不同的文化保持尊重，不断发现并消除偏见。我希望，这世界因我变得更加美好。

我热爱自然、亲近自然，致力于人和自然和谐共存。

11

教师提高课程设计能力的两条进路
——教育观察技术举隅

提高教师的课程设计能力，有两条进路：一条是教学观念与技术，在理论和实践中寻找，掌握更多的课程设计理念和案例，知道更多的教学理论新范式、教育新技术，了解它们的适用范围、优点和局限。还有一条进路是教育观察。作为教育从业者和课程设计者，我努力提高自己观察、认知、理解学生的能力，这条进路在实践中是少有人走的路，因为它看起来没完没了，几乎也没有可能标新立异。

以观察（评估）为基础的决断

教育，需要与教育对象合作。这世上并不存在最好、最完美的课程设计，往往是知道了不少好方法，仍然做不好教育,过不好教育人生。适合的才是最好的,关键是要确定什么是适合的。我们对教育对象观察、理解、认知的能力越强,就越能够设计出更适合我们的学生和我们的境况的方案。

我当然不是要否定课程设计理念和技术的功用,而是说一个好的课程设计者,既要有大致靠谱的教育观念,能够熟练运用丰富多样的教学方式,有一身好武艺、一肚子好学问,也需要更多地了解学生。对低龄学童的老师而言,理解学生往往更不容易。

有人说,当上课铃声响了之后,教师的工作就结束了,学生的学习便开始了。这句话不能绝对化,要有一些限制条件。所谓教师工作随着上课铃声结束,是说教师独立决策进行教学设计的工作暂告一段落,学生的学习开始了是指课程实施开始了,这个阶段并不是说教师无可作为,绝对不能作为。

我们来看看教学的一般流程(图1):

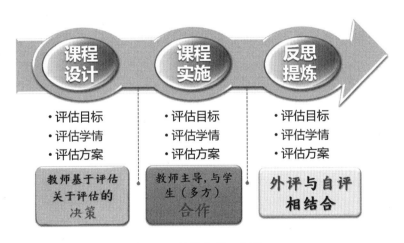

图1　教学流程示意图

课程设计阶段教师的独立决策,既需要把握教学目标,同时还需要结合学生的实际情况，确定教学内容和教学方式，在其中应有与学生合作的意志，并不是与学生无关的。

到了课程实施阶段，作为实践者，我们都经历过，因为课堂上的实际状况，我们不再执行原定的教学目标和教学方案，修订甚至完全按照即时生成的方案去实施。这个过程即使是完全由学生自主学习，也是教师决策的结果，教师不给机会，学生就没有机会。

教师直接教授，看起来是以教师为中心学生很被动，但也可以是基于学生实际需要的指导和帮助，是事实上的以学生为中心。

所以，我们倡导学生自主学习，并不是要取消教师的课程主导权。绝对的让学生自主，是教师的失职。我们要求课堂以学生为中心，并不是对教师行为作出判断，教师讲多了就不是以学生为中心就是错的。以学生为中心，是指从学生的实际需要出发作课程决策。

反思提炼在课程实施之后，也并不绝对，有时实践过程中我们就开始检讨反思了。我们检视目标是否合适，教学内容和方式是否合适，是否存在更佳的方案，一些未尽的问题和新发现的问题需要怎样通过后续的设计和实践得到解决、改善。所以这个阶段和课程设计阶段可以看作重合的部分，所谓一个循环的结束也是一个新的循环的开始。三个阶段也好，两个阶段也罢，都应以对学生的观察、评估为基础再来决断，课程设计得合不合适，需以学生的表现为准：

学生学会了吗，掌握了吗？——知识技能

课堂上学生与学生之间，学生与教师之间的交往合作如何？——社会性发展

学生喜欢学习吗？是否能积极主动地参与到学习活动中？——情感态度

学生是否对自己的学习过程有觉知，能够认识到什么样的学习方式更适合自己？——后设认知

学生会在生活中主动求知，运用已经掌握的知识和技能吗？——内化运用

教师在和学生相处的过程中，需要有心观察、搜集许多信息，再经过整理分析，供教师不断检讨改进自己的教育实践。

将无意识转为有意识

教师平日里也有对学生学习状况的观察和评估，但是容易简单武断，比如"他总是不专心""她上课爱讲话""他做题一向马虎""这个班的学生都不爱学习"……对学生的一些表现，陪伴的教师有感觉，可惜很多也只止于感觉，没有或者少有把这种感觉有意识地进行梳理提炼，有意识地基于此去优化课程设计，改变与学生的互动，也就是改变课程实施。

再说说外评。比如，学校的管理者、校外专家会来听课，之后给我们一些关于教学设计和实施的意见和建议。比如，从学校到地方，会有相对统一的调考、统考来考查学生的学习成效。很多人认为，只要改变评价标准，改革考试的方式和内容，不仅可以考查学生知识能力的掌握情况，还可以了解学生在学习过程中的情感态度等。

作为实践者，我认为不应太多寄望于外评的改革，无论你给予外评多么复杂的使命和功用，听课评课、书面考试都有一定的适应范围，总有些顾忌不到和无法作出恰当评价的部分。教育中特别需要你我这样一直和孩子们在一起的教师们，承担起责任，作为专业人士来观察记录，作出即时的更为丰富复杂的判断和决策。

不论课程设计还是实施，整个过程中，教师对学生的观察和评估是贯穿始终的，教师应有意识地观察评估学生的表现，然后在此基础上对课程设计和实施进行优化。考虑到教师日常工作的繁杂琐碎，我有心选了些不必专门拿出时间气力，可以融入日常教学实践中自己独立使用的观察记录方法（图2）。有兴趣的同行，还可以通过阅读，了解掌握一些更加专业的方法和工具，通过同伴互助，进行更为系统严谨的教育观察，其实也是非常容易操作的，并不复杂艰深。

- 录音/录影
- 拍照
  - 特别的小组照
  - 特别的作品
  - 特别的状况

- 轶事
  - 多描述不判断
  - 减少干扰
- 检核表
  - 作业提交
  - 小组合作
  - 成长档案
- 问卷访谈

- 以座位为基础
  - 发言次数
  - 表扬和批评次数
- 移动方式
  - 路线
  - 关系图
- 工作中的行为
  - 专注程度
  - 情绪变化

图2　观察记录方法列举

摄录——给未来的你的纪录片

在智能手机普及之前，我的背包里是常备相机的，可以方便随时将重要、特别的教育事件记录下来。我带过的每一个班级，都有一个专门的文件夹，收录我们日常生活的影像记录。首届LIFE创新案例走访考察时，兆凡查阅了我的各种记录后说，具有如此强烈观察、记录、分析意识的一线教师很少见。其实不过是有心而已，积少成多，并不麻烦。这些原始记录不宜也不为公开发表，因为不能给学生以及他们的家人造成困扰。

随着智能手机和网络的普及，很多老师都有拍照记录的习惯，还常常把学生好的表现发到朋友圈、家校群、QQ 空间里分享。但我们这里说到的是观察记录，是基于教育学理解的行动，不止于分享好的做法和表现。

给大家举个例子。我接手一个三年级的班级时，反馈的信息是这个班特别混乱，很不好带。在开学之初我设计了一个活动，让大家和班上要好的同学一起合个影。同学们都很开心，觉得新老师很亲切很有趣，没有什么压力，于是各种你找我我找你，我想加入你不同意我去找别人或者大发脾气……

我想在一个比较宽松自然的情境里观察了解这个班同学之间的互动情况，尝试寻找混乱的原因。那天摄录的就是这帮我还叫不出名字的孩子们的小团体合影，有两人一组的，有三人一组的，有一大帮子的，还有落单了郁郁寡欢被我贴到某个组的。

这个活动、这组照片都很有价值——他们与谁比较亲密，和谁在一起感到愉快。分组的混乱过程有多长，让我对今后小组合作学习之前的自由组队情况有了大致预期。如果教学时间不足就固定分组，如果自由组队有些同学容易和其他同学产生纠纷，则预先作出安排或者中间提供帮助。一个学期的教育教学活动之后，那些社会性发展不足的孩子，他们发生了什么变化？哪些同学在互动协商上有进步？……

好的表现，当然应该被观察记录，但是，很多当下的你不能感受理解的好，未来当你能力具备了又被遗忘的好也需要被记录。学生们很多关键的"第一次"尝试，看起来很糟糕的特别作品，会被我无差别地摄录下来。

也举一个例子。早年我带学生做色彩练习，学生起初都很喜欢把几种颜料混在一起，作业色彩浑浊，我笑他们俱是搅和泥浆之作。很多年之后读了些艺术史，看过敦煌壁画，觉得和很多孩子早期的色彩感觉很接近，非常遗憾当初觉得不够好而没有摄录。颜料提纯、合成、大规模生产是工业革命之后的事，之前大多是从植物和矿物原料中提取，再加上多年的风化侵蚀，明度彩度都有损失。那种浑浊暗淡其实也是美的，只是我需要经过学习才能理解欣赏这种美。基于观察和理解，我对学生的表现，才会有不同的态度，从而产生不一样的互动。

手记——多描述少判断

坚持写教育手记，这件本来的好事招致教师们的抵触反感，因为教育管理者将课后反思、教育手记、教育随笔作为必须完成的工作，检查、考评、比赛并没有让教师感受到它的价值，反而因强迫而生出应付和怨怼。

我个人最喜欢轶事记录，就是特别事件的文字记录。叙事，只需说清楚事情经过，长度、结构等都不考虑，少抒情少发表议论，特别是自己的判断能免则免。大家比较喜欢的是课堂实录型的，记录一些精彩的课堂教学片段以及学生的特别见解。其实你观察到的，觉得特别的所有事件，都可以成为记录的对象。要点主要是学生的语言、行动、情绪、态度，而不是为了证明教师的能力和水准。一个人的变化是一系列努力的结果，记录能带动更为细致理性的思考，带动更多有意识的尝试。

还可以做一个很简单的检核表，留下过程性记录。比如我曾经带过一个班，每项作业都收不齐。后来我就专门做了一张交作业情况记录表，坚持记录，每天向没有交作业的同学询问原因，督促补交。认真严谨的态度本身就是示范，等到按时交齐作业成了习惯，就不再记录检核这一项了。当我听到老师和家长说，"他总是不交作业"，我觉得这可能只是感觉而不是事实，这种沟通也行，但是容易引起反感。我更倾向于基于记录先和学生一起寻找分析原因，再和家长交流，能合作就合作，不能合作至少让家长明白老师在试图寻找原因解决问题，而不是抱怨和指责。

还说小组合作，做一个检核表，将你希望学生在小组合作中做到的事情列出来。在巡视的时候，在一个组多待几分钟，就可以观察到这个组里每位同学的状况，起到的不同作用，并记录下来。如果时间允许，多观察几个组。这样的记录坚持下来，会帮助你在设计教学时调整分组方式，在小组合作学习之前和之中提供有的放矢的指导。在评价反馈的时候，非常具体地描述，给出意见和建议，学生们因此能够明白应该怎样做，兑现宝贵的"促进学习的评估"和"作为学习的评估"。

我偶尔也用问卷访谈法。这里说的问卷访谈，目的只是为了帮助教师更多地了解学生，甚至只是增加师生交流互动的机会，制造点话题，并不需要在意紧张数据和结论的信度效度。可以用现成的、觉得合意的，也可以简单拟几个你关心的、感兴趣的问题。如果觉得哪些同学问卷反馈的信息比较特别，就单独约谈。深度会谈往往会让教师对学生的了解被意外刷新，令学生对教师产生信任亲近之心。

动态——消除错觉和幻觉

很多老师意识不到自己经常批评训斥某位学生，意识不到自己总是指名那几位同学发言，意识不到自己一节课都在啰啰唆唆地自说自话。我们可以把班级座次表多复印几份，试着监测自己的教育行为，比如：我指名哪些同学发言或者分担班级事物；在巡视的时候总是站在哪些同学的身边；我表扬鼓励了谁；批评指正了谁；我某节课有价值的提问的次数。

刚开始生疏，可以一次只选一项来统计，用自己习惯的符号在学生的名字旁边记录。一节课下来，一天下来，或者一周下来作个数据汇总，你会有许多意外发现。当然，记录过程中，你会开始留意并调整自己的教育行为。

在学生受约束较少的课堂活动中，你可以重点观察和记录一两个同学在教室内的活动路线，借此发现这位同学的偏好，你甚至可以在一个较长的时间内观察记录某位同学与其他同学的互动关系图。这些都能帮助你在处理某些特殊学生的问题时找到很深层的问题原因，作出更加适宜的决策。

我曾经因为一位非常焦虑的家长，记录她的孩子在不同的课堂任务中专注手上工作的时间长度，一段时间之后我告诉家长孩子不存在她担心的问题，在这个年龄的孩子中，偶尔的不专注是共同特点，不必惩罚，成长自会带来好的变化。我也记录过一个情绪经常失控的孩子在活动中的情绪变化过程，寻找规律，避免自己与他，也避免同学与他频繁地发生激烈冲突，强化他的抵触和敌意。

这些观察和记录一部分是边上课边顺手做了，有些会课后记录。我的经验是必须及时，只要拖延几天，就会不了了之。因为当时的情绪状态过去了，很多细节也随着时间变形了。

想解决学生的问题，首先是了解原因，理解学生的特点和境况，再来提供支持和帮助。教育实践中的观察和分析与教育理论研究中的质性研究、量化研究有相同也有差异，并不需要多么玄妙、精密，贵在坚持，贵在充满善意，贵在让各方理解和接受这份善意。

之所以有的老师会质疑，觉得这样做既增加工作负担，又没多大用处，是因为面对体力和智力都不及教师的低龄学童，粗暴简单压制往往也能达到目的，结果看起来一样好甚至更好。可等到孩子长大了，与老师力量相当了，粗暴简单的指责训斥压制惩罚解决不了问题了，大错已经铸成，我们错过了最佳的干预期。

区分学习问题和社交问题

学生年龄越小，教师在组织管理教学上花去的时间、精力和智慧越多。整天鸡零狗碎，一身武艺、一肚子学问没机会施展，这一点幼儿园和小学低年级的教师体会比较深。

我的切身感受是：教育观察中，教师首先要尽力将学习问题和其他问题区分开，也就是在观察和分析问题原因的过程中，不要过于简单地将所有问题都归结为学习态度问题。原因找对了，教师才有可能以正确的态度去正确应对。一些简单的区分如图1所示：

儿童行为问题排查

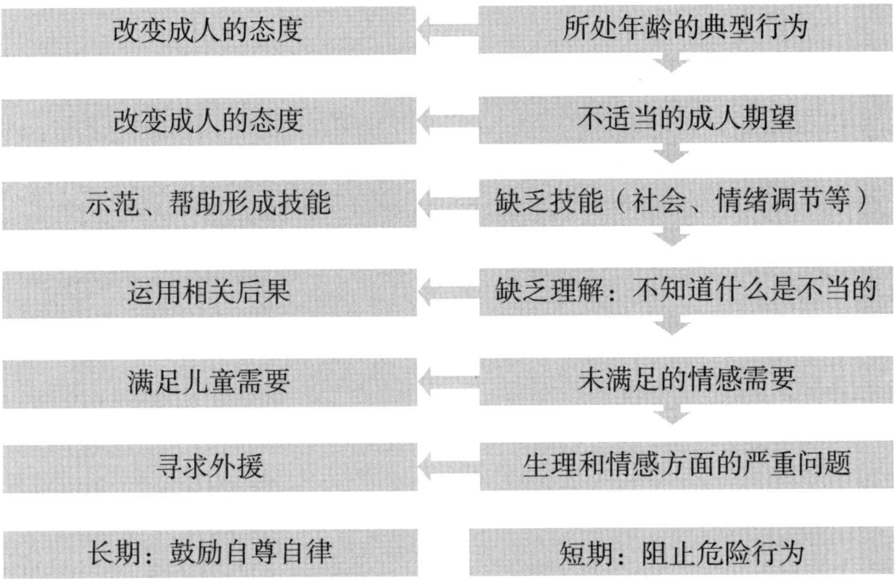

应对		原因
改变成人的态度	←	所处年龄的典型行为
改变成人的态度	←	不适当的成人期望
示范、帮助形成技能	←	缺乏技能（社会、情绪调节等）
运用相关后果	←	缺乏理解：不知道什么是不当的
满足儿童需要	←	未满足的情感需要
寻求外援	←	生理和情感方面的严重问题
长期：鼓励自尊自律		短期：阻止危险行为

图1 儿童行为问题排查（[美]Marjorie. V·Fields, Debby Fields, 2007）

特别需要强调的是，并不是所有的"不当行为"教师都需要立即作出反应，除了那些给自己和他人带来危险的行为要立即制止，余下的都来得及观察分辨然后干预。成长发展的问题要等待，需要教师改变自己的态度，设计更符合学生兴趣和需要的教育教学活动。社会性发展问题需要提供必要的支持和帮助。

严重的身心问题需要专业人士的长期援助，不能讳疾忌医放弃治疗……辨识出各种行为问题的原因，在课程设计和实施中安排有针对性的教育教学活动，不仅有利于问题的解决，还能赢得学生及其家人的配合，除了表扬鼓励、批评惩罚，我们可以做的还有许许多多。

关于学习问题和社会性发展问题分别有不同的前提假设和处理程序，大家可以在实践中尝试但又不必拘泥，因为实践远比理论梳理出的流程图要丰富有趣得多。

教育中最艰难的功课是理解儿童

来做一道单项选择题，你认为以下哪一项对人的影响最大？（1）遗传基因；（2）原生家庭；（3）社会影响（所处社群）；（4）个人经验的拓展（包括所受到的教育）。

我在不同的群体中作过这个调查，四个选项都有支持者。不止大众，每个选项都有很多的专业研究者为之付出毕生的心智气力著书立说，告诉我们它们的影响力。

先说第二个选项：原生家庭。这几年随着心理学的大众化，原生家庭这个概念大家都不陌生，我们努力做好父母，实际上就是为了给孩子一个比较好的原生家庭。

第三个选项：社会影响（所处社群）。哲学家富兰有一个观点让我印象深刻，他说一个生活在高尚社区的孩子，成为一个好人的可能性远远大于在卖淫、嫖娼、杀人、吸毒的社区里长大的孩子，我们也有"近朱者赤，近墨者黑"的说法。

第四个选项：个人经验的拓展（包括所受到的教育）。有的人受过良好的教育，有的人则没有。我们之所以重视教育，是觉得教育对人的影响非常深远，我们要努力去做一个好老师，努力给孩子找一个好老师，或者努力地去办一所好学校。

但实际上越来越多的专业研究者认同对人影响最大的是选项一：遗传因素。而这恰恰是这四项中父母、教师最无能为力的。我们可以努力地做好父母，孟母三迁，为孩子择校择师，教师可以不断地提高自己的专业素养，但是我们目前的技术并不支持去改变一个孩子的遗传基因。

给大家推荐一本比较好读的书：《影响心理学的40项研究》。书中提到一个实验：上世纪70年代，美国有两位科学家开始一项长期研究。在全球范围内，选取了56对同卵双生双胞胎作为研究对象。他们从一出生开始，就因为各种原因被不同的家庭收养。这意味着这两个孩子除了遗传基因一样，他们的养父母、兄弟姐妹——原生家庭，所接触的邻居、邻居小伙伴——所生活的社区社群，就读的学校，遇到的老师、同学，工作以后从事的工作，遇到的老板、同事——个人经历和经验等都是完全不一样的。研究发现，两个孩子早期差别非常大，但是随着年龄的增长，两个孩子之间的差异却越来越小。其中有一项指标让我很震惊，那就是宗教信仰，这是非常精神性的东西。

这项研究的结果公布之后，在教育学和心理学界都引起了极大的争议。一方面是针对研究的方法和过程，另一方面是人们觉得这个结论不符合世俗经验。如果遗传基因对人的影响这么大，那么我们何必再去创造一个更好的更为公平公正的社会，何必费劲去做好的教育，何必努力做一个好父母和好教师呢？最后连两位研究者也站出来强调，他们的目的并不是否定家庭、社群和教育之于人的作用。

我强调两层意思：第一，遗传因素的影响力不应被我们忽略；第二，正是因为教育、家庭、社群之于人的影响有限，又如此复杂和不确定，所以才显得尤其宝贵，值得我们付出更多的心智气力去理解，去改善。教育、家庭、社群和遗传因素之间的相互影响，是化学性的引发变化，关键在于必不可少和恰当，不是谁占的比例最大就是决定性的，其他因素因此可以忽略不计。

基于此，在我看来教育中不论对于父母还是教师，最艰难的功课不是提高自己教养的知识和技术，而是努力地去完成一个永远无法完成的任务，那就是理解儿童。

父母和教师承认家庭教育、学校教育的有限非常重要，"有时去治愈，常常去帮助，总是去安慰"，这是一位医生一辈子行医生涯的概括和总结，其实也应作为父母和教师的座右铭。正是因为理解儿童是既不可能又需要无止境努力的事，所以我们能帮到孩子的时候并不多，真正改变他的时候也很少，我们确定可以做的只是去陪伴他、在他难过的时候安慰他。什么是"有时""常常""总是"，背后是我们对教育的理解。

作为父母，我们很担心自己会做错什么对孩子造成不好的影响甚至伤害。作为教师，我们也很担心自己会做错什么，明明是好意，却成为孩子所憎恨甚至一生的噩梦。越是好父母、好老师越感到担忧或者压力山大。

实际上，对刚才这个问题，有的人会从积极的方面去看待。虽然我们的影响是有限的，帮助也是有限的，但是一旦确定能帮上忙的时候，我们不要犹豫。当我们帮不上忙的时候，不要太过焦虑或给自己太大压力，因为人本身有一种自愈的能力，有一种成年后对过往经验进行重新理解和诠释的能力，我们也叫它自我修复的能力。所以真的不需要为一件小事耿耿于怀，或者是因为自己的不足和有限而感觉教育无用和不可能。

对于低龄儿童，我们不会轻易甚至从不会把他一些所谓的行为问题归结为"问题"。这些不是问题的"问题"可以分为两类：第一类，你认为是问题，实际上不是什么问题，它会随着儿童的成长自然地消失，就像疾病会自愈一样，反而因为你不恰当的干预和过度的担心，这些有问题的行为可能会得以巩固成为真的问题。第二类是确实需要帮忙的问题，只有依靠帮助，他才能摆脱这类行为带给他的困扰。

将低龄儿童行为问题按照原因来分,有以下三种:不成熟;未满足的需要;疾病、弱势、受到身心伤害。第三种情况一般需要寻求专业人士的支持和帮助,所以我们要先更多了解一下前面两种情况,不成熟和未满足的需要。

先说不成熟。

几个小孩子在一块玩儿的时候打起来了,孩子们开始哭。你很生气:怎么能打我的孩子呢?或者你很抱歉:我们家孩子又打别人了。有的家长说没事,到明天又好了。有的家长会愤愤不平:怎么老是我们家孩子挨打?我究竟应该教孩子还手还是不还手?

实际上通过我的观察和与孩子们的讨论来看,孩子处理纠纷的方式有很多种。面对这种所谓你打我、我打你的事情,有一次他们总结了 12 种理解和解决纠纷的办法。也就是说,在孩子们无意识的情况下,他们实际解决问题的办法比我们认为的打和不打要丰富得多。许多类似的问题,让我觉得是我们对儿童理解得不够。

不成熟是什么意思?我们有时候没有意识到,孩子们之间用拳脚牙齿解决问题,是因为沟通能力不足。在我任教的班级中,男孩子特别容易突然地给别人一下。仔细观察就会发现,别的孩子加入游戏或者是参加活动很自然就加入了,而他纠结半天,好不容易开口提出要求:"能不能让我玩呢?"马上听到很干脆的拒绝:"不能,我们不跟你玩!"于是他很生气,开始动手,这是一种情况。

还有一种情况是两个人好好地说着话,另一个孩子突然上去就是一下,而且下手特别重,对方就生气或是哭了。实际上他表达的是一种想要加入的意愿,或者是希望与人发生更多的联系,但是他的语言跟不上。女生的情况在低幼的阶段要好一些,她们特别能说,男孩子讷讷于言的更多一些。

当我们觉得哪个孩子特别爱打人,或者是我的孩子特别爱打人的时候,我们没有想过:沟通能力的不足不能作为道德问题去解决,否则会给自己的孩子和别人的孩子非常大的压力,非但不能解决问题,而且会妨碍孩子社会技能的发展。我们需要做的是,帮助低龄儿童意识到自己为什么愤怒,发现自己的愿望,表达自己的愿望,帮助他们理解别人的感受,而不是讲道理"我们要团结友爱!",或者指责"你怎么能欺负别人呢?"

情绪辨识、控制能力的不足也属于社会技能的不足。你很苦恼:我说了很多遍,我们家儿子就是很爱哭。我们家孩子一点事情就会发很大的脾气,我们全家都不是这样,为什么会养出一个脾气这么坏的小孩?不论男孩还是女孩,认识情绪,并且有意识地控制、调节自己的情绪——需要一个比较长的发展过程。如果仅仅强调男孩子不能哭,否则就是不坚强、不勇敢,这并不能帮助他完成情绪的认知。我们对着大发脾气的孩子大发脾气,也并没有帮助他认识自己的情绪,并作出控制和调整情绪的榜样。

还有身体生长的不成熟。过早执笔的孩子,如果被老师和家长要求写出笔锋,即点由轻到重、撇从重到轻这一类的要求,他们当中成年以后握笔姿势不正确的比例会非常高。为什么?因为低龄儿童手部精细动作的发展存在差异,那些发展较慢的孩子为了写出笔锋,就会用奇怪的姿势加大手部力量,勾手腕、攥笔时握拳。当父母和教师提出的要求超过了这个年龄能够达到的,儿童只能用一种不正确的方式去实现,这时的不成熟就会引发两方之间很多的冲突。

智力的不成熟,令孩子学习的时候"教了很多遍还是错"。比如,我们给二年级的孩子四个句子,让他们作逻辑性的梳理和排序,错误率非常高。但这个任务如果放到四年级去完成,绝大多数小朋友都能够轻松地正确排序。

理解不成熟对于改善有帮助吗?当然有,如果你找对了原因,再去寻找与问题匹配的方法,那么情况就能得到改善。你还会发现,原来很多问题压根不是问题,却被错误的干预折腾成了问题——这是家庭教育和学校教育中时常过分和过度的地方。

再简单说说未满足的需要。

人饿了要吃，冷了要穿，需要与人建立积极的关系……这些需要只有得到满足，儿童的身心才能得到发展。

孩子需要被无条件接纳，满足安全感、归属感的需要，满足被关注、被尊重的需要等，对于此整个社会现在已经有了共识。但是，当下的家庭教育容易走到另一个极端，那就是"孩子还小不懂事"，言下之意等孩子大了自然就好了。这种放纵是我们所反对的，因为低龄儿童还有对规则、秩序以及它们带来的安全感的需要。教育之难在于，父母和教师要权衡，满足他们哪些需要，怎样满足这些需要才能促使儿童更好地发展，父母和教师要有对儿童需要的教育学理解，这不容易。

还有一种偏颇，即所谓的"挫折教育"。事实上，人并不是因为吃了很多苦而变得更坚强，也不是因为吃了很多苦而再也不觉得苦，当人为设置的困难破坏了儿童与父母、与教师乃至与社会的关系，破坏了儿童对自我的认知和认同，就是伤害他们而不是在教育他们。

当你能够从以上三点去分析一个低龄孩子的所谓的各种行为问题的时候，接纳才成为一个事实。因为接纳不是由着他爱干什么就干什么、想怎么闹就怎么闹、做不好就算了，这不叫接纳。接纳的意思是关注原因，然后基于理解地帮助孩子面对挑战，帮助孩子解决困难。

其实我们说帮助孩子成为"最好的自己"的时候，重点在"自己"这两个字，遗传因素对一个人的影响，保守估计在50%以上，激进派认为超过90%。这个部分是我们目前还不大了解的。人的教育，只能基于他的先天特性，让他拥有更好的可能。所以帮助孩子成为更好的自己，不是帮助孩子成为更好的你或是优秀的其他人。

在这个过程中，可为的部分必须是基于对孩子的理解进行的。一对精心养育孩子的父母、一个用心教学的教师，最容易出现的问题，不是不爱、不管，而是过度的操控心，急于判断对错，或想到一个后果自己吓唬自己。再就是忘记了孩子在变。他变了，父母师长就需相应地作出新的理解和变化，跟上孩子的变化，否则你会觉得孩子越来越不好教，越大就越不听话。

其实不是这样。每走一步，当你觉得不好和有困难的时候，好的一面是孩子更有力量了。当他有事再不告诉你的时候，甚至开始撒谎，说明他首先意识到什么是自己的立场，什么是你的立场，彼此立场不同可能带来的压力风险，如何让自己呈现出你希望的样子，规避可能的压力、惩罚，这是非常复杂的认知过程和互动过程，意味着一个孩子开始认为自己有能力把握、控制这件事情。所以，我觉得作为父母和教师，对成长应该有一些更好的理解，而不是为孩子的不足、错误穷凶极恶。

我常常安慰同行和年轻的父母，当训斥、吼叫、指责不能解决问题的时候，或者理解可以作为一个好的开始。

作为一名教育从业者，经过 20 年的研究和实践，我日渐了解并时刻提醒自己，学校教育、家庭教育和社会环境之于人的影响非常有限，遗传因素之于人的影响力不容忽略。因此，当我在工作中努力理解孩子的特点，然后基于理解，顺应小朋友的天性，帮助他们成为更好的自己的时候，我是宁可留白也不愿把孩子们的时间、情感、精力都占满，宁可消极一点也不愿太过激进。总是担心用力太过伤到学生对人对世界的信任、依恋，损了他们学习的热情和好奇心。

后来遇到新兴"显学"积极心理学，比如一本名为《心理定向与成功》（又名《看见成长的自己》）的书时，我在开头的测试中惊讶地发现，积极上进的我竟然是以非常消极的心态面对自己和他人的成长的。找女儿来做测试，果然是和我一样的倾向。作为与我最亲近的人，受到我的观念影响最深的当然是女儿，这让我检讨自己是否在一些当积极进取之处选择了放任。

大家可以来自测一下。下列四项，你最认同哪一项？

1. 智商是你自身具有的，完全不可能改变的一种基本特质。

2. 你可以学习新的知识，但无论如何不能真正改变你的智商。

3. 不论你的智商如何，你都能够或多或少地改变它。

4. 你总能使自己的智商发生较大的改变。

做这道题的时候，你还可以用你在意的"体育能力""艺术才华"等替换"智商"来完成测试。

再来一组自测，仍然是选择你最认同的一项：

1. 你就是这么一种人，没有任何一种方法能够促使你真正发生改变。

2. 无论你是哪种人，你通常可以有较大的改变。

3. 尽管你做事的方法不同，但你个性中最主要的特点是不会改变的。

4. 你总能使自己的个性发生较大的改变。

第一组选项中，同意1、2的人具有固定型心理定向，同意3、4的人具有成长型心理定向。第二组选项中，同意1、3的人具有固定型心理定向，同意2、4的人具有成长型心理定向。

一个人的智商心理定向和性格心理定向可能会不同。生活中，涉及能力、智商的时候，智商心理定向就会发生作用，涉及独立性、合作精神、同情心和社会交往技能时，发挥作用的就是性格心理定向。

具有固定型心理定向的人，更加关注别人怎么评价自己。具有成长型心理定向的人，更关注自我发展，相对于向别人证明和展现自己的优秀，成长型心理定向的人不畏惧表现出自己的不足，相信只要努力学习就能变得更好。

在书中有个例子比较有意思：老师请同学上台就刚才学习的内容回答几个比较难的问题，固定型心理定向的人会觉得自己表现不佳，觉得大家都在看着他，紧张不安，不敢正视老师，甚至感到自尊受到了伤害。而成长型心理定向的人会觉得自己作为一个初学者，就是来这里学习的，老师是帮助获取知识的人，他不会紧张尴尬，非常坦然自在。

积极心理学认为，心理定向可以改变。人的智商、能力、社会交往技巧等各个方面都可以通过学习获得发展。作为终身学习者，不必时时处处心积虑地证明自己足够优秀和完美，应坦然面对自己的不足，并积极通过学习弥补和改善。积极心理学所关注的，当下有个倍受青睐的说法——培养学生的成长型思维。

仔细琢磨，迁延更多。虽然人的遗传基因不可改变，也就是人各有天分禀赋，但人一直在生长，一直在变化，连周遭也在不断发生变化。昨日的困难，回头再看多数已经不值一提，今天的问题随着时间也可能消失化解，曾经的和当下的麻烦苦痛必然时过境迁。随着年龄的增长，那些曾经不具备的能力，已然具备。可以预见，不断努力的自己，未来会比今天更有智慧和能力，待人处事也更加练达。

《百喻经》里有个故事，一个国王想让女儿长快一点，向人求药。那人说：可以啊，但是你得等，我需要很多时间配药，其间你见不到女儿。12年之后，国王见到吃过生长药的女儿，发现果然长大了，非常高兴，重赏了那人。

当我们说遗传之于人影响巨大的时候，是在提醒不要过于勉强，不要急功近利，但有时又因此过于消极，忽略了成长带来的进益，忘记了自己通过努力真的可以并已经变得更好了。

"弃捐勿复道，努力加餐饭。"少时学《古诗十九首》，每读此句，大家都想发笑，俗、白。宋词才叫隽秀，唐诗才叫风流，春花秋月，读来齿颊生香。人到中年，对父母儿女的牵念，唯有此句最是贴切。少时爱读武侠和言情小说，想象自己可以仗剑江湖，能够轰轰烈烈爱一场。曾经的偏好，待到青年时羞于再向人提及，因觉得武侠和言情太肤浅，还专门跑到神学、哲学、经济学里去刷深沉感。其实，真不用为曾经的自己感到羞愧。正是各种各样的阅历，成就了如今纷繁复杂的我。她如此美好。

一位教师想提高课程设计与实施水平,除了去看很多同行设计的优秀方案,还要提高自己观察、认知、理解学生的能力。教师观察、理解、认知学生的能力越强,他的课程设计能力和实施能力就越强,因为他能令课程设计和实施更适合自己的学生,也就是更适合自己。

我们需要改变习惯——无意识地对学生的行为作出反应,随意地鼓励表扬、批评指正甚至惩罚,将无意识转化为有意识。有意识地观察了解学生在学习过程中的状态和反应,有意识地分析学生学习成果,努力通过观察和分析认识学生,对他们的行为、对学习的效果作出解释,再以此为依据进行课程的设计和实施。

其实只要坚持做,自会越来越得心应手,这一切并没有你想象中那么复杂艰难,倒是颇有趣味。

12

我的专业是课程设计与实施

完美课程不可得

先给大家说一则笑话,内容如下:

吵着要放学的同学不要慌,我不会拖堂,请吃方便面的同学不要聊天了,叫后面打扑克的同学安静一下,以免影响前排睡觉的同学,靠窗看风景的同学喊一下操场上打篮球的同学,我布置好作业,顺路的同学记得把今天的作业转告给在网吧里打游戏的同学。

这位老师的课堂完全失控,课堂上真是干什么的都有。仔细辨别,有的同学虽然没有投入到学习之中,但也没有影响他人,比如睡觉的和看风景的同学。有的同学不仅自己没有参与教学活动,还涉嫌影响他人,比如聊天的和打扑克的同学。有的同学离开了教室,在篮球场上打篮球，还有的同学离开了学校，在网吧里打游戏。

你也可以从这样一个失控的课堂里看到不同的学生在课堂上不同的需求和不同的兴趣：有的人喜欢热闹和交际，他们聊天、打扑克；有的人顶不住饿——一般内向的学生下午三四点的时候血糖水平很低，会很难受，这个时候吃点东西感觉会好很多；有的同学性子急，嚷着要快点放学；有的同学热爱运动，在操场上打篮球；有的人喜欢在网吧打游戏；还有的人困了累了觉得无趣了，在课堂上睡着了……

有没有人仔细想过，当教师试图用一个教学内容、一种教学方式、在一个固定的时间和地点去吸引全体同学的时候，他们面对多大的挑战？教师究竟要采用何种技能，才能把需要和兴趣各不相同的同学全部带入到课堂活动中，全心全意地投入既定的学习？

作为教师，我们可以不断提高自己的课程设计能力，去努力地"演杂技"，尽力吸引每一位学习者，让他们通过参与我们所设计的学习活动成为最优秀的。努力设计出完美的课程去培养完美的学生，是作为课程设计者的追求。这是一个根本不可能完成的任务。因为这个世界上不存在着完美的，能吸引、满足每一个学生的课程，也不存在完美的学生。我们不可能通过 6 年、12 年，甚至终身的教育去打造完美的人。我们只能努力企及这个目标。

既然完美课程不可得，教师在课程设计中究竟应该扮演什么样的角色？设计思维是近年的热词，课程需要设计，教学需要设计，教室环境需要设计……其他行业呢？建筑师需要设计建筑，室内装潢设计帮忙设计材料、家具、色调……一本书需要设计封面、版式……当一个老师意识到自己是课堂、教学以及课程的设计者的时候，他应该明确作为设计者的教师要主动承担设计和实践的责任，同时还应明白，设计是永续的，这件事情一旦开始就没有结束——优化、优化、再优化，调整、调整、再调整，回应不断出现和发现的问题。一切与人相关的工作，莫不如此。

教学组织的复合模式

课程设计的第一原则：提供更具开放性，有更多选择的课程。

我选取"级任制教学＋科任制教学＋弹性课段教学＋协同教学＋连续性进步教育"的复合模式，就是试图把所有好的教学组织方式在实践中达到一个平衡。

如果设计的课程足够开放，能不断自我更新优化调整，并且让学生尽可能多地拥有选择权——选择自己需要的、自己喜欢的学习内容，可以自由退出不适合的，在学习过程中结成自己的学习团体，依照自己的状况安排学习进度和学习时间……这样的课程更容易被现在的学生或者被更多的人接受和认同。这个时代的教育和课程，主张赋予学习者更多更大的自主权。

我想特别强调一下，不要过度妖魔化考试和评估。课程标准、考试与评估、技术更新是课程发展的三大动力。课程标准，也就是我们以前常说的大纲，就是课程目标。我们现在说核心素养，其实也是在讨论教育目标。对于课程乃至教育而言，目标有多么重要不言而喻。评估与测试帮助我们了解目标达成的情况，方便及时进行调整改进。技术，比如今天的蒲公英大学，想提供线上课程，互联网技术是前提。所有的线上课程都是以在线技术为前提的，技术发展丰富了课程组织的形式。

作为课程设计者的教师，如何兑现这一原则呢？以我自己的 8 年课程实验为例，说说实践。

2008 年秋季开始，我申请在同一个班担任多门学科的教学工作，再将一节一节的 40 分钟连续起来安排，这就得到了一个非常理想的状态——教学时间上的弹性。

首先，我在同一个班的课时数很多。其次，这些时间是连续的，我可以 40 分钟上一节，休息 10 分钟，再上 40 分钟，也可以做一个活动，两节课、三节课连续上。甚至是可以带孩子们外出去做田野旅行，或者外出参观采访。时间是课程变革、课程创新的关键量，只有弹性的课段才能实现学习方式和学习内容上的自主自由，实现教学方式的多样化。我因此可以为一个班级的小朋友定制与其他班级内容、方式、进度等完全不同的课程，以满足这个班孩子的独特需求和这个班孩子的个性特点。

多数老师特别喜欢看公开课，实际上是对所谓完美课例的迷恋，课例容易复制，喜欢复制课例背后仍然是懒于思考理解的惰性作祟。作为课程设计者，同一个活动在不同的班级开展，目标可能完全不同，如果你只是喜欢复制教学活动，不进行观念的澄清、价值的梳理，就很难依据学生的需要、针对学生的问题进行课程设计和实践。

中国绝大多数小学采取的是科任制教学，也就是我们常说的分科教学。对此，现在有两种声音，一种觉得分科好，因为老师在专业知识和能力上更容易获得发展提高。另一种则是站在能更多了解学生，跟孩子们建立相互支持信任的关系，方便开展项目学习或者主题教学的角度，主张小学老师应在一个班教多门课，甚至全部的课，也就是级任制教学。

我比较看不上的是，一味强调自己的优势，指出对方的缺点。而一个好的教育实践者和研究者，除了看到自身优势，还可以倒过来看问题——如果我采取级任制，我要看到自己的不足和缺点，看到对方的优点；如果我采取科任制，我要看到自己的局限和问题，看到对方的优势——从而寻求一条复合之路或者平衡之路。

虽然在一个班级担负多学科的教学，但我一直不担负全部学科的教学任务，而是级任制和科任制复合，平衡取向的教学方式——从我擅长的学科出发，每年增加、融合一两个我愿意去了解、尝试和探索的新领域。我坚持尝试：

其一，协同教学。教师们普遍认为，"每天累得要死，还要我去开发设计课程，你能不能做好了让我直接用？"我并不认为需要强制全校教师都去做课程开发，从有意愿有需要的老师做起就好。而且，教师不是课程开发的唯一主体，比如部分有能力的家长，他们在自己的工作或者是在自己的人生中有所感悟、有所专长，也可以到学校里跟我们的孩子分享。到了高年级，五六年级孩子们有能力和意愿参与设计教学，我们完全可以和孩子们一起设计，并让他们主持、参与这类课程的实施。此外，我发现社区里的工作人员也很乐意参加学校的教育教学活动。思路更开放一些，比如与博物馆合作，而一些教育机构，都可以并愿意与学校、与教师开展合作。

我的心态非常开放，只要不违反制度规定，不是明令禁止的事情，大家都可以来参与课程设计和课程实践。多方合作是一件非常有趣的事情，也增长了自己和学生的见闻，这就是协同。

其二，弹性课段。就是前面说的，我把一个班多学科的课连堂排。做教学管理的都知道什么叫连堂排课，很多人想当然地觉得越小的孩子单位学习时间应该越短，连堂排课老师上着累，学生学得累。

我倒觉得感到累是一件好事情，老师都累了学生肯定也累了，老师就别再折磨自己和学生了。教师做课程设计的时候，应该充分考虑学生不同时段的学习状态，而不是像以前那种分科式的车轮大战。每个老师都精神抖擞地冲进教室，一心完成既定的教学设计，不准睡觉，不准玩东西，不准说话，不准……学生都得好好听课。分科教学孩子们难道不累吗？连堂排课以后，可以单课时，可以两三节课连续，还可以持续整个上午或下午，老师和学生一直在一起，感受也是连续和一体的，如果彼此都觉得累了，教学方式和内容就作些适应性调整。我一直认为弹性课段是非常好的课程组织方式。

其三，连续性进步教育。武汉市有一个很有意思的地方课程，叫科技制作活动。这个动手制作为主的学科如果照书教会很痛苦。你让学生带学具，很多不带，不带学具或者对你的讲解不感兴趣，就祸害同学，增加教师课堂管理的压力。我将之归入课内选修范畴。

开学第一课，我们称之为始业课，小朋友拿到书就自由翻阅，在目录上勾选三个自己最喜欢的内容，然后按照喜欢程度排序。选完以后，学生在课内选修课的第一周就带自己第一喜欢的学具来。课堂上，我按照选修主题分组，学生第一喜欢哪个主题就会跟同样第一喜欢这个主题的同学分到一组。我不教，学生自己按照教材上的指导步骤制作。没有带学具的，可以向同组同学借，看不懂教科书的，则相互求教，或者互相讨论，整组都解决不了的问题才可以求助老师。到选修课第二周的时候，学生就带自己第二喜欢的学具来。这时你会发现小组成员变了，第二喜欢的人重新组合了一个组，大家还是很开心，因为内容都是自己选的，小伙伴们之间都会有很好的互助和合作。这是基于共同兴趣爱好，自选主题的自主学习。……

　　我选取的"级任制教学＋科任制教学＋弹性课段教学＋协同教学＋连续性进步教育"这种多元复合模式，就是努力把所有好的教学组织方式做一个平衡。这个过程中，不走极端，往往能适应更多的班级和学校，实现班级课程和学校课程的定制。

　　我想澄清两个概念：包班和全科。目前来说没有严格意义上的小学和中学的包班和全科老师，其实都是不同程度的复合模式，我们不能用简单的概念替代对课程问题的理解和思考。

　　我们以前总喜欢定义他是语文老师、数学老师、英语老师，这或许在很长时间里仍是主流，但是未来一定会诞生一个新的专业，那就是除了关心某一个学科的教学之外，会关心学科与学科之间的关系，关心一所学校、一个班级整体的课程是否合理，怎样去进行整体安排和优化，这样的人我们就称为课程专业的设计者、研究者和实践者。我将之作为自己的专业。

　　作为一线教师，想成为课程专业的设计者、研究者和实践者，最需要了解和学习的是以下几项：第一，人类历史以及课程发展史对现行课程的影响；第二，学习理论的发展，更多人是如何学习、如何认识世界的知识的；第三，课程设计的选择与需求分析；第四，课程变革的实施。作为课程设计者的教师，必须有相应的知识才能设计出好的课程。而教师观念的变化，最终要通过教育行为作用于学生。

肩负自由的疲惫

教师作为日日与学生共同生活的人，应是最了解学生的人，本该拥有更多课程自主权，但全世界范围内，教师的课程自主权在逐渐丧失。

给予教师课程自主权意味着给予教师更多自由。肩负自由，其实是肩负无止境的责任，是非常辛苦的事。

虽然派纳认为有一个课程开发范式向课程理解范式的转向，实际上中国内地的课程设计目前仍然聚焦于课程开发，也就是处于热衷新产品的阶段。这些开发出来的新课程产品并没有超越泰勒所提的三要素：

第一，从学生的兴趣和需要出发。但学生的需要和兴趣不是一个谁说是就是的东西，不是课堂上看着热热闹闹就是学生喜欢、学生需要。范梅南说"教育学意义上的需要"，这是一个非常复杂有意味的理解。

第二，从社会发展的需要出发。现在大家都在急于创新，因为整个社会目前都以创新为先进，以保守为落后，整个社会都在热切期盼学校变革、教育变革。社会需求本身会带来压力和动力，如果教师跟随、迎合社会的热点作课程设计，会给开发的教师和学校带来更多鼓励和关注，但这是把双刃剑。

第三，学科发展的新成果。每一个学科，每一个领域都不断产生新知识、新观念、新技术，将这些体现在课程之中，带来课程的不断更新。

课程设计需要回答，学生在什么年龄、用什么方式、学习什么内容是合适的。这既需要学习理论的支撑，也需要哲学的思辨。作为日日与学生共同生活、原本应最了解学生的人，本该拥有更多课程自主权，但全世界范围内，教师的课程自主权都在日渐丧失。

课程决策是一个多方博弈的过程，教师不能一味退让。因为你的退让和懈怠只会让你越来越没有课程自主权，越来越不自由。而作为专家和教育管理者，你不能用你的专业权威和行政权威不断剥夺教师的课程权利，这最终会阻碍课程的发展。

各方都应该警惕陷入这样一个悖论：因为教师能力不足、懒于思考，所以我样样都帮你安排好，样样管着你。因为教师什么都不用管，所以越来越不具有思考和设计的能力，无法独立完成课程的优化和更新——教师的权利和能力全面溃败和丧失。

因创造，得（dei 上声）自由，赋权。因创造，得（de 二声）自由，超越。

参考文献

［美］拉尔夫·泰勒.课程与教学的基本原理［M］.施良方，译，瞿葆奎，校.北京：人民教育出版社，1994.

［美］查尔斯·M·赖格卢斯.教学设计的理论与模型——教学理论的新范式（第2卷）［M］.裴新宁，等，译，高文，校.北京：教育科学出版社，2011.

［美］肯尼斯·莫尔.课堂教学技巧［M］.刘静，译.北京：人民教育出版社，2010.

［美］威廉·F·派纳. 理解课程［M］.张华，等，译.北京：教育科学出版社，2004.

［美］小威廉姆·E·多尔. 后现代课程观［M］.王红宇，译. 北京：教育科学出版社，2006.

［法］埃德加·莫兰.复杂性理论与教育问题［M］.陈一壮，译.北京：北京大学出版社，2004.

［加］迈克尔·富兰. 变革的力量——透视教育改革［M］.中央教育科学研究所，加拿大多伦多国际学院，译.北京：教育科学出版社，2004.

［加］迈克尔·富兰.变革的力量——深度变革

[M].中央教育科学研究所,加拿大多伦多国际学院,译.北京:教育科学出版社,2004.

[加]迈克尔·富兰.极度空间——整合科技、教育学和变革知识[M].于佳琪,黄雪峰,译.重庆:西南师范大学出版社,2016.

[加]迈克尔·富兰,[美]玛利亚·兰沃希.极富空间——新教育学如何实现深度学习[M].重庆:西南师范大学出版社,2016.

[美]阿伦·C·奥恩斯坦,等.当代课程问题(第三版)[M].余强,主译.浙江:浙江教育出版社,2004.

[美]弗雷斯特·W·帕克,等.当代课程规划(第八版)[M].孙德芳,译.北京:中国人民大学出版社,2010.

胡婴.享受校本[M].湖北:湖北教育出版社,2006.

王荣生.阅读教学教什么[M].上海:华东师范大学出版社,2017.

[新西兰]约翰·哈蒂.可见的学习——最大程度地促进学习(教师版)[M].金莺莲,等,译.北京:教育科学出版社,2015.

[美]海伦·帕克赫斯特.道尔顿教育计划[M].陈金芳,赵钰琳,译.北京:北京大学出版社,2005.

[加]马克斯·范梅南.教学机智:教育智慧的意蕴[M].李树英,译.北京:教育科学出版社,2001.

[英]琳·欧德菲尔德.自由地学习:华德福早期教育[M].李泽武,译.北京:人民文学出版社,2006.

[德]赫尔穆特·埃勒.与孩子共处的八年:一位华德福资深教师的探索[M].滴水,译.天津:天津教育出版社,2011.

[美]Vernon F.Jones,Louise S.Jones.全面课堂管理:创建一个共同的班集体[M].方彤,等,译.北京:中国轻工业出版社,2002.

课程发展议会.中国语文教育学习领域课程指引(小一至中三)[R].香港特别行政区教育署,2002.

课程发展议会.小学中国语文建议学习重点(试用)[R].香港特别行政区教育署,2008.

课程发展议会.基础教育课程指引——聚焦、深化、持续(小一至小六)[R].香港特别行政区教育署,2014.

后记

再见，小兔子！

在兔子工厂里，兔子们像流水线上的机器零件一样被饲养着。一只大灰兔和一只小棕兔在笼子里相遇了。大灰兔已经习惯了兔子工厂的生活，早已遗忘了外面的世界，而刚刚抓进来的小棕兔却对外面的溪水和阳光念念不忘。

两只兔子一起逃出了兔子工厂，可在外面的世界生活，不只有阳光和溪水，干草的味道，蟋蟀的鸣叫，还得自己寻找食物，打洞安身，承受天鹅带来的惊吓，逃开狗和人的追赶、抓捕，总是很累，总是很怕。

大灰兔想回去了，小棕兔将它送到兔子工厂转身离开，大灰兔喊道："再见，小兔子！祝你好运！"

很多人当面表示过羡慕我的自在洒脱，钦佩我的勇气、执著、用心用力。但我明白，也仅仅只是表示一下羡慕，仅仅只是表示一下佩服而已，我们都有各自的道路。当有人真的希望在我这里得到支持，说打算辞去行政工作，跳出学科圈子进行专业发展的时候，我总是诚恳地提议："可不可以再坚持一下呢？"一切都会好起来的，当多年的媳妇熬成婆，你也会把别人今日加诸于你的痛苦，作为教师专业发展的必须，在"大家不都这样吗"的行为情境中，或心安理得或正义凛然地施于后辈。

我过得并不轻松，甚至至今都不知道自己这样算什么专业发展方式。是在从未间断的阅读、实践、辩难中，越来越明白自己不能容忍什么，再不轻易许人，以此获得做自己喜欢的事情的时间和空间。

我是个个别。两次辞掉行政工作，都被认为是退却，在我看来却是满心不甘地进取。

我的"退却"部分是由于失望，部分是无法在形成之中的领域里找到安慰。譬如如今的职称晋升方式，在我看来就像升级打怪一样，会上瘾，但细想起来又十分可笑。初级、中级、高级，每一级里还有等级差别。优秀青年教师、学科带头人、骨干教师、卓越教师，现在又加上了教育家型教师。盯着评比的条款，就得珍惜各种机会，惦记着发表文章，多上公开课、竞赛课、展示课，多出去交流、做培训师，攒够了文章、证书和知名度才能去兑换。大家也知道，时下为了促进教师专业发展，随意设置、给予的奖赏琳琅满目，真是打不完的妖怪，过不完的关卡。那些幸运得到晋升的教师们所谓的进取从结果看实为逃脱，熬出头了多数便退出教室，只站舞台、讲坛，不再和孩子们朝夕相处。这些奖赏确实激励着很多人，包括我，但也在置换教师职业中更宝贵的东西，执业乃至人生价值感和意义感。

迎合、邀宠会虚耗太多的时间、精力，可那些怀抱虚无主义什么都不肯做、打定主意混日子的人一样可恶、可憎。而我的进取，最初的动力也不是因为确定什么是好的，而是争强好胜。争强好胜是一种很严重的病，我将病根归结于自己早前所受的教育——过于强调人与人之间的竞争关系，把包括自己在内的所有人当作必须战胜的对象，一往无前。

人活着当然要有目标，但是一个又一个目标实现后，把得到的奖赏铺排连缀起来就是丰满的人生吗？当我们把包括自己在内的所有人当作对手，需要不断"奋斗"才能心里踏实，对外在要求缺乏必要的分辨、判断与选择，不断把外在的压力内化为对自己的要求，从不停下来琢磨自己究竟想要什么，便只剩下自我的矮化和奴化了。列维纳斯说："当服从变得不能意识到服从的时候，当服从成为本性的时候，真正的他律性形成了。"作为一个基础教育从业者，日常工作琐碎而芜杂，特别容易软化和混乱，如今，我的进取不过是为了从感性的不适与烦乱中挣脱出来，不再与人较长短高低，自我超拔，然后回身去抱抱曾经的自己。

我不强大，跟大灰兔和小棕兔一样，担惊受怕地活在"外面的世界"。在旁的人可以用积累下的资历和威望逐步减少体力、脑力劳动的时候，我仍然辛苦地做着学徒的工作，叮叮当当琐琐细细，还事必躬亲。但我不是对自己选择的好处不确定，心里很踏实，明白其中的好，只是这份好不足以让人感到温暖。《史记·孔子世家》所记，颜渊对流落陈蔡之间的孔子说："不容何病？不容然后见君子。"我做不到这么自恋这么酷，但甘愿若一去不回，便一去不回。

"也许我们正被挣脱权威所带来的不安折磨着，但我们实际获得的自由还远远不够，我们需要更多的勇气以面对自己的虚弱。"我总是寄望自己能有更多勇气，敢于面对哪怕惨淡的人生。但我从来不愿要求同行、伙伴超越环境的局限、自身的局限，那太难了，我同样做不到。去经历，不忽视自己的痛苦，懂得反省，懂得在力所能及的地方移动一下重心就很好，就能鼓舞我，且足以心安。

古希腊人关于"庸俗"有个绝妙的词：apeirokalia，形容缺乏对美好事物的经历。多经历、感受一些美好的大的图式，让自己有更开阔的视野，不断增长眼力和脚力，把那个局促、小器的我一步步带到更大的、更美好的图景之中就很好。

  对于行在不同道路上的你我,希望擦肩而过时,能招呼一声:"祝你好运!"让我们彼此祝福。

图书在版编目（CIP）数据

未来课程想象力/徐莉著.—上海：华东师范大学出版社，2019
ISBN 978-7-5675-8733-5

Ⅰ.①未… Ⅱ.①徐… Ⅲ.①课程建设—研究 Ⅳ.①G423

中国版本图书馆 CIP 数据核字（2019）第 021018 号

大夏书系·教育观察

未来课程想象力

著　　者	徐　莉
策划编辑	朱永通
审读编辑	任嫒嫒
装帧设计	奇文云海·设计顾问
出版发行	华东师范大学出版社
社　　址	上海市中山北路 3663 号　邮编　200062
网　　址	www.ecnupress.com.cn
电　　话	021-60821666　行政传真　021-62572105
客服电话	021-62865537
邮购电话	021-62869887　地址　上海市中山北路 3663 号华东师范大学校内先锋路口
网　　店	http://hdsdcbs.tmall.com/
印 刷 者	北京密兴印刷有限公司
开　　本	700×1000　16 开
插　　页	1
印　　张	18
字　　数	240 千字
版　　次	2019 年 4 月第一版
印　　次	2021 年 1 月第四次
印　　数	13 101-15 100
书　　号	ISBN 978-7-5675-8733-5/G·11791
定　　价	55.00 元
出 版 人	王　焰

（如发现本版图书有印订质量问题，请寄回本社市场部调换或电话 021-62865537 联系）